"制度型开放理论与实践研究"丛书

主 编 赵蓓文
副主编 胡晓鹏

外循环促进内循环的理论与政策研究

王莹 李珮璘 陈靓 等著

上海社会科学院出版社
SHANGHAI ACADEMY OF SOCIAL SCIENCES PRESS

"制度型开放理论与实践研究"丛书编委会名录

主　编
赵蓓文

副主编
胡晓鹏

顾　问
张幼文　徐明棋

编委（以姓氏笔画为序）
王　莹　孙立行　苏　宁　沈玉良
高洪民　黄烨菁　盛九元　盛　垒

目 录

第一章 引进外资促进本土新兴产业发展的路径分析 … 1

第一节 外商直接投资的理论研究 … 1
一、关于外商直接投资的政策发展变化 … 2
二、外商直接投资的技术溢出效应研究 … 3
三、外商直接投资的技术创新效应研究 … 6
四、外商直接投资的要素流动效应研究 … 8
五、外商直接投资的产业结构升级效应研究 … 10

第二节 中国引进外资的战略目标 … 13
一、扩大引资规模,改善引资结构 … 13
二、提高引资质量,培育高级本土要素 … 14
三、构建中国现代产业体系,助推经济高质量发展 … 16
四、保障产业链供应链安全,加快构建新发展格局 … 17

第三节 引进外资促进本土新兴产业发展的机制路径 … 18
一、集聚效应 … 19
二、竞争促进创新效应 … 21
三、模仿学习效应 … 22
四、资源配置效应 … 23
五、市场需求拉动效应 … 24

第四节 新兴产业对外资开放与本土产业平衡发展的对策研究 … 25
一、开放创新能力,促使传统产业转型升级 … 26
二、加强"龙头"企业培育,提高中国话语权 … 27
三、发挥协同效应,推动中小微企业做优做强 … 28
四、推进"强链补链"战略,确保产业链供应链安全 … 28
五、实现产业和谐发展,加快推进产业链现代化 … 29

第二章　对外直接投资在国家现代产业体系建设中的作用 … 31
第一节　对外直接投资与母国产业升级关系的理论分析 … 31
一、以发达国家为研究对象的国际直接投资理论 … 32
二、以发展中国家为研究对象的国际直接投资理论 … 32
三、对外直接投资与母国产业发展的相关理论研究 … 34
第二节　对外直接投资在国家现代产业体系建设中的作用 … 36
一、投资动因视角 … 37
二、投资区域视角 … 41
三、投资主体视角 … 43
第三节　跨国并购对现代产业体系建设的意义及典型案例分析 … 47
一、跨国并购促进我国产业升级的典型案例及经验分析 … 47
二、跨国并购对现代产业体系建设的重要意义 … 52
第四节　提升中国对外直接投资产业升级效应的对策研究 … 56
一、投资产业的选择：产业升级目标和产业选择有机结合 … 56
二、投资区域的选择：优化中国对外直接投资的区域分布 … 59
三、投资方式的选择：重视跨国并购对我国产业发展的作用 … 60
四、投资主体的培育：进一步推动投资主体的多元化 … 62
五、投资政策的配套：重点为企业跨国经营提供融资支持 … 63

第三章　开放型经济聚集国际人力资本的现状与政策 … 65
第一节　我国引进海外人才的趋势与环境 … 65
一、我国引进海外科技人才的背景 … 65
二、我国引进外籍科技人才的规模与政策实践 … 66
第二节　上海引进高科技人才的政策与实践 … 70
一、上海引进高科技人才的政策 … 71
二、上海引进高科技人才的成果 … 72
第三节　我国科技人才引进政策存在的问题 … 73
一、全国层面的科技人才政策问题 … 73
二、上海市高技术人才引进存在的问题 … 74
第四节　完善我国引进科技人才的政策建议 … 75
第五节　非洲对华移民的发展现状与中国的应对建议 … 77
一、非洲对中国移民的数量和分类 … 77

二、非洲移民集中的地区分析 …………………………………… 79
　　三、非洲移民管理存在的问题 …………………………………… 80
　　四、加强中非合作、源头管控非法移民的主要建议 …………… 82

第四章　先进技术跨国转移的机制与政策 …………………………… 87
第一节　先进技术跨国转移的理论阐释 …………………………… 87
　　一、基于动因研究的国际技术转移相关理论 …………………… 88
　　二、基于机制研究的国际技术转移相关理论 …………………… 91
　　三、基于技术属性研究的国际技术转移相关理论 ……………… 93
　　四、基于载体研究的国际技术转移相关理论 …………………… 94
第二节　先进技术跨国转移的目标 ………………………………… 97
　　一、先进技术跨国转移的目标分析 ……………………………… 98
　　二、先进技术跨国转移的典型案例分析 ………………………… 100
　　三、"双循环"新发展格局中的先进技术跨国转移目标 ……… 105
第三节　先进技术跨国转移的机制梳理 …………………………… 108
　　一、在公约和协议框架内的先进技术跨国转移机制 …………… 108
　　二、以市场为媒介的先进技术跨国转移机制 …………………… 115
　　三、以资金为媒介的先进技术跨国转移机制 …………………… 117
　　四、"一带一路"情境下的先进技术跨国转移机制 …………… 118
第四节　完善先进技术跨国转移机制的政策建议 ………………… 121
　　一、现有政策框架 ………………………………………………… 121
　　二、下一步的政策建议 …………………………………………… 125

第五章　数字经济的核心要素与开放型发展道路 …………………… 129
第一节　数字经济、外循环与开放发展的理论阐释 ……………… 129
　　一、数字经济全球化的出现 ……………………………………… 131
　　二、数字经济、数字贸易等概念的理论演进 …………………… 132
　　三、数字贸易规则和全球治理 …………………………………… 134
第二节　数字经济的核心要素与运行机理 ………………………… 136
　　一、数字经济的本质和内涵 ……………………………………… 136
　　二、数据成为数字经济中第四种新的生产要素 ………………… 136
　　三、数字经济的要素组合及内循环下的竞争力来源 …………… 138

第三节 数字自由跨境对世界经济运行机制的系统改变 …… 140
一、外循环中数据跨境与资本跨境的不同选择 …… 141
二、世界在"数据流动和数字化"层面联系的加深 …… 142
三、全球价值链形态与布局变化的不确定 …… 142
四、全球化收益的国民属性进一步复杂化 …… 143
五、世界经济发展格局不平衡的新表现 …… 144

第四节 数字经济下开放型发展道路的目标和机制 …… 145
一、数字经济下开放型发展道路的目标 …… 145
二、数字经济下开放型发展促进内循环的机制 …… 146

第五节 数字经济下开放型发展道路的政策选择 …… 147
一、全球数字经济治理中规则构建的重点 …… 147
二、数字经济下开放型发展道路的政策选择 …… 158

参考文献 …… 162
后记 …… 187

第一章
引进外资促进本土新兴产业发展的路径分析

产业是一个国家经济发展的关键所在,也是一个国家的立国之本(罗仲伟和孟艳华,2020)。作为最大的发展中国家,我国虽然已经是世界上第二大经济体,但仍存在产业大而不强、产业基础不牢固、传统竞争优势趋于减弱等多项问题;实现产业高质量发展所需的一部分关键零部件、先进技术等仍需从美国、德国、日本等发达国家进口,在产业链关键环节存在"卡脖子"现象。在当前复杂环境下,如何加快发展现代产业体系是我国面临的重要课题,该目标的实现对我国形成以国内大循环为主体、国内国际双循环相互促进的新发展格局也具有重大意义。《十四五规划建议》[①]提出实行更高水平对外开放,为我国在新形势下的发展指明了方向,亦为我国实现本土新兴产业发展提供了重要的战略保障。

本章主要包括四个方面的内容:第一,关于外商直接投资的理论研究;第二,总结新发展阶段我国的引资战略目标;第三,详细描述引进外资促进本土新兴产业发展的路径机制;第四,就新兴产业对外资开放与本土产业发展之间的平衡与共赢关系提出相应的政策建议。

第一节 外商直接投资的理论研究

与本章最为相关的理论研究包括两个主要的方面:其一,关于引进外商直接投资的政策发展变化;其二,外商直接投资的东道国经济效应分析。而后者又主要包括四类文献:第一类文献是外资直接投资的技术溢出效应,可以进一步划分为水平溢出效应、前向溢出效应和后向溢出效应;第二类文献考察了外商直接投资与技术创新之间的关系;第三类文献就外商直接投资对要素流动的影响进行了梳理;第四类文献归纳总结了外商直接投资与产

[①] 全称为《中共中央关于制定国民经济和社会发展第十四个五年规划和二〇三五年远景目标的建议》,限于篇幅有限,本书简称为《十四五规划建议》。

业升级之间的关系。

一、关于外商直接投资的政策发展变化

改革开放40多年来,我国始终坚持对外开放的基本国策,打开国门搞建设,实现了由半封闭到全方位开放的历史转变,有力地促进了中国和世界经济的快速增长(钟山,2020)。党的十九届五中全会把"改革开放迈出新步伐"作为"十四五"时期我国经济社会发展的主要目标之一。2020年习近平总书记在深圳经济特区建立40周年庆祝大会上的重要讲话中也指出:"改革不停顿,开放不止步,在更高起点上推进改革开放。"《十四五规划建议》更是进一步提出"实行更高水平对外开放,开拓合作共赢新局面"。这些重大战略部署为我国在新形势下对外开放指明了方向,其中通过引进外资促进经济增长是我国长期以来的重要战略举措。中国《外商投资产业指导目录》(以下简称《指导目录》)自1995年发布以来,先后在1997年、2002年、2004年、2007年、2011年、2015年、2017年和2019年进行了6次修订,外资准入自由化进程不断推进。尤其是2012年中共十八大以后,外资企业设立实现了由逐案审批制向负面清单管理制度的重大转变。与2019年版相比,2020年版外商投资准入负面清单进一步缩减,全国负面清单由40条减至33条,自贸试验区负面清单由37条减至30条。2017—2020年,我国已经连续4年修订外资准入负面清单,清单条目由93项减至33项,限制措施累计减少了近2/3。经济合作与发展组织(OECD)的统计数据显示,2013年以来中国对外资限制程度迅速下降,下降幅度是各主要经济体中极大的之一。2021年1月,新版鼓励外商投资产业目录正式施行,进一步扩大了鼓励外商投资的范围,增加了127个鼓励行业领域,预示着中国进一步放宽外资行业准入门槛,对外开放迈向更高的台阶。在2021年3月,商务部更是编制发布了《"十四五"利用外资发展规划》,为"十四五"时期进一步扩大开放、积极利用外资提供了指导。全球资本在中国加速流动,外资企业与本土制造业企业交流更加频繁,这些外资自由化的成果深刻影响着中国制造业企业的要素禀赋、技术升级模式和市场竞争结构(Javorcik,2004;Harding和Javorcik,2012;Du等,2014),对中国制造加速向科技、创新、绿色、智能和高端转型具有重要的推动作用。与此同时,作为经济全球化的主导力量,跨国公司在全球范围内进行生产要素与资源的配置,通过对外直接投资将供应链中的部分环节分配到全球最适合的地区进行经营活动,对推

动国际国内产业链对接融合具有长远意义,为我国实现本土新兴产业发展提供了重要的战略保障。

二、外商直接投资的技术溢出效应研究

根据投资发展路径(Investment Development Path,简称 IDP)理论(Dunning,1981),外商直接投资(FDI)具有技术溢出效应。进一步地,技术溢出效应又可以细分为行业内溢出效应和行业间溢出效应。其中,行业内溢出效应又称水平溢出效应,即当地企业通过模仿和学习同行业跨国公司的新技术和先进经验(示范效应),或通过雇用在跨国公司受到较好培训、拥有实践技术的东道国雇佣人员(人力资源流动效应)来提高其生产效率。此外,外资企业进入还可能会加剧东道国市场竞争程度,倒逼本地企业进行技术创新,竞争力低下的企业或被市场淘汰(竞争效应)。行业间溢出效应又称为垂直溢出效应,即跨国公司通过供应端与市场端对东道国企业产生的影响。垂直溢出效应可进一步细分为前向关联溢出效应和后向关联溢出效应。前向关联溢出效应,是指东道国企业因购买跨国公司技术先进的中间产品及服务而对自身产生的间接影响;后向关联溢出效应,是指东道国本地企业因为跨国公司提供中间品和服务而对自身产生的间接影响。接下来,本节也将从这三个溢出效应角度对 FDI 技术溢出效应的研究文献进行归纳梳理。

(一)国外关于 FDI 技术溢出效应的研究

自从有学者(Mac Dougall,1960)率先提出 FDI 溢出效应问题以来,许多学者对 FDI 的技术溢出效应进行了大量的理论研究和实证分析(Carluccio 和 Fally,2013;Javorcik 等,2018)。但早期的经验研究主要集中于对行业内溢出效应的考察,且都发现内资企业人均增加值与外商投资之间存在正相关关系,其中水平溢出效应发挥重要的作用(Caves,1971;Globerman,1979;Blomström 和 Persson,1983;Blomström,1986)。然而,学者(Haddad 和 Harrison,1993)对摩洛哥、捷克共和国(Djankov 和 Hoekman,2000)以及立陶宛(Javorcik,2004)的企业进行面板数据研究后,都对 FDI 水平溢出效应的存在进行了质疑,认为 FDI 不具有显著的正向溢出影响,抑或跨国公司的存在会对同一行业的本土企业产生负向的溢出效应。一些学者(Görg 和 Greenaway,2002)在考察 FDI 流入与中欧和东欧转轨国家国内部门之间的关系时,亦发现 FDI 的负向水平溢出效应特别明显。还有一部

分学者认为FDI溢出效应具有异质性特征,如有些学者(Aitken和Harrison,1999)对委内瑞拉4 000多家公司1976—1989年的面板数据进行了实证检验,结果发现FDI水平溢出效应的发挥受企业规模大小的影响:只有规模小于50人的小企业,其FDI股权的增加才与生产效率呈正向关系;当公司规模越来越大时,FDI对企业生产率提升的负面关联效应也越来越大,且对同行业中其他本土企业的负面影响更为明显。有学者(Yudaeva等,2003)研究了FDI对俄罗斯企业的影响,其结论与另一些学者(Aitken和Harrison,1999)有所不同:他发现FDI水平溢出效应对中等规模企业的积极影响更为明显,而对小规模企业的溢出效应则为负,这是因为小规模企业会以缩减生产规模的方式来应对因外资企业进入而提高的竞争强度。

除此之外,FDI的溢出效应除了可能发生在行业内(水平方向)外,还会产生前后向关联效应。有学者(Kugler,2005)最早使用计量方法发现FDI技术溢出更有可能是通过行业间溢出机制而非行业内的水平机制发生。还有学者对波兰、加拿大以及中国进行研究后发现,外资进入主要通过前向关联渠道产生正向的技术溢出效应(Dries和Swinnen,2004;Lileeva,2010;Lin等,2009;Xu和Sheng,2012)。此外,大部分研究着重考察了FDI对东道国本土企业的后向溢出效应(Lall,1980;McAleese和McDonald,1978)。如学者(Roger和Smeets,2008)通过综述发现,微观企业层次的研究基本支持垂直溢出效应,特别是后向产业关联效应,基本都获得了正向溢出的结论,而前向产业关联效应方面,结论则多为不显著。另外,学者(Kugler,2005)通过研究也发现,FDI通过后向关联效应对东道国本土供应商具有显著的正向溢出效应,且跨国公司与本土企业的关联度越密切,潜在的技术溢出机会就越多(Javorcik,2004)。这是因为跨国公司一方面为避免与本地竞争对手产生竞争,会竭尽所能防止技术扩散或溢出;另一方面,为了以较少的成本进口高质量的中间产品,跨国公司也会对本地供应商转移知识和技能,进而使得本地供应商生产管理水平和技术水平得以提升(Smeets和Vaal,2016)。有学者(Lu等,2017)对中国FDI溢出效应理论的实证研究也得出了相似的结论,即FDI的水平溢出效应对企业生产率均具有显著的消极作用,但通过前向关联溢出效应和后向关联溢出效应对企业生产率均具有正向影响。另外,还有一部分文献考察了FDI后向关联效应的异质性,有学者对不同动机、不同股权外资企业的影响进行了考察,其研究结果表明:后向关联效应大多发生在以本地市场为导向而非出口为导向的跨国公司中(Smarzynska，2002；Belderbos 等，2001；Unctad，2000)。除此之外，FDI 的来源地也是影响其后向溢出效应的因素之一，大多数文献认为日本跨国企业很少对东道国上游企业产生后向关联效应，这一论点在部分学者对日本 FDI 和美国 FDI 对墨西哥制造业的后向关联影响研究中也得到了证实(Anaya，2013)。除此之外，有学者通过构建理论模型，进一步发现跨国公司的后向关联溢出效应还依赖于跨国公司与本国企业的技术差距以及中间产品市场结构的类型(Lin 和 Saggi，2004；Kadochnikov 和 Drapkin，2008)。综上所述，大多数国外文献认为 FDI 通过后向关联效应对东道国本土供应商产生显著的正向溢出效应，但其总效应取决于产业内与产业间溢出效应的相互作用。

(二) 国内关于 FDI 技术溢出效应的研究

国内关于 FDI 技术溢出效应的研究也较为丰富，但受限于数据的可得性，这部分的研究多集中于行业层面。例如，王耀中和刘舜佳(2005)对中国 22 个工业行业数据进行研究，结果发现 FDI 通过竞争和前向关联渠道产生了负向溢出效应，但通过后向关联渠道对上游国有企业产生了显著的技术扩散作用，并且其总效应为正。许和连等(2007)以中国 35 个工业行业数据对该效应做出检验，发现 FDI 具有显著的正向水平溢出效应，其中示范效应和竞争效应起到了非常大的作用，人员流动效应则作用不明显；且 FDI 能够产生积极的后向溢出效应，但只限于当期。同样地，李建伟和冼国明(2010)也发现 FDI 具有水平溢出效应和后向关联溢出效应，且后向关联溢出效应比水平溢出效应更强。冯婷婷等(2016)进一步研究了中国长三角地区 FDI 对吸引 FDI 较少地区的空间技术溢出效应，发现长三角地区吸收的高质量外资对吸收 FDI 较少地区具有技术溢出效应，但该作用受空间距离和当地承接能力的制约。随着企业数据的可获得性越来越高，中国学者开始利用企业数据来考察 FDI 的技术溢出效应。路江涌等(2008)发现，FDI 对内资企业具有正向溢出效应，且内资企业技术吸收能力越强，FDI 溢出效应发挥的作用越大。陈琳和林珏(2009)发现，FDI 的竞争示范效应对企业的影响不显著，人员流动效应受企业所有制的影响表现出较大差异，国有企业和外资企业从中获得的益处更大。唐宜红等(2018)进一步发现 FDI 主要通过后向关联效应促进企业创新，且该作用在技术密集型行业更为明显。另外，有学者(钟昌标，2006；Du 等，2012)在对中国的研究中发现，外资进入可以同时通过前向关联渠道与后向关联渠道对内资企业生产率产生正向的溢出效应。而且这种正向溢出效应更多是由后向关联促进技术进步带来的,前向关联则没有产生技术溢出效应(邱斌等,2008)。除此之外,周燕和齐中英(2005)、刘巳洋等(2008)、曾国安和马宇佳(2020)进一步考察了外资与内资企业的技术差距、地理距离以及区域制度异质性等对 FDI 溢出效应发挥作用的影响,更加丰富了该领域的实证研究。

三、外商直接投资的技术创新效应研究

技术创新作为经济增长的重要推动力,对促进经济长期可持续发展具有不可忽视的作用,因此,如何利用外商投资的积极影响刺激本土技术创新成为各国政府和企业亟须解决的问题,也引起了国内外众多学者的研究兴趣。外商直接投资作为集技术、管理、人力资本以及财力资本等资源的集合体,其大规模流入对东道国的技术创新具有重要的作用。下文主要从国内外两个方面就外资进入对技术创新的影响进行文献梳理。

(一)国外关于外商直接投资对技术创新的影响研究

关于外商直接投资对东道国技术创新的影响,学界的研究结论一直以来都未能得到统一。大部分学者认为,FDI 主要通过技术溢出效应对东道国企业创新能力产生积极的影响。这就是说,FDI 可以通过示范模仿效应、员工流动效应、前后向关联效应、竞争效应等途径产生技术知识溢出。本土企业能够通过逆向工程、工艺创新、产品设计、流程改进、整合资源等手段进行技术知识创新,从而提升本土企业技术竞争能力(Blomstrom 和 Kokko,1998;Lall,1980)。具体而言,有学者(Globerman,1979)考察了 FDI 技术溢出效应对加拿大制造业的影响,其研究结果表明,FDI 显著促进了东道国企业的技术创新能力提升;有学者(Naqeed,2016)分析了 FDI 对巴基斯坦的影响,结论表明 FDI 对巴基斯坦具有正向的技术溢出效应,有利于当地经济增长和创新能力提高;另外,还有学者认为,基于 FDI 的技术引进有利于东道国企业技术创新能力的提升(Pittiglio 等,2009)。与上述结论相反,有部分学者的研究却发现 FDI 在一定程度上抑制了东道国企业的技术创新能力(Konings,2001)。有学者(Konings,2001)通过研究发现,从长远角度来看,FDI 进入使东道国企业的市场竞争加剧,从而对本土企业生产率的提高产生不利影响。另有学者(Glass 和 Saggi,1998)认为,本土企业并不总能从跨国公司的技术溢出效应中获取利益:如果本土企业的技术创新能力与跨国公司存在较大的差距,那么长期依赖此类技术知识溢出,会降低本土企

业知识创新的主动性和积极性,削弱本土企业的自主知识创新能力。此外,还有一部分文献认为,FDI对东道国技术创新效应的发挥依赖于东道国的一些外部条件,如有学者(Borensztein和De Gregorio,1998)对OECD国家流向69个发展中国家的对外直接投资数据进行分析的结果显示,如果发展中国家有足够的人力资本,则FDI是向发展中国家技术扩散的有效途径,进而可以对发展中国家本土企业的技术创新产生积极的推动作用;否则,对发展中国家本土企业产生的作用不明显。另有研究提出企业的吸收能力能够显著地正向影响其创新绩效,强化FDI技术溢出效应的积极影响,即东道国本土企业技术吸收能力越强,其受FDI技术溢出的影响进行技术创新的可能性就越大,取得创新成功的概率亦越大(Cohen和Levinthal,1990)。

(二)国内关于外商直接投资对技术创新的影响研究

关于外商直接投资对东道国技术创新的影响,国内学者的研究主要分为两个方向:其一,确立技术创新能力指标的测度。在这一问题上,学界仍未达成一致,如傅家骥(1998)将创新能力划分为投入能力、管理能力、研发能力、制造能力、营销能力及产出能力;彭向(2010)将创新能力分为创新投入、创新环境和创新产出;张素萍(2013)将创新能力分为创新投入、创新产出以及创新绩效三个维度;还有学者(Liu等,2016)将创新能力分为投入能力及销售能力。其二,探究FDI技术溢出效应对技术创新的影响,国内大部分学者支持FDI技术溢出对创新能力有积极影响的观点(Hu和Jefferson,2001;殷醒民等,2011;杜肖伟,2015)。如有学者(Kui-yin Cheung,2004)采用三种类型专利表征技术创新,研究了外商直接投资在省级样本中所产生的溢出效应,其实证结果表明,FDI的溢出效应显著促进了国内三种类型专利(发明专利、实用新型专利以及外观设计专利)申请数量的增加。其中,在外观设计专利上,FDI的溢出效应最为强烈(冼国明和严兵,2005)。吴静芳(2011)进一步考察了在不同区域中FDI溢出效应对专利申请影响的差异性,发现东部地区外资的溢出效应集中在发明专利高端创新领域,进入西部地区的外资更多是在外观设计专利低端领域发挥作用,中部地区居于其中。胡曙虹等(2015)从另一个角度发现跨国公司在华研发机构合作创新对本土创新机构创新产出具有积极的作用,并显著提高了本土创新机构的创新产出效率。

以上的研究均支持了外商直接投资的正向技术创新效应,但并非所有学者得到的结论都是如此。王志鹏和李子奈(2003)通过研究发现,跨国公司为了维持垄断优势会选择将技术在内部转移；同时由于我国目前的技术吸收机制并不完善，吸收能力较弱，因此，FDI 对我国技术创新并没有产生明显的促进作用。罗伟和葛顺奇(2015)利用制造业企业研发支出数据衡量中国自主研发能力，以此来全面评估跨国公司的进入对中国自主研发的影响，其结果表明，跨国公司的进入降低了中国制造业以研发倾向和强度作为衡量标准的自主研发水平；且 FDI 的竞争效应不利于国内企业创新能力的成长，但其通过示范效应和科技人员的流动效应等路径会促进国内企业研发活动的增加。郭惠等学者(2020)的结论进一步表明，外资开放引入对中国创新发展的影响具有阶段性：早期以"市场换技术"的引资策略对中国技术进步和创新发展能够产生积极的推动作用，但随着国内技术的进步和国外对技术的封锁，外资引入对国内创新发展反而产生了抑制性影响，在一定程度衍生出技术依赖性和竞争惰性。

四、外商直接投资的要素流动效应研究

从经济学的角度分析，无论是国际经济一体化还是区域经济圈，其实质都是生产要素不断趋向自由流动的一个动态过程。国际经济一体化的每一个阶段，都表现为具体要素在某一程度上自由流动的一种状态。罗伯特·蒙代尔(Robert A. Mundell)是最早研究国际贸易与生产要素国际流动之间关系的经济学家。在赫克歇尔-俄林模型(H-O 模型)的基础上，罗伯特·蒙代尔得出了国际贸易与生产要素流动之间存在替代关系的结论，比如国际劳动力流动：如若一个国家严格控制劳动力跨国流动，这势必将促进国际贸易的开展；但如果一个国家设置严格的贸易壁垒，便会诱使境内外劳动力在国际上进行流动。他进一步推断：国际贸易和生产要素的跨国流动都能实现商品价格均等化和生产要素价格均等化，即生产要素的流动在一定程度上将会影响以要素禀赋为基础的国际贸易。但与国际经济学要素禀赋理论不同，此处所讨论的要素流动并不是各国在要素禀赋分工下贸易中隐含的要素跨境流动，而是以国际直接投资为载体的显性的要素跨境流动。张幼文(2020)指出，国际直接投资使世界经济成为全球化经济，为世界经济学的学科建设创造了客观条件。因此，探究外商直接投资的要素流动效应对于提高开放型经济发展水平的战略探索提供了重要的服务功能。下文将从外商直接投资的直接要素流动效应和外商直接投资的引致要素流动效应两个方面阐述外商直接投资对要素流动的影响。

（一）外商直接投资的直接要素流动效应

外商直接投资不单纯是货币资本的国际转移,而是跨国公司以资本为载体的多种生产要素的国际流动(张幼文,2013、2020;张幼文和薛安伟,2013)。其中,由 FDI 所引起的技术、管理经验等无形生产要素的流动是 FDI 对广大发展中国家的真正意义所在,其可以通过技术溢出效应和前后向关联效应提高东道国企业的技术水平和劳动生产率,一定程度缓解发展中国家经济增长的瓶颈制约。而由 FDI 带来的著名品牌、核心零部件供应等有形生产要素流动是跨国公司从全球化战略视角进行考虑的,这些生产要素往往是东道国所缺乏的,无法提供的,或者是在产品价格和质量方面达不到要求的。这种由 FDI 带来的要素流动促进了东道国的贸易质量,有利于提高当地企业产品在国际市场上的竞争力。并且作为产品流动的形式,跨境投资这一要素流动现象往往跨越了贸易障碍,客观上有利于发展国际商品贸易关系(张幼文,2008)。由于各国之间在相对要素禀赋上存在一定的差异性,如果要素禀赋差距较小,则资本相对充裕的国家将在国内生产资本密集型的差异化产品,并且以此交换劳动力相对充裕国家的劳动密集型同质产品;但如果国家间的要素禀赋差距较大,那么资本相对充裕的国家则倾向于通过对外直接投资将核心业务(如科学研究与试验发展等)输出到劳动力相对充裕的国家,并从该国进口差异产品和同质产品,而不是像原先那样仅仅出口差异化产品(Helpman,1984;Helpman 和 Krugman,1985)。另外,有学者(Markusen,1998;Markusen 和 Venables,1996、1998)进一步提出,随着劣势国(地区)市场规模、要素禀赋以及技术效率不断提升,优势国(地区)中越来越多的公司将在劣势国(地区)建立子公司。而外商投资企业作为要素合作的组织形式和载体,使得各国生产要素在某国通过协同合作的方式对某种产品实现专业化生产(张幼文,2007),一国(地区)的出口产品不再由一国(地区)生产要素所创造,而是各国(地区)生产要素合作生产的结果。在这个背景下,全球各国(地区)参与跨国生产网络的广度和深度不断推进,助推了全球范围内资源的优化配置。此外,要素的流入同时也是产业的流入,面对外来者带来的激烈竞争,国内传统产业可能会被市场淘汰,新兴产业的发展空间也可能受到挤压。因此,在得益于要素流入获得经济规模扩张的同时,本国企业和产业的发展也面临一定的挑战(张幼文,2008),妥善应对 FDI 的要素流动效应带来的利与弊对促进经济高质量持续发展具有重要的意义。

（二）外商直接投资的间接要素流动效应

外商直接投资除了可以带来直接的生产要素流动效应,还可以间接影响其他生产要素的跨地区或行业流动。一方面,外资企业的进入促进了当地经济发展和人民消费水平提高,东道国市场规模也随之不断扩大,国内企业为了抢占市场、增加市场份额会增加对该地区的投资。并且,当地本土企业和外资企业的正常运营还需要金融服务以及生产投入等方面的支持。为了满足消费者需求,金融企业和其他生产性企业也会在该地区进行投资设点,在国内资金总量保持不变的情形下,资本要素势必会进行跨地区流动,即从资本收益低的地区向资本收益高的地区流动。另一方面,由于外资企业的工资水平普遍高于国内同类企业,因此,当外资企业进入后,当地工资水平整体上将有所提升。李雪辉和许罗丹(2002)通过研究证明了该说法的合理性,认为外商直接投资通过提高当地熟练劳动力工资水平,可以推动当地工资水平的整体提升。而工资水平的地区差异性会进一步导致劳动要素的跨地区转移,这种由外商直接投资所引起的资本和劳动力跨地区流动就是间接的要素流动效应。除此之外,外商直接投资的流入不仅在短期内增加了各生产要素尤其是高级生产要素的供给,而且会带动各种低级生产要素或闲置生产要素的流通,比如自然资源得以开发、低级劳动力获得就业、闲置生产要素投入使用等,使得东道国市场达到更有效的资源配置(张幼文,2020)。当前,由经济全球化带动的要素自由流动成为世界潮流,世界经济从贸易为主转变为要素流动为主,以要素流动为特征的经济全球化要求参与国降低对要素流动的限制。黄新飞和李嘉杰(2021)的研究发现,目前中国经济的内循环体系存在着一定程度的要素流动不畅、要素流动导向偏离等问题。外商直接投资作为一种生产要素将会因为要素流动不畅而影响其投资回报率,低效率的投资又会通过信号传递进一步降低外商直接投资水平,从而降低当地的引资水平。因此,进一步扩大对外开放,减少外资的准入限制、降低各地区间的市场分割程度,对于实现我国以内循环为主体、国际国内双循环相互促进的发展格局具有重要的作用。

五、外商直接投资的产业结构升级效应研究

随着外商直接投资在各国或地区的兴起,关于外商直接投资对东道国产业结构影响的研究也不断地涌现。下文主要从两个方面对此类文献进行归纳梳理:其一,国外关于外商直接投资对东道国产业结构升级影响的研

究;其二,国内关于外商直接投资对东道国产业结构升级影响的研究。

(一)国外关于外商直接投资对产业结构升级影响的研究

外商直接投资对东道国产业结构的影响一直是国内外学者研究的热点,但研究的结论并不完全一致。如有学者(Caves,1974;Blomstrom 和 Persson,1983)通过实证分析发现,外商直接投资通过技术溢出效应对东道国的产业结构升级具有显著的正向促进作用,有利于促使东道国经济的快速发展。还有学者(Markusen 和 Venables,1999)研究发现,外商直接投资可以为东道国提供廉价但技术含量高、质量好的中间产品,从而为后续生产环节的技术升级创造有利的条件,有利于进一步推动东道国产业结构高级化和合理化。还有一部分学者从价值链角度分析了外商直接投资对东道国产业结构的影响。研究结论表明,如果外资企业没有发挥作用,则东道国各产业的工序构成将等同于产品的价值链本身(Helpman 和 Krugman,1985;Antras,2003;Helpman,2004)。此时,如果跨国公司转移的是低端工序,那么其进入将恶化东道国的产业结构;反之,当跨国公司转移高端工序时,则对东道国的产业结构起到优化作用。但也有部分学者持相反意见,如有学者(Gabor Hunya,2002)指出,外资企业更倾向于投资与出口行业相一致的行业,而外资进入并不能改变该国的传统优势产业。另外,有学者(Arikokko,1994)通过实证检验发现,本土企业对外商直接投资产生过多的依赖性容易陷入引资陷阱,从而被困于低附加值生产环节,不利于资本和技术密集型行业的发展。学者对罗马尼亚的实证结果进一步表明,外商直接投资对传统产业如服装、鞋帽和金属产业发展具有显著的促进作用,但对新兴产业的发展却具有阻碍作用(Gabor Hunya,2002)。除以上两种观点外,还有部分学者认为外商直接投资对东道国产业结构升级的影响存在异质性,其中,引进市场导向型的外商直接投资有利于转轨经济国家的产业升级,促进其经济长期发展;而引进资源导向型的外商直接投资则对东道国企业技术进步、产业升级和国民福利增长具有抑制作用(Akbar 和 Bride,2004)。有学者(Markusen 和 Venables,1999)进一步指出,外资进入能够通过前后向关联效应促进发展中国家产业发展,成为发展中国家产业发展的推动力,但外资企业不合理的投资结构,如劳动密集型产业的外资比重偏高,资本、技术产业的外资比重过低,则容易恶化东道国产业结构,对东道国经济发展具有不利影响。因此,合理优化引资结构,精准开放外资进入的行业类型,是一国实现产业结构升级的重要举措,也是一国促进经济高质量发展的推动力。

（二）国内关于外商直接投资对产业结构升级影响的研究

近年来,我国从招商引资到招商选资,引资质量和水平不断提升,对工业内部产业结构的影响愈加明显,国内涌现出一大批学者开始探讨外商直接投资对我国产业结构升级的影响,但不同学者所得出的结论却存在明显差异。一部分学者认为,外商直接投资对产业结构升级存在正向积极效应。例如,杨俊龙和张媛媛(2004)指出,外商直接投资大量进入我国加工工业,不仅扩张了加工工业规模,而且通过引进外资的技术、设备、管理经验等改善了我国加工工业内部的产业结构。江小涓(2002)、周燕和王传于(2008)以及张琴(2012)从实证角度分析了外资进入对我国经济增长、产业结构升级以及企业竞争力的影响,发现外商直接投资在我国产业结构优化升级中具有催化剂作用,尤其促进了第三产业的长期发展。李晓钟(2014)通过事实分析发现,外资进入对东道国产业结构升级具有显著的促进作用:一方面,引资过程中的政策倾斜,直接提升了我国工业内部的产业结构,使我国由以劳动密集型产业为主的粗放型产业结构向以资本密集型和技术密集型为主的集约型产业结构演进;另一方面,外资企业进入不仅能够通过其自身的先进技术、管理经验直接提高我国产业的技术水平,还可以通过外资企业的示范效应、竞争效应、前后向关联效应等对内资企业技术水平产生倒逼作用,间接加快内资企业技术进步的速度,推动产业的技术结构提升。阎虹戎和刘灿雷(2020)从引资政策精准导向的视角,采用双重差分法评估了其对中国制造业产业升级的政策效应,发现外商引资政策通过《指导目录》的精准导向,对中国制造业产业升级产生积极的促进作用,该作用的发挥主要通过提升企业间的资源配置和要素配置效率来实现。但是也有小部分学者得出了相反的结论,认为我国产业结构转型升级意味着我国要在发展新兴产业的同时,推动产业从低附加值的中低端环节向产业链高端环节迈进(李晓钟,2014),而跨国公司则可能通过海外直接投资、离岸外包等方式在全球范围内扩展业务,从而垄断新兴产业的生产和市场(金碚等,2011),还可能采取技术转移、专利控制等手段,对我国封锁核心技术以控制产业链的高端附加值环节,从而阻碍我国新兴产业向高端环节发展(李晓钟,2014)。李文臣和刘超阳(2010)通过研究也发现,外商直接投资的产业结构效应一方面带动了我国整体高新技术产业的发展,而另一方面则阻滞了本土产业的成长。唐艳(2011)的研究也进一步指出,若将升级的主体定位于本土企业,或从价值链的角度分析升级效应,外商直接投资的产业结构升级效应则存在一定程度的虚拟性。

第二节 中国引进外资的战略目标

通过第一节对FDI的理论研究的梳理,我们发现,无论是国外学者,还是国内学者,其关于FDI的研究大都基于传统的技术溢出效应理论。不可否认的是,该理论为FDI经济效应这一研究领域的发展奠定了基础,同时,该领域的发展成果也为我国在引资过程中的策略调整提供了经验证据和政策启示,对我国长期以来经济的快速发展起到了极其重要的作用。但随着近期国内外经济形势的变化及新冠肺炎疫情的暴发,世界经济遭遇到重创,全球需求市场逐步萎缩,国际局势呈现出前所未有的复杂局面,我国改革开放初期主要以对外开放带动国内经济增长的发展策略也难以为继,亟须进行战略调整。2020年,国际货币基金组织根据相关数据显示,2020年全球经济下降4.4%,全球范围内的各行各业都受到了冲击。综合国际形势和国内情况,我国提出应加快形成以国内大循环为主体、国内国际双循环相互促进的新发展格局,构建符合高质量发展需要的现代化产业体系。该举措是中共中央立足于百年未有之大变局、面对中国经济转向高质量发展阶段出现的矛盾和问题、结合自身优势和特点,综合做出的强国战略。在此战略的指导下,我国引进外资的战略目标也随之发生了相应的变化,即新阶段我国引资策略应以构建现代化产业体系,加快形成以国内大循环为主体、国内国际双循环相互促进的新发展格局为目的。接下来,本节将从以下几个方面归纳总结新发展阶段中国实现构建现代化产业体系所包括的具体内容。

一、扩大引资规模,改善引资结构

FDI既是一种资本的跨国流动,也包含技术和管理方式的国际交流。长期以来,外商资本进入在我国取得了经济增长效应、产业结构调整效应以及技术扩散和技术转移效应等。商务部发布的数据显示,2021年1—6月,全国实际使用外商投资总额高达6 078.4亿元,同比增长28.7%(折合909.6亿美元,同比增长33.9%;不含银行、证券、保险领域),比2019年同期增长了27.1%。除了规模的持续扩大,中国在引资模式方面还呈现出一个鲜明特征,即随着外资自由化程度的深化,我国引资结构持续优化。《指导目录》自1995年首次颁布,先后进行了多次修订,外资的准入限制逐步放宽。传统制造业对于外商投资的吸引力减弱,服务业和高新技术产业作为引资的"主引擎"动力十足。在2021年前6个月,服务业实际使用外资金额为4 827.7亿元,同比增长33.4%;高技术产业实际使用外资同比增长39.4%,其中高技术服务业增长42.7%,高技术制造业增长29.2%。服务业和高技术产业的外资引进能够有力补充中国相关产业发展的资本缺口,也有利于形成高标准现代化的产业链布局,推动产业链锻长板补短板,不断推动产业转型升级。

通过以上数据可知,传统的引资模式已经无法满足中国经济高质量发展的需要,进一步优化引资结构将是新发展阶段的必然要求。我国"十四五"规划纲要明确提出,加快发展现代产业体系,巩固壮大实体经济根基,包括深入实施制造强国战略、发展壮大战略性新兴产业。根据该指示,我国招商引资可以在以下几个方面进行努力:在发展新兴产业方面,我国引资战略应聚焦于发展新一代信息技术、生物医药和高性能医疗器械、新材料、高端装备、节能环保与新能源等产业;在巩固升级优势产业方面,我国将重点在绿色能源汽车、绿色石油化工、现代纺织、智能家居等产业方面进行优质外资项目的引资;在未来产业方面,积极引导外资企业在人工智能、区块链、第三代半导体、类脑智能、量子信息、柔性电子、深海空天、北斗与地理信息等颠覆性技术与前沿产业领域落地;通过推动优势产业、新兴产业以及优质产业从国际"跟跑"向"并跑""领跑"迈进,实现产业技术高级化和产业链现代化。

二、提高引资质量,培育高级本土要素

改革开放以来,中国通过引入稀缺高级生产要素与开发本土的闲置生产要素相结合,提升了闲置要素的收益,扩大了经济规模,取得了快速发展。但随着中国经济的快速发展和传统丰裕生产要素比较优势的消失,我国亟须培育新的要素比较优势,进一步向要素培育型的发展阶段提升(张幼文,2002、2008)。在经济全球化时代,高级要素的丰裕程度是一国或地区在开放中获得较大收益的根本保障,一国或地区的高级生产要素越多,其在开放条件下所获得的收益越大。因此,探索高级要素培育的内在规律,培育中国本土的高级生产要素,是下一阶段提升中国开放收益的必由之路,也是促进我国经济实现高质量发展的重要推动力。在现实中,高级要素的培育与创

新过程是紧密联系在一起的,比如高新技术行业、创新的商业模式、创新的服务业等,恰好外资在这些领域当中具有优势。因此,进入新发展阶段,为加快新旧动能转换,实现高质量发展,形成竞争新优势,我们仍然需要坚定不移地扩大利用外商投资的规模,尤其提高引进的外资的质量水平,统筹用好国际国内两个市场、两种资源,利用引资策略来实现对我国本土高级生产要素的培育。

  过去,在利用外资上,中国不仅是贸易大国,也是投资大国。2020年,全球FDI大幅下降42%至8 590亿美元,为15年以来低点;但中国的FDI逆势上扬,达到了1 630亿美元,首次超过美国成为世界第一大外资流入国。长期以来,我国依靠积极引进外资,优化了经济结构,促进了产业转型,推动了技术进步,实现了经济的较快发展。在现阶段,从利用外资的外部环境来看,中国处于产业链低端环节的产业受到印度、越南等国家更低劳动力成本的挑战,国内一部分低端企业转移至东南亚国家;在产业链高端环节上则受到发达国家工业化,特别是美国优先政策的挑战,导致国内一部分高端企业回流至欧美国家。与此同时,国内老龄化严重,人口红利消失,劳动力成本上升,土地成本增加,资源环境日趋紧张,致使我国吸引外商直接投资的能力进一步减弱。在该情形下,单纯依靠传统的生产要素带动对外开放、促进经济高质量发展的动力依然不足。因此,未来在加大招商引资力度、提高外资质量的同时,应更注重对本土高级生产要素的培育。具体说来,在招引优质外资项目的同时,我国应加大"腾笼换鸟""砸笼换绿"的力度,注重整合与盘活国内闲置资源和低效资源,提高整个经济体中资源的配置效率;同时,积极发挥外资的间接要素发展效应,即利用优质外资带动与其相匹配的其他本土生产要素的培育。比如为国内企业发展招才引智,构建企业"人才蓄水池",实现"人口红利"向"人才红利"转型;加大新能源、创新平台、智能制造、现代服务业等多个领域优质外资项目的引进,增强我国创新要素的培育,依靠创新培育壮大新动能,实现现代产业体系的构建。除此之外,我国还应充分发挥数字技术等新型要素在产业结构现代化提升中的作用,促进数字新型要素与其他要素的深度融合。将数据要素的使用贯穿产业链供应链各环节,发挥其对其他生产要素的"催化剂"作用,促进"劳动+数据""资本+数据"等要素深度融合模式发展,形成"数字经济新劳动者""数字金融"等要素组合新形态,利用新型要素与传统要素的融合实现产业要素配置整体效率的提高,加快产业结构现代化体系的建设。

三、构建中国现代产业体系,助推经济高质量发展

从历史维度看,改革开放40多年以来,受益于改革开放释放的强大制度红利,我国产业发展取得了巨大的成就,三次产业之间以及各产业内部结构不断优化调整,劳动生产率得到较大、较快的提升,产业空间布局逐渐合理化,为经济的持续增长提供了重要的支撑。但在产业结构高级化水平方面,我国与发达经济体之间仍存在较大的差距,优化升级面临较大的困难和瓶颈。具体来讲,一方面,我国面临来自发展中国家的竞争压力。改革开放以来的较长时间内,传统生产要素,特别是丰裕的劳动力要素构成了我国的出口比较优势,使得我国的制造业或出口产品在国际市场中具有很大的竞争力。但随着我国人口红利消失、资源环境日趋紧张,传统的劳动密集型产业成本优势逐渐弱化,低端生产环节竞争力开始下降。据相关数据统计,中国近年来劳动力成本增加的速度已经远远超过了劳动生产率提高的速度,我国的一些本土企业和外资企业被迫转移至印度、越南等劳动力成本较低的南亚、东南亚国家,这些国家在产业链供应链的中低端环节对中国构成了较大的威胁。产业转移、资本向低成本国家或地区流动向来符合客观经济规律,但是在部分中低端产业较快转移至国外的同时,我国应高度重视中高端产业的发展,加快我国产业转型升级,防止出现"产业空心化"的现象。另一方面,我国产业在向高端迈进的过程中受到欧美等发达经济体的限制。随着国内本土企业的快速发展,外商投资企业市场份额逐步缩小。全球贸易保护主义抬头、单边主义盛行,叠加新冠肺炎疫情的影响,世界经济萎缩,经济全球化出现"逆流",产业现代化面临各种各样的挑战。这在一定程度上也警示我们,新发展阶段我国引资的目标也应做出相应的变化,传统招商引资的方法与思路亟须调整。

新时代背景下,构建符合高质量发展需要的现代化产业体系,需要政府、企业、金融机构等市场参与主体的共同努力。中共中央提出的"以国内大循环为主体、国内国际双循环相互促进的新发展格局",是重塑我国国际合作和竞争新优势的重要战略抉择,有利于确保我国现代化经济体系成为一个既独立又开放、内外联动的动态系统。产业是经济发展的关键所在,推进产业现代化将为"十四五"时期的高质量发展打下坚实基础,有助于推动经济现代化的实现。在新时代建设现代产业体系的要求下,我国应积极引进符合产业发展方向的优质项目。例如芯片、集成电路等面临"卡脖子"问

题的关键领域项目以及新一代信息技术、新材料、高端装备制造业等代表产业链升级大方向的重点领域项目,对于这些项目,应毫不吝啬地给予资金、政策等支持,加大招商引资力度,提升产业能级,打造共融共促的产业生态,为经济高质量发展增添新动能。同时,我国应有力推进"招大引强"与"延链补链"相结合的引资战略,紧扣鼓励发展优势特色产业、新兴战略产业,精准谋划招商项目,锁定重点招商市场和目标企业,实现招商引资规模与质量"双量"提升。此外,我国还应打造优渥的投资软环境、雄厚的产业基础和完善的产业配套设施,给予外资企业巨大的空间优势及显著的政策优势,以此对外商企业落地形成强大的吸引力;进一步地,利用落地外资企业提升产业创新活力,努力在战略性新兴产业领域培育一批支柱企业和"龙头"企业,为加快构建现代产业体系助力,为经济高质量发展提供有力支撑。

四、保障产业链供应链安全,加快构建新发展格局

新冠肺炎疫情影响叠加国际经贸关系复杂博弈,一些国家或地区保护主义和单边主义盛行,给全球产业链稳定运行和安全发展带来了不可小觑的挑战和压力,不同行业在全球产业链供应链的不同环节均出现了产能下降、运转不畅、链条中断等问题。与此同时,受国内生产要素成本提升和国外政策的影响,国内的一些外商投资企业回流至原国家或转移至其他国家或地区,中国面临产业链供应链"去中国化"的威胁。因此,在"双重挤压"的挑战下,我国必须把保护产业链供应链安全作为促进国民经济健康发展的重点,加快提升产业链供应链现代化水平,实现更高质量、更加安全和更可持续的发展,这也是我国形成"以国内大循环为主体、国内国际双循环相互促进"新发展格局的必然要求。虽然新冠疫情是经济全球化以来影响世界经济格局走向的一次重大外部冲击,也是对全球产业链的一次大考,但在全球产业链供应链中占据重要位置的中国,由于稳定的营商环境、较强的综合竞争优势以及超大规模的市场优势和内需潜力,依然得到了很多国家跨国公司的投资。这些国家认为,与世界上其他国家相比,中国依然具有强大的竞争力和吸引力。因此,招商引资仍然是保障我国产业链供应链安全的重要举措之一。以此为宗旨,新时代的引资策略也将以以下几个方面为目标:其一,加强关键性的全球供应链产业链投资,提升我国在全球产业链供应链中的地位,加强培育产业链供应链"链主"型企业和"龙头"型企业;其二,加快对外开放步伐,积极融入国际大型跨国公司主导的产业链新布局;其三,

通过外资企业提高本土企业科技创新能力,积极突破关键技术和核心环节中的"卡脖子"问题,补齐短板,确保产业链供应链安全。

具体来说,首先,在招商引资过程中,要深入把握产业链构造,了解该产业链上"链主"企业和"龙头"企业的战略布局,围绕行业的顶层战略布局,根据地区经济发展水平来确定自己的产业链定位和环节,在此定位和环节领域开展精准招商。对于发达地区的"龙头"企业,应引入新技术、新标准、新工艺,并提高其配套设施水平,使其成为所在产业链上的"链主"。对于欠发达地区,则不应要求独立建成大、高、强的产业集群,而是应该更加注重在某个或若干行业的产业链中争取嵌入重要的环节、建设重要的基地,培育本地区的"链主"企业。其次,实践告诉我们,在全球化的产业链中,越开放越安全。为此,我国需要坚持不懈地进行对外开放,积极利用两个市场、两种资源,巩固并深化与区域全面经济伙伴关系协定(RCEP)国家、"一带一路"沿线国家的产业链合作,进一步维护并加强与主要国家的国际产业链贸易和投资合作联系,深化并拓展与科技强国的人才交流和技术开发合作,更加深度参与全球供应链,以高水平开放保证产业链安全稳定,推动现代化发展。最后,创新是引领发展的第一动力,是重塑产业链的关键变量,也是维护产业链供应链安全的必由之路和根本保障。但在国际分工中,我国长期嵌入由发达国家跨国公司主导的全球产业链中,位于附加值较低的低端环节,对企业技术升级、资源配置乃至产业结构改善的促进作用微乎其微,所需要的关键技术和核心环节也长期受制于他国。因此,在引资的过程中,我们应加强引进面临"卡脖子"问题的关键领域中的优质项目,通过外资企业实现国内技术路径的重大突破。我们还应推动产业链供应链技术创新由引进吸收为主向自立自强转变,提高关键技术环节的国产化比例,鼓励上下游企业实现基础创新与应用创新相结合,加快推动新一代信息技术、智能制造等与现有产业链供应链融合发展,构建"互联网+""5G+"等融合创新模式。同时,发挥产业链供应链创新政策的协同效应,发挥产业链供应链"链主"型企业的引领带动作用,推动中小企业"隐形冠军"做优做强,形成面向产业链供应链现代化的创新链体系。

第三节　引进外资促进本土新兴产业发展的机制路径

本章在第一部分梳理了以往关于FDI的研究文献,研究主题主要包括四类:其一是 FDI 的技术溢出效应,其二是 FDI 的技术创新效应,其三是 FDI 的要素流动效应,其四是 FDI 的产业结构升级效应。这些研究丰富了 FDI 经济效应领域的研究,同时为我国在引资过程中的策略调整提供了经验证据和政策启示。但随着国际局势的变化及新冠肺炎疫情的暴发,我国改革开放初期单纯以 FDI 技术溢出来带动国内经济增长的发展策略亟须调整,为此,本章在第二部分归纳总结了新发展阶段我国引资的战略目标,即以引资促使我国尽快构建高质量发展所需的现代化产业体系。这一目标的得出主要从四个方面考虑,包括扩大引资规模,改善引资结构;提高引资质量,培育高级本土要素;构建中国现代产业体系,助推经济高质量发展;保障产业链供应链安全,加快形成以国内大循环为主体、国内国际双循环相互促进的新发展格局。在上述论述基础上,本节将进一步分析引进外资促进本土新兴产业发展的机制路径,具体包括集聚效应、竞争促进创新效应、模仿学习效应、资源配置效应以及市场需求拉动效应。

一、集聚效应

自实施对外开放策略以来,中国便是吸引 FDI 的大国。世界金融危机后全球贸易投资萎缩,但流入中国的外商资本持续增加。即使在贸易保护主义抬头、单边主义盛行和新冠肺炎疫情蔓延的多重压力冲击下,我国对其他国家的投资仍具有较大的吸引力。改革开放 40 多年的实践证明,FDI 对中国产业集聚和要素集聚具有巨大的推动作用(Cheng 和 Kwan,2000;张二震和任志成,2005;张宇和蒋殿春,2008;易会文等,2011),不仅可以促进我国传统产业的转型升级,而且带动了我国新技术产业的发展,进而有利于加快构建我国本土新兴产业体系。因此,笔者认为外资进入通过集聚效应可以促进本土新兴产业发展。集聚效应具体包括要素集聚效应和产业集聚效应。在要素集聚效应方面,FDI 首先增加了对高技能劳动力的需求。相比于发达国家,中国高技能劳动力比较稀缺,因此,发达国家外资企业进入中国将会提高国内高技能劳动力的工资水平。而由于中国非技能劳动力较为丰富,外资进入对非技能劳动力工资水平的影响十分有限,因此高技能劳动力对非技能劳动力的相对工资水平也将提高。高技能劳动力工资水平上升反过来又会刺激高技能劳动力供给的增加。并且,FDI 蕴含先进技术和管理经验,将对劳动力的知识和技能水平提出更高的要求,而高技能劳动力在技术革新期间能凭借其在生产率损失和学习成本等方面的比较优势与技术进步形成互补,使技术进步进一步呈现出高技能偏向型(董直庆等,2014),提高高技能劳动力的相对边际产出(郝南和江永红,2017)。与此同时,FDI对高技能劳动力的需求还在一定程度上遏制了发展中国家普遍存在的"智力外流"现象,甚至可能促成"智力回流"(张二震和任志成,2005),使得国内高技能人才数量增加。而FDI对高技能劳动力的需求一方面会促使技能工人、专业人才向FDI集中区域集聚,对区域外地区有外部效应,从而对整体现代产业产生推动作用;另一方面,增加的高技能劳动力会向资本和技术密集型产业集聚,从而促进生产技术和效率水平提高(Greenaway等,1999),带动传统产业转型升级和新兴产业发展。

产业集聚是以本地化市场组织为载体的大规模生产集群,通过连接复杂的生产单元,经由劳动力蓄水池、中间品投入共享及知识技术溢出等马歇尔外部效应的发挥,促进集群内的知识技术共享,获取外部规模经济效应进而推动增长。改革开放以来,产业集聚成为改善资源配置效率、提升区域创新能力的有效途径。其中,FDI在产业集聚中扮演的角色日益重要,对培育本土产业集群、推动本土技术创新发展、推动产业转型升级具有极其重要的作用(许和连和邓玉萍,2016)。具体来说,首先,产业集聚使得企业得以规避人力资本投入专有性束缚,蓄水池产生引力效应,提高和改进了企业与劳动力的匹配概率和匹配效率,继而有助于充分发挥劳动力潜能,进一步促进企业技术进步。其次,FDI带来的本土企业集聚能够在国内区域形成垂直化分工,降低中间品交易的成本,形成网络成员垂直化优势互补,提高企业生产效率(Ellison等,2010)。最后,外资进入导致的本土同一行业企业集聚,可以为外国企业与本土企业的"示范—模仿"提供平台,为不同企业人才之间进行知识技术交流奠定基础,这既能够激励企业进行研发创新(Heada等,1995),又能够减少交流成本和信息搜寻成本,提高企业研发成功的概率(Ito等,2015)。王雷(2013)的研究也发现,外资主导下的集群通常会形成以外资企业为核心的生产组织结构,内外资企业之间建立的生产合作关系使内外资企业在产品的研发设计、质量控制、品牌形象方面利益一致,有助于建立共同愿景,从而深化内外资企业对彼此的认知,更好地理解彼此的行为,减少沟通障碍,最终改善集群中跨国公司知识溢出效应,提高集群企业的学习能力,并最终促进集群企业的创新绩效。除此之外,当地产业集聚效应带来的积极效应还会通过邻近的网络促进区域间的合作(郭琪和贺灿飞,2018),即小城市可借用邻近大规模城市产业集聚的外部性促进其内部企业的发展(Meijers, 2015),进而推动整体传统产业的转型和新兴产业的发展。

二、竞争促进创新效应

竞争促进创新效应是指当外资企业进入东道国产生激烈竞争时,本地企业不得不通过加大研发力度,进行自主创新,进而促进技术进步。竞争促进创新效应的发挥主要集中在行业内部,这是因为外资企业主要通过市场窃取与生产同类产品的内资企业争夺市场份额(Aitken 和 Harrison,1999),加大东道国内部环境的竞争程度,进而对本土企业产生激励作用。先前大量实证研究验证了熊彼特创新理论中的竞争挤出效应,即外商直接投资进入东道国导致市场竞争加剧,对本土企业研发行为具有抑制作用(罗伟等,2018)。这一结论的产生主要是因为发展中国家工业化起步相对较晚并且市场发育程度较低,企业的市场势力和盈利能力也相对较弱,同时面临较为严重的外部融资约束问题,这就使得高效率的外资企业进入国内后会降低在位本土企业的市场份额,导致其从事周期长、风险高的自主创新行为的意愿更低(Arkolakis 等,2018)。

上述的分析忽略了竞争效应可能存在的行业异质性。根据新熊彼特理论,当外资企业进入导致同质行业中存在较为激烈的竞争时,本土企业为规避竞争加剧效应,不得不通过改进现有技术和资源的利用效率或通过自主研发创新行为获取市场势力(Aghion 等,2005;张海洋和刘海云,2004)。诸竹君等(2020)也指出,外资企业进入通过生产高质量产品扩大了在国内市场上的份额,挤压了在位本土企业的生产利润。本土企业为了生存会因为竞争效应倒逼自己进行研发创新,进而为传统产业转型升级和新兴产业发展提供重要保障。但竞争促进效应的发挥还取决于内外资企业竞争的激烈程度,本土企业与外资企业的技术差距越小,则本土企业面临的竞争压力越大,外资企业越倾向于采用更为先进的技术以获得在东道国的比较优势,这必然迫使本土企业更加愿意加大技术进步的力度,主动选择技术创新和技术购买来提高技术水平以获取竞争优势。与之相反,当内资企业与外资企业的技术具有较大的差距时,内资企业则不能进行有效的竞争,本土企业提供技术创新的动力就会减弱,竞争创新效应所发挥的作用也就越小。改革开放以来,我国工业取得了较快的发展,本土企业技术水平经历了由远离前沿向准前沿演进的动态变化过程(黄先海和宋学印,2017)。部分企业通过加大嵌入全球价值链(GVC)的广度和深度降低了生产成本、缓解了内部融资约束问题,通过国际贸易带来的"干中学效应"和国际投资带来的"双向技术溢出效应"缩小了与发达国家前沿技术的差距(Yu,2015)。因此,当 FDI 进入东道国之后,受其激烈的竞争压力影响,本土企业会更加注重对前沿技术和知识的获取,加大对研发费用的投入和对先进技术的引进,促使本土创新活动得以高效展开,从而以前沿引领技术、颠覆性技术创新为突破口,培育壮大产业链主导企业,努力实现关键核心技术自主可控,在垂直分工中打造以我国为主的国际化产业链;同时,抓住全球产业链供应链调整的战略窗口期,加强上下游企业产业协同和技术合作攻关,构建融合共生、互动发展的协同机制,提升本土产业基础高级化、产业链现代化水平。

三、模仿学习效应

国内外关于 FDI 模仿学习效应的研究并不少见,且大部分文献认为模仿学习效应是指外资企业雇用的东道国本地员工通过"干中学"接触、学习并掌握外资技术信息和管理经验。当外资企业的本地员工与本地企业员工交流或流向本地企业时,如果本地企业有充分的学习能力获得外资企业的技术溢出或技术扩散,进而促进本地企业技术进步,即形成模仿学习效应(傅元海等,2010)。改革开放之前,出于各方面的原因,我国在技术水平、管理能力等多方面落后于发达国家,国内知识匮乏,生产力水平较低,经济发展速度缓慢。改革开放后,随着外商直接投资的增加,进入我国的外资企业数量也越来越多,带动了我国劳动者的学习欲望,为了能够尽快学习到跨国公司的先进技术和管理经验,国内劳动者开始不断学习外语、技能,提升自己的能力以适应跨国企业对技能劳动力的需求。同时在外商投资企业生产的过程中,本地企业员工通过参观外资企业或去外资企业学习可以近距离地了解外资企业的先进技术和管理经验,特别是外资企业雇用的本地技术人员,通过"干中学"可以更多地接触、了解和掌握外资技术。具体的路径是,本地企业利用获得的外资技术进行生产,尤其是外资企业的技术人员流出后,进入本地生产企业,可以带动本土企业员工与员工之间的学习交流,进而提高本地企业的技术水平。此外,基于发展中国家经济发展的成功经验,有学者提出了基于后发优势的技术发展的"蛙跳模式",如他们(Krugman 等,1993)认为,由于技术变迁的特点,发展中国家具有后发优势,先进国家的技术水平可能会因为技术惯性而被锁定在某一范围内进行小幅度变化。在这种情况下,后进的发展中国家因为巨大的技术突破会从根本上改变原有技术的性质,超越原来的先进国家,出现"蛙跳现象",从而对本土传统产业转型升级起到重要推动作用。在新发展阶段,我国引资战略更加聚焦于发展新一代信息技术、生物医药和高性能医疗器械、新材料、高端装备、节能环保与新能源等产业,并倡导积极引进外资企业在人工智能、区块链、第三代半导体、类脑智能、量子信息、柔性电子、深海空天、北斗与地理信息等颠覆性技术与前沿产业领域落地。这些领域所引进的外资技术水平更高,因此通过引进这类外资企业,我国可以获得更大程度上的模仿学习效应,进而在新兴产业方面从国际"跟跑"向"并跑""领跑"迈进,实现产业技术高级化和产业链现代化。综上所述,笔者认为,模仿学习效应是我国通过引进外资实现传统产业转型升级、新技术产业快速发展的重要路径之一。

四、资源配置效应

伴随着中国经济进入新一轮转型升级,对外开放也迎来新一轮高潮,即使受到贸易保护主义抬头和新冠肺炎疫情的影响,流向我国的外商直接投资仍然占据着较高的位置,我国依然是所有发展中国家中吸引外资最多的国家。新近批量推出的开放举措,如《鼓励外商投资产业目录(2020年版)》《外商投资准入特别管理措施(负面清单)(2020年版)》等,对全球各国外资企业产生了更大的吸引力。截至目前,国内外大量研究已经证实了外商直接投资所带来的经济增长、技术进步、就业和税收增长等正向技术溢出效应(刘晓玲和熊曦,2016;张开迪等,2018),然而外资进入导致的资源配置效应并没有像溢出效应那样受到重视,但这并不意味着该渠道是可以忽略不计的。理论上,在非完全竞争的市场环境下,假使生产要素资源可以自由流动,大规模外资进入带来的市场竞争将会挤出低效率企业,由此释放的生产要素转而流向高生产率企业,从而改善整体的资源配置效率,促进一国经济增长(Syverson,2004;Hsieh 和 Klenow,2009)。毛其淋和方森辉(2020)研究发现,资源配置效应通过企业更替行为,促进资源由低效率企业向高效率企业转移。借助较强的成长能力,高效率企业可以通过资源再配置过程进一步改善其内部资源利用效率,进而促使其更有能力吸收外资的技术溢出,提升自身生产率,同时削弱外资进入引起的负向溢出效应,大大降低退出市场的可能性。有学者(Syverson,2011)同样发现,外资进入产生的资源配置效应具有企业选择性,外资进入挤占了国内市场份额,进而加剧行业内竞争(包群等,2015),使得低效率企业退出、高效率企业保持当前在市场中的地位,原来低效率企业拥有的要素资源(市场份额)被释放给高效率的企业(再配置机制),最终使得配置效率得以提升。另有学者(Melitz,2003;Syverson,2004;Kosová,2010)得到了相似的结论。这一过程与"经济体制改革必须以完善产权制度和要素市场化配置为重点,实现要素自由流动、企业优胜劣汰"的中共十九大报告倡议相吻合。

有鉴于此,笔者认为,外资企业进入我国,会加大与国内本土企业的竞争程度,低效率企业由于技术水平较低,则会因为无法克服外部较大的冲击而出现亏损,进而被淘汰、退出市场。当低效率企业退出后,其内部要素资源会被释放出来,进一步流向该要素稀缺但收益率较高的高效率企业,进而促使其更有能力吸收外资企业所释放的技术,该企业的生产效率得以提高,整个行业的资源配置效率也得到大幅度提升,传统产业向高技术产业转型升级。此外,低效率企业退出、高效率在位企业增多会进一步加大市场中企业的竞争程度,倒逼在位企业进行技术创新,从而以颠覆性技术创新为突破口,培育壮大产业链主导企业,努力实现关键核心技术自主可控,实现新兴产业快速发展和传统产业技术高级化。综上所述,引进外资可以通过资源配置效应促使本土新兴产业发展。

五、市场需求拉动效应

外商投资企业的进入带来了国际市场的需求或配套市场的需求,如市场在外的外商投资企业带来了国际市场上的信息,使本土企业看到了国际市场的无限魅力。并且外资企业一般都倾向于选择有配套能力的东道国市场进行投资,这里的配套不仅仅是产品配套,也包括人力资源配套、技术配套、政策配套等。受国际市场需求和配套市场需求的拉动作用,本土企业会选择进行技术购买或者自主创新以提高其生产水平,企业技术能力的提高会进一步带动传统产业升级和新兴产业的发展。

企业存在于社会关系网络中,关系嵌入程度决定了其在网络中获取、整合和利用资源的程度(张敏和张一力,2015)。关系嵌入为企业创新所需要的信息交流提供了通道,促进企业评估和获取创新机会,进而提升企业绩效(汤超颖和邹会菊,2012)。具体来讲,外资企业进入有利于扩大内资企业的国际市场关系,外资企业网络初步形成后,与已有的社会联系带来了网络的规模效应,进而带动内资企业获取资源、信息的范畴逐渐增长。当内资企业的市场网络范畴扩大时,其面对的是整个世界的消费需求,这对内资企业在生产产品数量、质量以及多样化方面提出了多重的要求,迫使本土企业提高自身技术水平和生产效率,进而可能推动国内传统产业升级和高技术产业快速发展。另外,产业配套环境是 FDI 进入东道国的重要因素之一,当下现代化社会大生产越来越深化,国际分工也已经深化到产品内分工的层面。《2020 年世界发展报告》指出,在大部分情况下,一个企业要生产一种产品,不可能所有零配件都自己生产,很多零件要委托其他企业加工,即生产过程被分割在不同国家的不同企业之中,这便形成了全球价值链。不同国家的企业依托自身要素禀赋产生的异质性嵌入全球价值链的特定环节,不再生产完整的商品。如果外资企业不能在东道国找到相应生产环节的配套企业,而是依靠国外的企业来完成,那么外资企业的交易成本就会大大增加。所以,外商企业在进入东道国之前都会倾向于选择有配套能力的地方进行投资,继而产生配套市场需求效应。相比于一些落后的国内企业而言,国外企业具有更高的技术水平和更强的管理经验,国内企业为了承接国际产业转移,与外资企业产生前后向关联效应和生产技术联系,则会进行相应的技术创新,而这进一步对国内产业高级化和现代化具有重要的推动作用。

第四节　新兴产业对外资开放与本土产业平衡发展的对策研究

本章第二节和第三节分别阐述了新发展阶段我国引进外资的目标以及引进外资对中国本土新兴产业发展产生作用的机制路径,整体来看,这些机制可以归结为:集聚效应、竞争促进创新效应、模仿学习效应、资源配置效应和市场需求拉动效应。2020 年 8 月 21 日,习近平总书记在安徽考察时发表重要讲话:把握发展的阶段性新特征新要求,坚持把做实做强做优实体经济作为主攻方向,一手抓传统产业转型升级,一手抓战略性新兴产业发展壮大,推动制造业加速向数字化、网络化、智能化发展,提高产业链供应链稳定性和现代化水平。为此,本章的最后一部分主要是阐述新兴产业对外资开放与本土产业平衡发展的策略。

一、开放创新能力，促使传统产业转型升级

改革开放以来，我国利用外商资本的规模不断扩大，已经成为利用外商直接投资世界第二大国和发展中国家第一大国，为我国产业结构升级提供着广阔的市场支持。伴随着外资的大规模进入，我国引进了部分适用技术，一定程度上促进了产业结构升级换代，提高了国内工业的整体水平。外商投资在为我国提供资金、技术和市场支持的同时，还为我国带来了先进的市场概念、竞争机制和品牌意识，培育出了大批民族品牌和优秀企业，有力地促进了民族经济的发展壮大。但随着我国逐渐追赶至世界技术前沿，单纯依靠"普通"（在此指非高质量外资）外资引进技术的空间大为缩小，亟须提升我国的开放创新能力，形成新的发展动力。此外，开放与创新融合不足一直是我国开放发展中的另一个问题。近年来，国际形势错综复杂，国内经济下行压力显现，我国经济建设与创新融合发展面临诸多挑战，迫切需要通过提高开放创新水平引领高质量发展。围绕高质量发展和高水平开放要求，持续推进投资管理体制改革，加大市场开放力度，提高投资自由化便利化水平，增强外资在创新领域的"溢出效应"是解决上述问题的关键措施。具体来说，一是加快推进市场开放，针对性引入高端制造业、服务业和战略性新兴产业。以自贸试验区、服务贸易开放创新等开放平台为引领，带动我国进一步扩大创新领域开放，深入落实高技术制造业和服务业开放措施，力争率先落实对外资准入负面清单之外限制性规定的全面取消。二是加快引进一批全球前沿技术和适应产业发展需要的高层次创新人才，加快培育经济增长新动能。在国际经贸规则重构，特别是发达国家加严安全审查以限制我国技术领域快速追赶的背景下，要着力在吸引外资中更加重视技术引进，提升利用外资质量，从招商引资向招商选资转变，引导高质量外资投向生产性服务业、战略性新兴产业和先进制造业，鼓励本土企业与知名跨国公司进行联合研发，支持引进关联性强的项目，提高外资投资项目对产业链上下游的辐射功能，鼓励本土企业通过FDI嵌入全球价值链，加强对国内外技术人才、品牌、营销网络等创新要素的吸引和使用，提升创新资源的全球配置能力，加强传统产业转型升级，加快战略性新兴产业、先进制造业和现代服务业发展壮大，推动"中国制造"向"中国创造"迈进，实现跨越式产业升级。

二、加强"龙头"企业培育,提高中国话语权

长期以来,我国依靠庞大的市场规模、后发模仿创新模式、要素低成本供给等比较优势实现了经济的快速发展。但我国核心零部件、材料、工艺的产业基础能力较为薄弱,不能适应新兴产业发展的需要和需求侧的变化,本土企业对于产业链关键环节的控制力不足问题已成为突出矛盾。当前,我国正在加快构建以国内大循环为主体、国内国际双循环相互促进的新发展格局,对增强产业链供应链自主可控能力提出了更高的要求。因此,我国应加强产业链供应链"链主"企业和"龙头"企业的培育。针对产业薄弱环节,要实施好关键核心技术攻关工程,尽快地解决一批"卡脖子"问题,努力实现对关键核心技术的自主可控,进而打造以我国为主的国际化产业链。具体而言,首先,"产业链'链主'企业是引领行业发展方向、决定行业技术规则、决定行业发展水平的主导力量",为此,我国要给予一些大企业以政策支持,鼓励其做强做优,培育一批在关键核心技术、知识产权、品牌影响力、市场占有率等方面具有显著优势的龙头企业,增强全产业链整合能力,提高其在全球产业链价值链中的话语权。其次,持续优化市场环境,营造良好的产业生态。适度有序开放制造业外资进入,从全球价值链和技术差距二维视角出发甄别开放行业,在当前我国整体与发达国家仍有较大技术差距的前提下,应适度和有序开放上游制造业行业,加快开放我国技术水平相对较高的制造业行业,破除外资企业经营中存在的"玻璃门"和"弹簧门"问题,促进"两头在外"型外资企业转向"深耕国内",鼓励研发主导型外资做优做强,提高本土企业向外资企业集聚,加强劳动力、资本、技术要素的配置效率,激发本土企业的创新活力。最后,实施产业强基工程,强化科技自立自强在高端产业发展中的核心地位。实施产业基础再造工程,应高度重视我国产业发展中的基础研究和关键共性技术、前瞻技术、战略性技术研究。打造一批新型高技术服务平台,以北京、上海、深圳等高水平科创中心,以及雄安等政策特区作为试点,与龙头企业、高校及国有科研机构合作,联合设立着眼于未来15年的前沿技术创新的高水平新型研发机构。加强建设国际一流高质量教育体系,进一步依托"新工科"教育加强基础研究人才培养,推动全社会加大人力资本投入,加强创新型、应用型、技能型人才培养,培育国际一流的科技领军人才和创新团队,进而实现我国对关键核心技术自主可控,打造以我国为主的国际化产业链。

三、发挥协同效应,推动中小微企业做优做强

在2020年全球新冠肺炎疫情的笼罩之下,全球供应链受到严重冲击,全球各地大量工厂出现因断供而无法开工的情况。中国凭借完备的产业链和强韧的供应链在疫情得到控制后率先复工复产,经济恢复速度领先全球,并成为全球2020年唯一实现正增长的主要经济体。2020年,我国GDP达到101.598 6万亿元人民币,迈上万亿元新台阶,较2019年增长2.3%。这一欣欣向荣的发展势头是我国产业链供应链强大韧性的最佳体现。完整且有韧性的产业链供应链是我国经济保持平稳增长的重要保障,只有巩固这一优势,才能塑造中国制造未来发展优势,在激烈的国际市场竞争中把握住主动权。为此,"十四五"规划和2035年远景目标建议中提出,要着力提升产业链、供应链现代化水平,分行业做好供应链战略设计和精准施策,推动全产业链优化升级。其中,中小企业是制造业"主战场"的重要力量。加大对"专精特新"中小企业培育力度,以提升基础产品、关键基础材料、核心零部件研发制造能力和基础软件研发、先进基础工艺和尖端设计能力为目标,加快培育一大批主营业务突出、竞争力强的"专精特新"中小微企业,打造一批专注于细分市场、技术或服务出色、市场占有率高的单项冠军企业是实现传统产业升级和新兴产业发展的重要举措。而龙头企业在其中扮演着重要角色。在当前国际形势下,龙头企业要扮演好"领头雁"角色,加快形成以产业链"链主"企业为主、吸引中小企业广泛参与的协同创新机制。同时,"链主"是具备产业上、中、下游核心凝聚力的企业,集合产业链上不同规模企业的生产、供需环节。以"链主"企业为核心,形成网状产业集群结构,带动中小企业不断创新发展,进而对"链主"企业发展形成"反哺"。此外,围绕"链主"企业打造互相配套、功能互补、联系紧密、具有生态主导力的产业集群,充分发挥大企业引领支撑和中小微企业协作配套作用,驱动整个产业转型升级。

四、推进"强链补链"战略,确保产业链供应链安全

产业是国民经济发展的重要支撑,产业链供应链安全稳定是构建以国内大循环为主体、国内国际双循环相互促进的新发展格局的基础。《中华人民共和国国民经济和社会发展第十四个五年规划和2035年远景目标纲要》提出,坚持经济性和安全性相结合,补齐短板、锻造长板,分行业做好供应链

战略设计和精准施策,对形成具有更强创新力、更高附加值、更安全可靠的产业链供应链具有重要的作用。所谓"强链",就是进一步锻造长板,让长板变得越来越长,增强发展主动权。我国在这方面可以着力培育发展新型产业链,比如吸引优质外资在5G、新能源汽车、高端医疗装备、生物医药、新材料等领域落地,从国际"跟跑"向"并跑""领跑"迈进,实现产业技术高级化和产业链现代化。同时,应以锻造颠覆性、非对称的"杀手锏"技术作为我国提升产业链现代化水平的重要突破口,前瞻布局人工智能、光电子集成与量子信息、脑科学与脑机接口等领域未来核心关键技术,在"长板"领域夯实与全球产业链上下游的相互依存关系。另外,还应该着力提升传统产业链,保持产业链的完整。很多传统产业链量大面广,不仅满足了中国的需要,而且对世界经济的发展也做出了重大贡献,所以产业链的完整是非常重要的。所谓"补链",就是补齐短板和弱项,确保在关键时刻不"掉链子"。特别是对于技术门槛高、我国短期内难以实现国产替代的"卡脖子"关键领域进行长期攻坚,并时刻与国际领先供应商建立密切的合作,多路径推动对关键技术的突破。进而在产业链的上游打造一批掌握关键技术、独有设计和商业秘密的"隐形冠军"。形成必要产业备份系统,特别是在重要产品和供应链渠道都至少要有一个替代性来源,确保在外部突发性冲击下能够实现自我循环以及在极端情况下能够实现经济运转。"强链和补链"战略,不仅对中国传统产业升级和新兴产业具有促进作用,而且有利于推进一批规模体量大、专业化程度高、延伸配套性好、支撑带动力强的产业集群加速崛起,保障新兴产业链的完整性,进而确保产业链供应链安全。

五、实现产业和谐发展,加快推进产业链现代化

当今世界正经历百年未有之大变局,我国已进入高质量发展阶段,壮大新兴产业,全力推动新兴产业与传统产业协同发展,传统产业与新兴产业齐头并进、双核驱动,是实现产业基础高端化、产业链条现代化、经济高质量发展的重要表现。为了实现该目标,我国可以在以下三个方面做出努力:一是紧抓战略性新兴产业。新兴产业是在全球都处于发展前沿的新技术和新产业,各国处于相似的发展阶段,尚没有哪个国家完全控制这些产业的发展方向,这构成后发国家锻造长板的重要机会。近年来,我国在新能源、电子信息等一系列产业上,取得了较好的发展,在一些重要领域已经形成了较强的国际竞争优势。未来,更应加强顶层设计,提升本土供应链的层级,使其满

足本土不断提升的产业需求,以创新驱动、高质量供给引领和创造新需求。推动以行业应用需求牵引科技突破,加大对自主研发的、安全可靠的产品的商用力度。同时,增强消费对经济发展的基础性作用,全面促进消费,提升传统消费,培育新型消费,发展服务消费,激发"新消费"与产业结构升级的相互促进作用。二是做好国内产业集群的优化布局,着力打造一批世界级产业集群。产业只有集群发展,才能更好地发挥规模优势、发挥产业配套优势、发挥创新优势。在当前全球激烈竞争的大背景下,很多重要的产业集群已经不是一个县、一个市,甚至也不是一个省就能发展好的,因此需要着力突破行政区划的分割,加强各地区的协作,真正按照市场规律的要求,促进产业集群的高效发展。三是做好市场结构的优化工作。要更加重视完善国内市场一体化的体制机制,消除市场分割,优化兼并重组的市场环节,促进形成企业间优胜劣汰的机制,从根本上改变许多产业低水平、低价格恶性竞争的局面,实现整体产业的不断升级。同时,不断提高产业效益水平,增加实体经济对优质资源的吸引力,从根本上提升产业的创新能力。

第二章
对外直接投资在国家现代产业体系建设中的作用

近年来,逆全球化浪潮涌现,贸易与投资保护主义抬头,全球产业链受到冲击,中国外部需求面临较强的不确定性,与此同时,中美经贸摩擦中,美国不遗余力打压中国高科技企业发展,试图削弱中国技术优势,新一轮科技与产业竞争全面展开,中国现行产业体系面临严重挑战,迫切需要转型调整。为此,中央提出了国内国际双循环战略,建立内需导向的内循环为主、外循环为辅的现代经济体系。现代经济体系的核心是现代产业体系,现代产业体系的建立关系到双循环战略能否有效畅通。开放发展是我国建设现代产业体系的重要路径,因此我国要重视对外直接投资在国家现代产业体系建设中的作用,努力建设具备强大国际竞争力的现代产业体系。

第一节　对外直接投资与母国产业升级关系的理论分析

对外直接投资在母国产业升级中的作用,这一主题实质是研究开放条件下跨国直接资本流动与母国产业的关系。对外直接投资促进母国产业升级的理论渊源最早可追溯到1958年邓宁(J. H. Dunning)对美国在英国制造业领域的对外直接投资的研究。1958年,邓宁在《美国在英国制造业中的投资》中研究19世纪70年代至第二次世界大战间美国对英国的对外直接投资,提出了美国对英国的对外直接投资有助于美国工业化发展的观点。20世纪60年代以来,随着发达国家对外直接投资的迅速发展,西方学者开始对其国际直接投资行为进行研究,描述和解释其动因、影响因素、投资模式及效应等,并在此基础上形成了各种理论。对外直接投资在我国现代产业体系建设中的作用这一研究主题的理论基础主要是对外直接投资理论,具体来说,包括以发达国家为研究对象的国际直接投资理论、以早期发展中国家对外直接投资实践为研究对象的直接投资理论以及20世纪90年代以来新兴经济体对外直接投资理论研究。

一、以发达国家为研究对象的国际直接投资理论

以发达国家为研究对象的国际直接投资理论主要包括垄断优势理论、内部化理论、产品生命周期理论、国际生产折衷理论以及边际产业扩张理论等。总体上看,这些以发达经济体为研究对象的理论都直接或间接地包含对外直接投资有助于母国产业升级的理论意蕴,如垄断优势理论表明企业对外直接投资可以巩固企业在技术等方面的垄断优势,内部化理论表明对外直接投资有助于企业节省交易成本。这些都有利于企业提升企业竞争力,对产业升级无疑有积极作用。而国际生产折衷理论框架下,可根据投资动因的不同进行适合的对外投资产业选择,这样无疑对母国产业发展有利。有些理论则直接明示了对外直接投资与母国产业升级的关系,如产品生命周期理论说明发达国家企业可以在国外投资设厂生产在母国已经标准化和成熟的产品,将这些已经成熟的产业转移到其他国家,母国由此进入新一轮的技术投入,带动新一轮产品生命周期发展。边际产业扩张理论强调本国对外直接投资应该选择已经处于或者即将处于比较劣势的产业(称边际产业,也是东道国具有显在或潜在比较优势的产业)。这两个理论说明一国或地区通过对外投资将失去竞争优势的产业(主要是劳动密集型产业)向外转移,有助于本国发展其他技术更先进的产业,促进母国产业进步。可见,在以发达国家为研究对象的传统国际直接投资理论框架体系中,实际上已经体现了对外直接投资对国内产业升级的积极作用。

二、以发展中国家为研究对象的国际直接投资理论

以早期发展中国家对外投资实践为研究对象的理论肯定了对外投资对发展中国家产业升级的积极作用。小规模技术理论[①]表明,尽管不如发达国家跨国公司那样拥有垄断性的技术优势,但发展中国家跨国公司可以利用小规模生产的技术优势,对其他发展中国家开展投资活动,带动本国中间产品出口,这对本国产业发展是有利的。技术地方化理论肯定了发展中国

---

① 小规模技术理论是美国经济学家刘易斯·威尔斯在弗农产品生命周期理论的基础上提出的。威尔斯认为与美国跨国公司所有权优势来源于高端技术和卓越管理能力不同,发展中国家跨国公司竞争优势主要来自适应发展中国家当地条件的小规模生产技术和管理知识。发展中国家企业正是开发了满足小规模的市场需求的生产工艺而获得竞争优势。

家在引进国外技术过程中的二次创新活动,说明发展中国家在特定产业,尤其是劳动密集型产业拥有一定的技术优势,这种优势为其他发展中国家所需要,可以与发展中东道国的劳动力要素结合起来,这使得发展中国家的对外投资活动开始有主动的特征。技术创新与产业升级理论则开宗明义地阐述了对外直接投资与发展中国家产业升级的互动作用:随着国内产业升级,发展中国家对外投资的产业分布会得以优化,而向发达国家的投资有利于获得技术,促进发展中国家的产业升级。动态比较优势投资理论所论述的发展中国家引进外资与对外投资的发展过程是与国内产业升级过程相伴而来的,这也是该理论强调发展中国家要将对外投资的发展与国内工业化战略相结合的原因。总体而言,早期以发展中国家为研究对象的对外直接投资理论肯定了对外直接投资对发展中国家产业升级的积极作用。

新兴经济体对外直接投资的国外研究始于 20 世纪 90 年代末期。早期研究主要是基于相关统计资料对主要新兴大国对外直接投资的规模、特征及发展阶段等做描述性的研究。进入 21 世纪以来,以中国为代表的新兴经济体对外直接投资的急剧扩张引起学界的广泛关注,邓宁等著名学者也开始关注这一话题,学界重点对新兴经济体对外直接投资实践的理论适用性进行探讨,但目前仍存在争议:一种观点认为主流 FDI 理论及其拓展可以解释新兴经济体对外直接投资,无须理论创新。如邓宁等从制度视角对国际生产折衷理论进行拓展,认为引入制度视角可理解新兴经济体的所有权优势、区位优势和内部化优势的形成。另一种观点认为主流 FDI 理论存在适用范围的局限,必须针对新兴经济体对外直接投资实践进行理论创新。有学者(Luo 和 Tung)认为来自新兴市场的跨国公司将国际直接投资作为跳板来获得战略资产,并减少在国内遇到的制度和市场方面的制约。马修斯(Mathews,2006)从资源观出发提出的 LLL 分析模型(linkage-leverage-learning Framework)。LLL 分析模型认为,作为后来者的新兴经济体跨国公司通过外部资源联系、杠杆效应和学习进行 FDI 从而获得新的竞争优势。根据 LLL 分析模型,新兴经济体跨国公司国际化的起点是它们对可从外部获得的资源的关注。为了达到这个目的,新兴经济体企业第一步是努力通过与发达国家跨国公司建立战略联盟或者建立合资企业来建立联系。在建立联系后,新兴经济体企业的第二步是对资源进行杠杆利用。正因如此,其国际化的重点会放在资源本身以及资源的可获得性上。LLL 分析模型的第三个要素是学习,学习是指联系和杠杆效应的应用过程,这样 LLL 分析模型中的联系、杠杆利用与学习形成了可以自我加速的过程,因此 LLL 分析模型可以解释新兴经济体企业加速对外直接投资的现象。随着以上两种思路的交锋,也有学者提出有必要发展出能解释企业国际化的通用理论,代表性探索如彭维刚整合产业观、资源观和制度观提出的 Y 模型。与此同时,作为新兴经济体对外直接投资的重要投资主体,新兴经济体跨国公司(又称"新兴跨国公司")成为国外研究的热点。研究包括两方面:一是新兴跨国公司对外直接投资的动因,主要观点包括:资产寻求是新兴跨国公司对外直接投资的重要动因、新兴跨国公司对外直接投资的资产寻求动因和资产运用动因相互作用、制度环境的变化会影响新兴跨国公司的投资动因等。二是新兴跨国公司对外直接投资的战略,代表性研究是拉马穆尔蒂和辛格(Ramamurti 和 Singh,2009)基于案例研究发现,在与发达国家跨国公司的竞争中,新兴跨国公司采用了独特的对外直接投资战略,如本地优化战略和低成本合作战略等。与传统投资理论相比,这些有关新兴经济体对外直接投资的研究更强调了新兴经济体克服所有权优势的不足,对发达经济体的战略资产寻求型投资的意义,这类投资无疑对新兴经济体技术进步、产业升级意义重大。总体上看,这些研究基本肯定了对外直接投资对母国产业升级的积极作用。

三、对外直接投资与母国产业发展的相关理论研究

相关实证研究也进一步支持了对外直接投资有利于母国产业发展的结论,如美国和日本跨国公司倾向于在低成本东道国投资生产,以便利用当地的劳动力成本优势,而发达国家对其他发达国家的投资也能带来知识溢出效应,有利于促进本国技术进步。对新兴与发展中经济体的研究也支持了这种观点,如有学者对不同赶超型国家 22 个行业 1970—1995 年的相关数据进行实证分析,结果显示赶超型国家对外直接投资与国内产业升级之间呈现明显的正相关关系;对中国 1993—2011 年对外直接投资和产业升级的实证研究显示,中国对外直接投资与国内产业升级之间存在长期稳定的比例关系,对外直接投资能有效促进中国产业结构的优化和升级;有研究认为中国自 1979 年采取对外开放政策以来,中国香港地区企业在内地进行了大量的直接投资,此举有助于利用内地的低成本劳动力和土地等生产要素资源,中国香港地区的这种直接投资使得内地承接了香港制造业生产环节中的劳动密集型部分,调整了中国香港制造业的结构;对韩国的研究表明,韩

国通过对外投资将边际产业的制造环节移到海外,促使国内企业在国内发展高技术产业,从而提高了国内产业的技术密集度,而且跨国公司对于中间投入物的需求,其中的一些可以从母国市场上得到满足,进而又能拉动母国产业发展。

总体上看,对外直接投资对母国产业升级的积极作用已从理论和实证两个方面得到了证实。但是,学界对此也存在质疑,其中影响最为广泛的观点是对外直接投资会引起产业空心化。历史上,英国、美国、日本等发达经济体、以"亚洲四小龙"为代表的新兴工业化国家和地区都曾关注本国(地区)制造业对外直接投资是否引起国内产业空心化这个问题。学界对产业空心化的研究主要有两种观点:一种观点认为对外直接投资会引起母国国内产业空心化,需要投资国加以重视,典型代表性观点如对外直接投资会造成母国相关产业投资不足、美国跨国公司的对外直接投资引发了美国国内产业空心化、大量的对外直接投资造成了日本产业空心化,影响了日本国内就业。国内也有学者指出,在一国对外投资发展过程中,旧产业为了生存就会向海外转移,如果新产业还未发展起来,这时会出现行业或地区性产业空缺,造成特定产业衰退的现象,特别是无序的产业国外转移,国外生产就会取代国内生产,造成国内生产能力下降,就业减少,税源转移甚至技术流失等问题。另一种观点认为对外直接投资与母国产业空心化并无直接关系,不需要过度解读。如有研究认为19世纪60和70年代日本国内能源价格上升,劳动力缺乏,土地、劳动力等要素成本高,日本将高能耗产业向海外转移是必然选择,当时日本产业结构向高技术、高附加值产业转变,有研究进一步指出与美国等发达国家相比,日本对外直接投资的产业转移程度比较有限,即便日本国内出现产业空心化,其根本原因也在国内而不在国外,内外直接投资失衡才是日本产业空心化问题形成的主要原因。也有研究以具体产业为例展开了研究。日本学者以丰田汽车及其所在的爱知地区为例,调查了日本跨国公司制造业的对外投资情况,发现对外直接投资并未引起爱知地区的产业空心化。

不可否认,制造业大规模对外直接投资确实在一定程度上可能引起母国产业空心化问题,我国国内有学者已经明确提出在当前中国对外直接投资规模不断扩大情况下,要吸取美国和日本的经验教训,避免出现产业空心化。但本研究判断,当前阶段我国并不需要忧虑对外直接投资导致产业空心化问题,主要理由如下:

首先,总体上,与发达经济体相比,中国对外直接投资规模不大,远没有达到大规模产业对外转移的程度。联合国贸发会议《2021年世界投资报告》显示,2020年全球对外直接投资流量0.74万亿美元,年末存量39.25万亿美元,分别占全球当年流量、存量的20.2%和6.6%,虽然流量位列全球国家(地区)排名的第一位,存量列第三位,但从存量水平来看,位居第一位的美国占当年全球存量的20.7%,第二位荷兰占9.7%,与其相比,中国对外直接投资仍有较大发展空间。从对外投资的产业结构分布来看,2020年中国对外直接投资行业中,投资额最大的是租赁和商务服务业,流向租赁和商务服务业的投资387.2亿美元,占当年流量总额的25.2%;其次是制造业,为258.4亿美元,占16.8%,显见中国制造业并未进入大规模对外直接投资阶段。

其次,从英、美、日产业空心化的历史来看,这些国家产业空心化发生的背景与国内劳动力成本上升、汇率上升、遭遇贸易壁垒等因素相关,与其说对外直接投资是导致这些经济体国内产业空心化的原因,不如说对外直接投资是这些经济体国内产业结构转型升级过程中的必然选择,而且制造业通过对外直接投资延长了产业的生命周期,为国内新兴产业的发展提供了资源,因为任何工业部门在发展过程中都要经历产生、发展、成熟和衰老四个阶段。制造业对外投资延长了这些产业的生命周期。如英国制造业对外投资后,开始向金融等高端服务业发展,奠定了英国金融业强大的国际竞争力;美国则大力发展高技术产业、现代服务业,成功地建立了新的产业体系;日本制造业大规模对外投资发生之时,正好是日本工业化发展进入转型阶段之时,经济高度发展后对服务的需求日益个性化、高端化,原有传统的产业结构不能满足这些需求,加之日元升值、美日贸易壁垒等原因,制造业企业自然选择海外投资,把国内产业结构引向高技术化、服务化方向发展。日本的产业空心化问题只是在产业进一步升级过程中,新兴产业还未完全建立起来之时,新旧产业转换过程中的结构问题而已。

第二节 对外直接投资在国家现代产业体系建设中的作用

学界关于对外直接投资促进母国产业升级的作用机理的研究主要从企业和产业层面进行,其分析如下:从企业微观角度看,一国或地区企业可以借助对外投资获得或利用东道国的低成本资源,如低成本的土地和劳动力资源等,也可以促进母国企业的技术提升,进而提升企业的竞争力,促进产业升级;从产业层面看,对外投资会产生产业转移效应进而促进产业升级,即企业在进行对外投资时,母国部分生产要素会释放出来,流向新兴产业,促进本国的生产向资本与技术密集型转变,从而带动母国产业调整和升级。这些研究为我们理解对外投资在我国现代产业体系中的作用提供了前期理论基础,但整体上缺乏从国际直接投资视角出发的系统性分析,本研究尝试从投资动因、投资区域和投资主体这三个视角进行综合分析。

一、投资动因视角

中国对外直接投资的动因主要包括资产运用动因(asset-exploiting motivation)和资产寻求动因(asset-seeking motivation)。资产运用型对外直接投资指利用已有的所有权优势而开展的对外直接投资,主要包括寻求自然资源型投资、市场和效率寻求型对外直接投资。资产寻求型对外直接投资通常利用投资企业规模优势和区位优势,由企业获得有价值的资产的意图所驱动的对外直接投资,这些有价值的资产在东道国可获得,而国内无法获得或只能以不利条件获得。在理论研究中,后者通常特指战略资产寻求型对外直接投资。从投资动因来看,不同类型的对外直接投资对我国产业升级的促进作用表现不同。资产运用型对外直接投资主要通过以下三个方面促进国内的产业升级。

(一)获取国内产业发展所需的大宗商品资源

由于自然禀赋的限制或者经济增长的需要,一国产业升级进程中会遇到一些资源瓶颈,因此通过对外直接投资获取国外自然资源成为弥补国内资源供给不足的重要途径。作为经济高速增长的新兴大国,中国在工业化进程中会对相关资源存在巨大需求,而受资源禀赋的约束,我国一些重要生产资源,如石油、铁矿石等大宗原材料国内供需矛盾突出,需要大量依赖进口,受大宗商品国际市场价格波动影响大,因此,中国在采矿业领域进行了较大投资。截至2020年中国在采矿业领域的直接投资存量为1 758.8亿美元,占总存量的6.8%,主要分布在石油和天然气开采、有色金属矿采选、黑色金属矿采选、煤炭开采等领域,位列租赁和商务服务业、批发和零售业、信息传输/软件和信息技术服务业、制造业和金融业之后,居第6位。如在铁矿石投资领域,宝钢、武钢、首钢、鞍钢、中钢等为代表的龙头企业已不满足于在国际市场上购买现成的可交易铁矿资源,先后"走出去",斥巨资投资开发境外铁矿资源,在如澳大利亚、马来西亚等铁矿石资源丰富地区分别建立了资源基地。其主要目的是获取海外权益矿,确保获得稳定的矿产资源和原材料供应。目前,包括宝钢、中钢集团、华菱钢铁、首钢、鞍钢、通钢6家企业在内的中国企业拥有的年供应权益铁矿石量达到1 000万吨以上,这有效缓解了国内供需矛盾。

(二) 拓展国际市场

改革开放40多年来,通过引进外资承接国际产业转移,我国制造业积累了大量的产能,这些产能在满足国内市场需求的同时,大量供应国际市场,但在目前全球经济增长乏力、外需不振的背景下,频频遭遇贸易壁垒。而对外直接投资因能带动东道国就业、促进当地经济发展,更受东道国政府欢迎。对投资者来说,对外直接投资首先可以绕过东道国的贸易壁垒,节省跨国交易费用,扩大对东道国的出口,其次可以带动原材料、中间产品、设备及服务等出口,产生贸易创造效应,最终对母国出口数量和出口结构产生影响,带动产业升级。

如海润光伏与非洲矿产能源开发有限公司在南非约翰内斯堡市设立合资公司,主要从事太阳能光伏组件及其相关产品的进口、销售及售后服务,以及太阳能光伏发电项目的投资与开发等。目前公司在德国、美国、意大利、瑞士、日本、澳大利亚、南非、印度,以及中国香港地区均设立了子公司,在全球范围内拥有大约100家控股子公司,建立了覆盖全球的营销网络,产品远销海内外众多国家。

(三) 提升产业生产效率

20世纪90年代以来,全球经济一体化深化发展,以发达国家跨国公司为代表的企业将高成本且低附加值的生产或组装等环节输出至新兴与发展中国家,以利用当地低劳动力成本优势提升其效率水平,大规模产业价值链低端环节转移使得发达国家的现代服务业和高端制造业得到了快速发展,促进了产业结构升级。中国已开始步入工业化快速发展阶段,产业结构由劳动力密集型向资本和技术密集型调整,经济增长模式逐渐由传统的加工制造业转向先进制造业与现代服务业双驱动模式。随着最低工资水平的提高,以及以能源和原材料为代表的生产要素价格持续上扬及人力成本上升,国内具有优势的纺织业、金属冶炼业等传统劳动密集型产业的优势正在缩减。因此我国企业可将那些有比较优势的劳动密集型产业转移到处于工业化起步阶段的新兴与发展中国家,这样可使中国国内生产资源得到优化,将更多的产业要素资源投入资本和技术密集型产业中,扩大高新技术产品的生产空间,促进产业结构升级。从某种意义上讲,在纺织业等传统劳动密集型产业产能的跨国转移中,中国企业可以以此为契机推动这类产业的国际化布局。如 2015 年以来,上海纺织集团联手新疆生产建设兵团,在非洲苏丹投资 10 亿美元建设新型纺织产业园,园区涵盖 10 万公顷棉花种植和 30 万纱锭产能;除原料以外,还将在海外布局制造、销售、设计和供应配送基地,最终做到"全球资源、中国集成",构建中国跨国公司主导的国际产业价值链分工体系和全球生产网络,提升中国产业的国际竞争力,促进产业结构进步。资产寻求型对外直接投资对国内产业升级的促进作用主要体现在以下两个方面:

1. 获取产业发展所需的战略资产

战略资产包括专利、技术、品牌、管理技能和研发能力等,相关产业的战略资产通常镶嵌在特定区域的特定优势企业中,是企业长期经营过程中形成的独特竞争优势。在开放条件下,对于缺乏战略资产的企业来说,通过对外直接投资获取东道国的某些战略资产是提高企业技术水平、提升企业竞争优势、带动相关产业升级的有效途径。如在东道国相关产业积聚和创新活跃区域投资设立研发中心,或者与东道国相关企业建立研发联盟等,这些措施都有利于促进企业技术进步,更好地设计和生产适合当地消费者需要的产品,带动出口结构的提升,促进产业升级。目前这类投资主要集中在发达国家和一些特定产业具有优势的新兴与发展中国家,如中国在信息技术服务领域对印度的投资。

2. 促进新兴产业成长

对外直接投资可以通过以下途径促进国内新兴产业的成长:一是将国内失去优势的传统产业转移到国外,释放出的生产要素用于新兴产业的发展;二是企业通过对外直接投资,以贴补的方式促进新兴产业成长,即获取高于国内的投资收益,并将这部分投资收益汇回国内投入新兴产业从而促进其成长;三是通过对外直接投资,拓展国内新兴产业成长的市场空间,促进新兴产业的发展;四是通过设立境外的研发中心、与先进企业结成研发联盟或者直接获取国外的技术,提升产品质量,提升行业技术水平,或者通过引进外国的消费理念和消费模式,引导国内消费者对高新技术产品产生需求,促进产品升级换代,从而促进国内新兴产业的发展。如在生物医药领域,中国药企在口服制剂、辅料、机械设备等方面与跨国巨头相比差距明显,以恒瑞医药、海正药业为代表的不少国内制药企业纷纷进行境外投资,以求获得进一步发展。通过对外投资,这些生物制药企业可以扩大自己的产品组合,找到新的增长领域,提升研发能力,实现资源整合,特别是在发达国家的对外投资,可以以进入监管标准较高的发达市场为切入点,快速提升企业的技术水平和行业地位,从而促进中国生物制药产业的发展。

在实践中,中国对外直接投资的资产运用动因和资产寻求动因并不是截然分开的。这两种动因常同时存在,或有所侧重;同时,中国企业对外直接投资的动因并非一成不变,会随着企业实力的提升和企业发展战略的变化而变动,使得企业对外直接投资的动因表现出相互交织、动态变化的特征,因此它对国内产业升级的促进作用更加综合,可以说中国企业对外直接投资对国内产业升级的促进作用是长期的动态演化的结果。以中国家电业对外直接投资为例,我国家电企业,如海信、海尔等,其早期对外直接投资主要以资产运用动因为主,主要利用我国在制造环节的成熟技术优势进行对外直接投资,对国内产业升级的促进作用主要体现在绕过贸易壁垒、拓展国际市场、带动出口和利用东道国当地低成本生产要素等方面。这些企业将生产能力和设备转移到其他发展中国家,在提高企业自身利润的同时,扩大了出口,增强了国际竞争力,为促进国内家电产业升级、推动家电消费升级换代夯实了基础。20世纪90年代以来,针对产业价值链薄弱的技术环节和销售环节,中国家电企业加大了资产寻求投资的比重,产业竞争力得到提升。早在1994年海尔集团就斥资在东京建立了日本技术中心,专门学习日本家电的新技术;随后在1996年,海尔在美国建立了硅谷研究所,专门学习美国家电企业及技术的管理;在2000年,海尔在里昂建立了法国设计中心,专门学习法国家电的设计。类似的,国内康佳集团、格兰仕集团、创维集团等家电企业也分别于1998年、1999年、2000年出资在美国硅谷建立起相应的实验室、研究所和数字技术室等学习机构。这些企业还聘请当地的科技人员进行技术交流、设计研发和销售,提升了产品技术含量,延长了中国家电产业的生命周期,有力促进了中国家电产业的发展。如汤森路透发布的《2016年全球创新报告》显示,家电行业排名前三甲的创新企业均来自中国,分别是美的、格力和海尔。从发明专利数量来看,美的以5 427个专利数量遥遥领先,凸显了我国家电企业的技术优势。

二、投资区域视角

从投资区域来看,中国对发达国家的投资和对新兴与发展中国家的投资,对国内产业升级的促进作用有所不同。中国现在正处于经济转型升级的关键时期,既需要国际市场承接国内产能,也需要先进的技术作为产业升级的依托。从投资区域选择的角度来看,中国向生产要素价格低于本国的其他新兴与发展中国家转移边际产业的直接投资,可将国内富裕产能转移到国际市场满足东道国的市场需求,绕过贸易壁垒带动出口,转移国内失去优势的传统产业;而对发达国家的资产寻求型对外直接投资则可以获取专利、技术、品牌、销售渠道等战略资产,获得逆向技术溢出,通过产业关联效应和产业竞争效应提升国内优势产业的技术,促进新兴产业的成长。总体上,这两类投资都有利于国内产业结构的优化,即非优势产业转移、优势产业发展和新兴产业成长。如我国汽车产业通过在市场潜力大、产业配套强的新兴与发展中国家设立汽车生产厂和组装厂,获取当地销售网络并建立维修服务中心,还以此为基础向周边市场辐射,在欧美发达国家设立汽车技术和工程研发中心,并购国外技术实力强的汽车整车企业,提高自主品牌研发、制造水平。这样一来,我国在国际产业链分工中的地位不断上升,从以产品贸易为基础的初级阶段迈向以海外直接投资为主的中级阶段,继而向以品牌竞争为特征的高级阶段发展,实现从产业价值链的低端向高利润的中高端转移。

近年来,随着我国国民生产总值持续较快增长,中国沿海地区劳动力、土地等要素价格的不断攀升,一些具有传统优势的劳动密集型行业,如服装、鞋业、纺织业、食品、玩具等,开始以对外直接投资方式向外转移,通常投资的区域主要集中在东南亚、非洲、拉丁美洲等地区的新兴与发展中国家。这些行业内的企业试图将低效益的加工装配环节向国外转移,国内保留高效益的研发、销售等环节,实现跨国资源的重新配置,由此促进国内制造业的转型升级。如天虹纺织集团作为全球最大的包芯棉纺织品供应商之一、全国棉纺织行业竞争力20强企业,筹划"走出去"发展战略时,经调研发现越南工资水平低于中国纺织行业平均工资水平的一半,税收政策比中国优惠,于是在越南投资设厂,目前在越南同奈省和广宁省拥有多个产业基地,同时在土耳其、乌拉圭等地发展新的产业基地,获得了相对不错的投资收益。

投资区域的不同导致我国对外直接投资的产业升级效应存在差异，主要原因在于对不同区域投资动因的侧重点不同。如我国对发达国家投资多以资产寻求动因为主，对新兴与发展中国家投资则多以资产运用动因为主。我国企业对东盟十国的投资较好地体现了这个特征。在东盟十国中，新加坡作为发达经济体，长期以来就是中国企业开展资产寻求型投资的首选国家。当前我国企业对新加坡的投资行业已从初期的海运、贸易、工程承包等传统领域延伸至金融、保险、生物制药等产业。近年来，包括工商银行、北大方正、华为、中国国际航空在内的一些中国知名企业纷纷在新加坡设立了分支机构、子公司或研发中心。印度尼西亚和菲律宾一样，都属于自然资源相对丰富的国家，尤其是在石油和天然气方面，两国储量都达到了一定的规模。近年来，中国对印度尼西亚直接投资的主要领域就是能源资源行业，中国石油、中国石化、中海油三大中国油企都在印度尼西亚拥有油气资源投资。此外，海尔、康佳、长虹、海信等中国制造企业也都在印度尼西亚开展了一定规模的投资，在当地建立了家电生产基地。缅甸、柬埔寨都属于低收入水平国家，两国第一产业占 GDP 比重都较大，农业在经济发展中占有重要地位。与两国经济结构相对应，中国对其投资也大都涉及农业、原材料等相关领域。目前中国在缅甸的投资主要是以石油天然气项目为主，此外还涉及木材加工、水产品加工、农业种植等领域；中国在柬埔寨的投资则主要涉及森林开采、木材加工、建筑材料、工程承包、纺织、制衣、电力和农业开发等领域。中国与泰国的经济结构接近，产业互补性和竞争性都较强，中国对泰国投资广泛分布于纺织、食品加工、化工产业、橡胶产业、餐饮住宿、金融、保险和房地产等多个领域。

中国企业对发达国家的战略资产寻求型对外直接投资，主要通过并购发达国家的优质企业，或在发达国家设立研发机构与研发中心、构建研发合作网络等途径来实现。国内一些企业，如海尔、联想、吉利、华为、中兴、TCL、万向等，均是资产寻求型对外投资领域的佼佼者。这些国内大型企业通过跨国研发和并购活动，不仅能迅速提升企业自身的技术水准和研发能力，还将通过新兴产业成长效应、产业关联效应和产业竞争效应、产业协同效应，促进中国加速实现从一般加工制造业为主体的产业结构，转向以知识、知识产权、技术密集型部门为主体的产业结构。以对美国投资为例，从2019 年末对美直接投资存量行业分布情况来看，制造业以 192.86 亿美元高居榜首，占对美投资存量的 24.8%，这类投资主要分布在汽车制造业、医药制造业、专用设备制造业、通用设备制造业等,以获取专利技术、品牌和销售渠道为主,其中不少是国内优势企业在相关行业的并购,有利于国内相关产业技术水平的提升。中国一些企业提供了成功的实践案例,如在通信设备制造业,华为、中兴、大唐等企业进行海外投资力度不断增强,中国通信设备制造企业在国际通信设备市场上与爱立信、思科、诺基亚等国外通信设备巨头同场竞技。华为已在德国、印度、英国、瑞典、法国、意大利、俄罗斯等地设立了多个研究所,并与领先运营商成立联合创新、联合研发中心。中兴在印度、巴西建有工厂,在美国、法国、瑞典等地设有研发机构。这些企业充分利用了发达国家、新兴经济体与发展中国家要素禀赋的差异,合理进行国际化布局,提高了本企业的竞争力,促进了行业发展。

三、投资主体视角

从投资主体来看,对外直接投资有利于促进中国本土跨国公司的发展,从而提升我国在全球产业分工体系中的地位。在经济全球化的背景下,驱动经济发展的要素已经发生深刻变化,技术、标准、品牌、人才等要素正发挥着更加重要的作用。跨国公司依靠其拥有的行业标准、专利组合、核心技术、国际品牌等竞争要素,在全球配置资源、全球产业分工中居于优势地位,掌握着产业主导权,成为全球价值链分工的构造者,主导全球生产网络的形成与演化。20世纪90年代以来,伴随着经济全球化进程的加快,世界制造业生产体系出现了前所未有的垂直分离和再构,产生了大量的中间产品,使得国际商品和服务提供的劳动分工方式出现了巨大变化。其主要表现形式之一是全球价值链分工,即垂直专业化分工,表现为劳动密集型工序或劳动密集型零部件生产,与技术、资本、知识密集型工序或零部件的生产之间的分工,甚至是设计与制造的分工。包括原始设备制造商(OEM)、原始设计制造商(ODM)等在内的商务模式创新促进了这种分工的实施,特别是互联网与虚拟技术等新技术的配合,使得这种分工更具操作性,越来越多的国家参与到这种分工活动中。如波音787的供应商分布于全球130多个角落,涉及几百万个零部件的生产与供应;又如iPhone是美国苹果公司产品,但它的半导体是德国的,存储卡是日本的,屏幕板、按键板来自韩国等,组装则主要在中国完成。这种分工的细化导致了国与国之间的比较优势更多表现为全球价值链上某一特定环节的优势或整体设计优势,而非传统的最终产品优势。在价值链的分解过程中,跨国公司通过外包和全球采购等方式剥离加工制造等非核心价值创造环节,聚焦于设计、知识产权、品牌等决定竞争优势的核心领域,确立并巩固其在全球价值链核心环节或整体的持续技术垄断能力、自主研发能力与销售终端控制能力中的垄断优势。对于由产业资本主导的价值链,如在航空、计算机和手机等高技术产业,跨国公司强调对技术开发、技术标准、知识产权等价值链关键环节的控制;对于由商业资本主导的价值链,如在服装、制鞋和玩具等传统产业,则比较强调对市场营销、渠道和品牌等关键流通环节的控制;对于混合型价值链,例如在一些IT行业,则比较注重核心技术、销售终端、专利、品牌等环节的控制(刘城,2013)。在此过程中,跨国公司按照各国和地区的要素特征,将具有不同要素禀赋优势的国家和地区纳入全球价值链,在全球范围进行要素整合,完成对全球价值链的构造,由此成为全球价值链分工的主导力量。

跨国公司不仅构建了全球产业分工体系,而且在当前新工业革命进程中,也是新一轮全球产业链分工的积极推动者,并试图在下一轮全球产业分工中继续占据主导地位。熊彼特认为技术创新可带动世界经济从一个周期的衰落走向下一周期的繁荣;从世界发展历史来看,每一次金融与经济危机都同时酝酿着一次新的技术创新浪潮,从而引发新一轮的产业变革,形成一批新兴产业,新兴产业在战胜重大经济危机的过程中孕育和成长,并以其特有生命力成为新的经济增长点,成为摆脱经济危机的根本力量,推动经济进入新一轮繁荣。自2008年全球金融与经济危机爆发后,主要发达国家以及新兴与发展中国家都在积极进行产业结构调整,重点发展大数据、生物技术、新材料、物联网、新能源、新能源汽车等新兴产业。这些领域俨然成为新一轮技术竞赛的主战场。许多发达国家跨国公司积极进行新兴产业的全球布局,由于技术的先发优势和技术进步的路径依赖,它们依然是新兴产业发展的主导者。因此发展中国本土跨国公司,鼓励本土企业积极参与乃至引导新一轮国际产业分工尤为迫切。

在上一轮发达国家跨国公司主导的全球产业价值链形成过程中,中国以土地、低成本劳动力等要素资源参与全球产业分工,以国内巨大市场为依托,在国内改革和对外开放主动融入跨国公司全球生产网络等前提下,逐渐成长为"世界工厂",实现了经济起步阶段的发展。这在特定历史阶段下是中国经济发展战略的必然选择。但这种发展模式主导下,中国跨国公司和其他本土企业是全球产业分工的被动参与者,居于全球产业价值链的低端环节,因而中国难以涌现大量世界级的跨国公司,价值链环节的低端锁定也是导致中国跨国公司与发达国家跨国公司差距较大的主要原因之一。在疫情影响下,全球经济复苏明显放缓、国内经济结构调整的大背景下,外需乏力和内需不足使得中国产业结构升级面临着巨大压力。因此,提升中国在全球产业分工体系中的地位,优化国内产业结构,需要发展中国本土跨国公司,支持和鼓励本土跨国公司在全球更大范围内聚集优质生产要素,大力发展国际分工体系中处在利润高位的中高端制造和服务环节,并在新一轮国际产业分工中积极布局及前瞻性安排,从而在全球价值链中占据更有利位置。这也是通过对外直接投资把扩大内需与拓展外部战略空间有机结合起来,实现内外部均衡发展以及经济发展模式转换的战略选择。事实上,不少中国跨国公司已成为推动国内产业发展的引领者。

近年来,世界500强榜单上越来越多中国跨国公司上榜,这些公司不仅广泛分布在能源、采矿、工程与建筑、金融等传统行业领域,而且不少来自生物制药、信息技术、互联网服务等现代制造业和新兴服务业领域,这方面江苏恒瑞医药股份有限公司(以下简称"恒瑞")是其中的优秀代表之一。恒瑞始建于1970年,是一家从事医药创新和高品质药品研发、生产及推广的医药健康企业。在市场竞争的实践中,恒瑞医药坚持以创新为动力,培育知识产权优势,打造核心竞争力,成为中国制药产业领域的标杆性企业。成立初期,恒瑞仅从事简单的常用医疗外用擦剂配置与销售,之后开始生产治疗常见病的基础药品,但因没有自己的品牌药品,且缺乏资金及利润率比较低,研发投入很少,无相关专利技术,知识产权欠缺。20世纪90年代初,恒瑞开始重视知识产权,创立品牌仿制药。恒瑞选择抗肿瘤药品为突破口,通过银行贷款从北京某高校购买了抗肿瘤新药异环磷酰胺的专利,购买该专利后,恒瑞随即成立了药物研究所对该生产工艺进行研究。1995年,国家药政部门批准抗肿瘤新药异环磷酰胺上市,恒瑞首次拥有了自己的品牌仿制药,并在随后几年实现了恒瑞药业的快速增长,并向仿制药制造成功转型。在系列品牌仿制药成功上市后,恒瑞开始了实质产品研发与专利申报,借力国内国际创新资源,着力培育知识产权优势。2000年恒瑞在上海设立了药物研发中心。2005年恒瑞药业开始经由专利合作条约(PCT)申请专利;2006年在美国设立研发中心,开始雇用国外优秀研发团队和经过训练的国际药业研究员;2008年公司设立知识产权部门。随着研发能力的巨大提升,恒瑞药业在这一时期获得了显著的创新成果,逐渐明确了打造"中国人的跨国制药集团"总体发展目标。自2011年以来,恒瑞围绕国际化和科技创新两大战略,瞄准全球医药科技前沿,加快高品质药品的研发与创新,同时加强对国际市场的开拓,国际化进程明显加快。其知识产权战略有力支持了创新及国际化道路,恒瑞逐渐成长为全球行业领先者之一。根据公司官网提供的资料,公司目前在国外建有多家研发中心或分支机构,近年来每年投入销售额 15% 左右的研发资金,如 2019 年累计投入研发资金 39 亿元,占销售收入的比重达到 16.7%。目前公司累计申请国内发明专利 894 项,拥有国内有效授权发明专利 201 项,欧美日等国外授权专利 286 项,专有核心技术获得国家科技进步二等奖 2 项,中国专利金奖 1 项。与此同时,恒瑞的国际化取得飞跃式发展。2011 年、2012 年,恒瑞两类注射剂药分别获得美国食品和药物管理局(FDA)认证及欧盟药品质量管理局(EDQM)认证。2015 年恒瑞将具有自主知识产权的肿瘤免疫治疗单克隆抗体国际专利许可给美国因塞特医疗公司,许可费用收入达 7.95 亿美元,实现了中国医药企业从进口发达国家专利技术到中国企业许可自己的专利技术给发达国家跨国公司的转变。2018 年 1 月,恒瑞医药两项拥有自主知识产权的产品与技术分别许可给美国北极公司和特格治疗公司,许可费达 2.23 亿美元与 3.5 亿美元,再次凭借知识产权带来高额回报。截至 2019 年底,其在全球共有员工 24 000 余人,2019 年公司实现营业收入 232.9 亿元,税收 24.3 亿元,并入选全球制药企业 TOP50 榜单,位列第 47 位,成为我国制药产业参与国际竞争的领头企业。

早期的国际直接投资、跨国公司经营理论普遍认为,新兴跨国公司的崛起主要得益于新兴经济体企业的低成本优势、母国政府的政策支持以及全球化带来的外部发展机遇。这些因素使得这些企业能以低成本的优势,利用外部资源,进行有限的创新,在需求条件近似的其他新兴经济体市场或者发达国家跨国公司无暇兼顾的缝隙市场谋得一席之地。但从以上案例可以看出,实践中一些新兴跨国公司通过创新战略确立了优势,在全球竞争中谋得了一席之地。在新兴跨国公司与国内产业升级互动的过程中,国内产业的发展是新兴跨国公司成长的土壤,而新兴跨国公司通过提升技术研发水平、开发新产品、提高产品附加值、拓展国际市场以及带动国内关联产业发展,对母国产业升级有引领和主导作用。有些新兴跨国公司甚至因自身的创新活动,获得某种技术突破,进而带动新产业的发展。新兴跨国公司的崛起既是经济全球化的内容,也是经济全球化的结果。新兴跨国公司的兴起也是其母国国内经济发展、产业发展的结果:来自新兴经济体的企业结合自身优势,采取相应的跨国投资战略,培育了竞争优势,在全球竞争中获得了一席之地,成长为跨国公司。

新兴跨国公司的兴起不仅提升了新兴经济体在世界经济格局中的地位,而且对母国国内经济和产业发展产生了重要影响。对新兴跨国公司而言,母国工业化发展和产业结构改善是新兴跨国公司崛起的前提条件,但发展到一定程度后,新兴跨国公司会从资金、技术、市场等各个方面反哺国内产业,带动本国产业融入全球产业分工体系,提升产业分工地位,进而带动国内产业升级,最终形成良性互动。因此我国应重视本国跨国公司的积极作用,培育本国跨国公司参与国际竞争,促进本国产业的发展。

第三节　跨国并购对现代产业体系建设的意义及典型案例分析

在国际直接投资中,与绿地投资方式相比,跨国并购不仅可让企业快速"走出去",拓展国际市场,而且可以获取先进的技术专利、品牌、销售渠道等高级生产要素,通过整合这些被并购的高级生产要素,提高生产与运营效率,提升企业核心竞争力,从而向全球产业链的高端跃升,促进母国产业升级。因此,跨国并购越来越受到期待通过对外直接投资促进国内产业升级的母国政府的欢迎。我国企业跨国并购从20世纪80年代起步,并购主体日趋多样化,并购区域范围不断扩大,逐渐进入并购行业多元化的扩张阶段。受疫情影响,近年来中国对外投资并购总体规模下降,但2020年中国企业共实施对外投资并购项目仍达513起,较上年增加46起,涉及61个国家和地区,实际交易总额282亿美元,涉及16个行业大类。我国企业跨国并购从早期受国家政策驱动逐渐发展到自主结合企业跨国经营战略开展并购活动,有国际影响力的并购事件越来越多,对国内产业升级的作用开始凸显。本研究首先选取若干产业代表性企业的跨国并购案例予以剖析,总结跨国并购在我国产业升级中的积极效应,进而提出相关对策措施,以期为近年来中国跨国并购在快速扩张背景下,如何发挥其对国内产业升级的积极作用提供对策参考。

一、跨国并购促进我国产业升级的典型案例及经验分析

以下分享几个跨国并购典型案例。

（一）徐工集团：获取先进技术，促进产品升级

徐工集团是中国工程机械行业领域内知名企业，2018年全球工程机械制造商50强排行榜（Yellow Table 2018）第6位，中资企业排名第1位，连续数年跻身全球前10强的中国企业。自2010年开始，徐工集团加快了在欧洲的投资与发展，先后实施了系列跨国并购（见表2-1），而总投资5 000万美元的徐工欧洲研究中心与被并购企业在研发及运营上形成强有力的战略协同，重点攻克液压阀、泵、马达和控制系统等核心元件关键技术，助推徐工产品升级。

表 2-1　徐工主要跨国并购事件及其产品升级意义

时间	被并购方	产品升级
2012年	德国施维英公司，为世界顶级混凝土机械设备生产商	2016年在德国慕尼黑宝马展上推出16款混凝土机械新品，新产品包含臂架直接驱动技术等多项技术创新，进一步巩固了徐工在全球混凝土机械行业的领导地位
2011年	德国菲特公司，为液压零部件知名制造企业	此次收购助力徐工集团进军高端液压元件制造领域，进一步拓展高端零部件和关键配套核心技术能力，是徐工布局全球，突破高端核心零部件制造瓶颈的关键之举
2010年	荷兰阿马凯公司，是世界上最早设计并生产负载敏感比例阀的厂家之一	此次并购增强了徐工液压零部件制造实力。2017年9月徐工荷兰阿马凯完成新产品APV32井下装载机用负载敏感比例液压阀的交付，以高技术产品在美国市场取得重大突破

·资料来源：根据徐工集团官方网站资料整理。

系列并购后，2013年，徐工投资建设徐工欧洲研发中心。目前徐工已在美国、欧洲、巴西等地建立研发中心，依托国内的徐工研究院和各大事业部的技术资源协同研发，辐射全球，提升徐工集团技术水平，截至2017年徐工在技术创新上拥有有效授权专利5 977项，其中授权发明专利1 211项，专利合作条约国际专利25项取得国外授权。2017年，徐工出口量同比涨幅近90%，出口总额和增幅均超越同行。目前，徐工在全球拥有40多家分支机构，300家经销商，出口覆盖全球178个国家和地区，近30年始终保持行业出口冠军。在亚非拉市场，徐工已实现了对国际品牌的超越，对发达国家市场的拓展布局也在不断加快：大吨位全地面起重机已进入美国、德国和澳大利亚高端市场；液压多路阀、MYF200新型电控变速箱两大关键零部件打破了外资品牌全球垄断；360吨挖掘机液压油缸批量出口澳大利亚，以工作时长超过10 000小时跻身这一领域世界最顶尖产品行列，改变了过去在国际市场上主要出口中低端产品的历史，开始在中高端市场与跨国巨头同台竞技，推动了中国工程机械产业的发展。

我国工程机械企业经过了多年的发展,已经成为世界上最大的工程机械的交易市场,但以中低端产品为主,与跨国巨头的技术差距较大,且行业面临产能过剩,价格战挤压了企业利润空间,因此亟须突破"大而不强"的发展困境。以徐工集团的跨国并购为代表,通过跨国并购行业领域知名国际企业提升企业研发能力,高效推动了国际化和自主创新战略的实施,占领产业技术高地,对实现中国工程机械制造企业从组装到制造再到研发的转变起到了关键作用。

(二)万向集团:并购知名供应商,带动国内生产与出口

万向集团(以下简称"万向")创立于1969年,是中国汽车零部件制造代表企业之一。万向在跨国并购扩张中形成了独特的"反向OEM(原始设备制造商)模式",即国内企业通过跨国并购带动国内生产与出口,扩大了产业发展的外部市场空间。这种模式大致分三步:第一步收购国外知名品牌汽配供应商,第二步把产品转移到国内生产,第三步利用被并购企业的知名品牌返销国际市场,扩大销售。这种模式成功地调动国内产业的低成本和大规模生产能力、对制造技术快速消化吸收能力,加上并购获得的主流市场稳定的客户关系和销售渠道,就可以占尽低成本制造、高价格销售带来的高额利润空间,从而带动国内生产,扩大出口,提高企业利润,增强市场竞争力。收购美国舍勒公司是典型反向OEM模式。舍勒公司是美国汽车市场上三大万向节零部件生产供应商之一,在万向节领域的专利数量名列美国之首。收购舍勒公司直接促成万向将舍勒公司的所有产品全部搬到国内生产,在美国市场仍以舍勒的品牌销售,实现了国内低成本生产,国外高价格销售,万向集团在美国市场每年至少增加500万美元的销售额。此次收购还使万向取代舍勒成为全球万向节专利最多的企业,助力万向产品快速融入了美国市场。进入21世纪后,万向在美国汽车配件行业进行了多次收购,其所并购的企业多为美国汽车零部件和整车制造企业的主要供应商。系列并购直接带动了万向集团国内产能的扩张、出口规模的扩大和出口结构的改善,不仅有利于万向自身获得巨大发展,也促进了国内汽配产业的发展。

(三)如意集团:并购国际知名品牌,进军产业链高端

山东如意科技集团有限公司(以下简称"如意集团")成立于2001年,是全球知名的创新型技术纺织企业。早期如意集团以棉纺、毛纺、服装制造贴牌加工等业务为主,在纺织服装产业链中居于价值链的低端环节。由于国内人工、原料等各方面成本上涨,如意集团的利润不断压缩,如意集团曾决心

自建品牌实现转型,但最终以失败告终。如意集团便将注意力转移到纺织服装行业的利润集中点——服装制造领域的下游,并通过在发达国家的系列跨国并购开启了向下游延伸的策略(见表2-2),目的是打入服装品牌高端市场,进军产业链高端。频繁收购国际知名品牌之前,如意集团更多的业务集中于面料的研发与生产上,有多项技术及多类产品填补了国内空白,达到国际先进水平。如果企业只有贴牌业务,即使曾是阿玛尼等奢侈品牌的生产商,其毛利率也仅有5%—10%。经过一系列跨国并购和品牌运作,如意集团目前拥有全球规模最大的棉纺、毛纺直至服装品牌的两条完整的纺织服装产业链,拥有13个高端制造工业园、13个品牌服装企业、30多个国际知名纺织服装品牌;在巴黎、米兰、伦敦、东京四大国际时尚中心,如意均设立了国际领先的设计研发平台,旗下企业已遍及日本、澳大利亚、新西兰、印度、英国、德国、意大利等国家,2015—2016年综合竞争力居中国纺织服装500强第1位。

分析如意集团跨国并购案例可知,收购外国品牌是如意集团从产业链上游走到下游的现实需求,这能使其切入价值链的高增值环节,提高其在国际分工中的地位。目前如意集团正从纺织服装制造企业向全产业链国际时尚集团转型,其发展模式就是通过大范围、大规模地并购国际知名品牌,快速向产业链高端延伸,同时通过学习国际品牌在设计、技术、品牌方面的能力与经验,为发展自主品牌积淀经验和能力,实现转型升级。

表2-2 如意集团的跨国并购

时 间	如意并购的国际品牌
2017年	1.17亿美元收购英国百年品牌雅格狮丹
2016年	13亿欧元收购法国时尚集团SMCP集团,获得三大新兴的轻奢品牌
2014年	收购德国佩纳集团圣慕及公司旗下男装品牌
2013年	入股苏格兰粗花呢生产企业卡洛威工厂
2010年	以4 400万美元的价格,收购了日本知名的服装企业Renown公司41.53%的股份,成为第一大股东,该公司运营着30多个著名服装品牌

• 资料来源:根据如意集团公司官网资料整理。

(四)美的集团:并购关联技术企业,提升生产效率

美的集团是一家以家电制造业为主的大型综合性企业集团,库卡集团是全球领先的机器人及自动化生产设备和解决方案的供应商。在国内劳动力成本上升、家电制造领域竞争日趋激烈背景下,2016年美的集团收购德国库卡,获得了相关专利的使用权,加快了转型升级步伐。至今,美的集团

在自动化生产线上使用的库卡专利机器人已有1 000多台。原来一条遥控器装配线上手工装配加检测需要7人,每小时制造300个;机器人上岗后,工人减少到2人,产量达到每小时350个,成本下降了20%(国家知识产权局,2018),生产效率明显提升。具体到机器人方面,通过"智能制造+工业机器人"的模式,美的可以以工业机器人带动伺服电机等核心部件、系统集成业务的快速发展,全面整合提升公司智能制造水平。

美的集团的并购案例表明,并购关联技术企业,可提升企业生产效率。从微观视角看,由技术进步引发的企业生产率增长是产业升级的重要动因。杨德彬(2016)对2005—2008年193家有跨国并购行为的中国工业企业数据的实证检验表明,跨国并购显著提升了工业企业生产率,而且这种提升作用随着时间的推移越来越明显。特别是在技术寻求型跨国并购实践中,我国企业对东道国目标企业先进技术、研发资源等生产要素进行整合与吸收,并对国内母公司进行转移,促进了企业生产效率的提升。

(五)腾讯集团:全球化布局,全产业链发展

在我国互联网企业中,腾讯是最早布局海外市场的企业,先后并购了几十家企业,其跨国并购主要集中在游戏、社交和电商三大领域,不断向产业链的上下游延伸,实现全产业链的发展,巩固了其在国内乃至全球互联网产业领域的领先地位。腾讯的系列跨国并购案呈现以下特征:首先,并购目标企业所在区域范围非常广,包括美国、意大利、芬兰、俄罗斯、新加坡、越南、韩国、日本等全球主要互联网用户活跃的国家,目标企业分布在亚欧美三大洲十多个国家与地区,体现了腾讯全球化发展的战略意图。其次,从并购行业领域来看,2016年以前,腾讯海外投资主要集中在游戏领域,进入2016年,除游戏外,腾讯的跨国并购还向社交、电商等领域拓展,目的是在海外快速复制国内成功的商业模式,如2012年收购韩国卡考聊天13.8%股权。它是类似于QQ、微信的聊天软件,在亚洲市场尤其是韩国比较受欢迎。同样2016年腾讯和富士康携手以1.75亿美元投资印度即时通信应用徒步信使,该应用目前用户数已超过1亿人。最后,从并购战略来看,腾讯主要实施全产业链式的并购。这种全产业链投资特征在游戏领域呈现得最为明显。腾讯并购的既有技术底层公司、游戏开发和运营公司,又有游戏渠道等游戏辅助公司,如2012年腾讯收购的新加坡升级公司掌握了巴西、菲律宾及美国部分游戏分发渠道,2013年参股的动视暴雪为美国著名的游戏开发商、出版发行商和经销商,2016年参股知名手游部落冲突的开发商芬

兰超级细胞84％的股份等。经过在游戏产业领域的系列并购,腾讯已形成用户平台、游戏研发、游戏发行和运营所有环节的闭环,实现全产业链布局,奠定了腾讯在全球游戏产业中的地位。

以上案例中的企业既有国有企业,也有民营企业,企业所处行业领域既有传统产业,也有新兴产业,不同案例中跨国并购对产业升级的作用各有侧重,具有代表性。产业升级离不开技术、品牌等高级生产要素以及消费市场的支撑,从微观来说,产业升级表现为企业产品技术含量与质量提升、生产效率改进、企业因拥有高级生产要素而获取更高的利润、企业在产业价值链中的地位提升等。作为行业龙头企业和领先企业,案例中企业的跨国并购活动不仅在以上诸方面促进了自身的发展,而且对促进中国产业进步有积极意义。

二、跨国并购对现代产业体系建设的重要意义

跨国并购是拓展、加强产业发展体系的重要方式。

(一)市场拓展效应

产业结构的进步离不开消费市场的支撑。跨国并购的市场拓展效应主要是通过外贸渠道带来出口规模扩大和出口结构改善,促进贸易结构升级,从而优化国内的产业结构,促进产业升级。这一效应体现在两个方面:一是规避贸易壁垒,扩大出口规模。20世纪80年代日本和欧美在汽车、半导体等领域发生贸易摩擦,日本成功应对的经验就是在当地投资设厂,就地销售,巩固和扩大了国际市场份额。改革开放40多年来,通过引进外资承接国际产业转移,我国制造业积累了大量的产能,这些产能在满足国内市场需求的同时,大量供应国际市场,但在目前全球经济增长乏力,外需不振的背景下,频频遭遇贸易壁垒,通过跨国并购可以绕开贸易壁垒,扩大对东道国的出口。二是借助东道国销售渠道和品牌促进出口结构改善。以绕过贸易壁垒为目标的市场寻求型跨国并购仍带有被动防御的特征,但随着竞争力的提升,我国一些企业积极并购东道国品牌和销售渠道等,开发新的市场,从而提升了企业产品形象,促进了相关产业的优化发展。如杭州市力高股份有限公司(以下简称"杭州力高")通过收购比利时海格林箱包,获得了海格林在欧美发达国家的10多家品牌销售机构的销售渠道,成功实现了杭州力高的年出口从5 000万美元到2亿美元的跨越。目前,杭州力高已经成为年生产3 000万只箱包的国际箱包巨头。

（二）高级要素获取效应

在企业跨国并购活动中，战略资产寻求型跨国并购的作用尤为重要。国内产业发展所需高级生产要素的所有权通常在东道国可获得，而在国内无法获得或只能以不利条件获得。高级生产要素的所有权是有价值的战略资产，战略资产指难以模仿、稀缺、供专用的专业资源与能力，通常是一国产业升级所需的高级生产要素，主要包括先进技术、品牌、销售渠道、市场知识等。在要素流动理论上，跨国并购的内涵与全球化要素流动特征是一致的。在绿地投资形式下，产生的是生产要素的国际空间位置转移，而产权没有变化；在并购投资形式下，虽然生产要素的国际空间位置没有变化，但产权发生了变化。要素合作是全球化经济特征，拥有高级生产要素决定了一国产业乃至国民经济在国际经济中的地位，因而跨国并购的战略重点是获得稀缺的高级生产要素，实现基于高级生产要素的全球产业链分工地位提升。跨国并购作为一项资本运作行为，其战略意义正在于服务于全球价值链分工地位提升与产业进步。在实践中，企业跨国并购所获得的高级生产要素与企业国内优势相结合，或者是国内低成本制造优势与国外技术、销售渠道、品牌相结合（如万向集团和如意集团的案例），或者是国内市场优势与国外技术优势结合（如吉利并购沃尔沃），或者是国内商业模式创新与国外市场渠道相结合（如腾讯对不同国家即时通信软件公司的并购）等，这些并购有利于提升企业相关产业在全球价值链分工中的地位，对产业升级意义重大。

（三）逆向技术溢出效应

逆向技术溢出效应（reverse technology spillovers）指通过战略资产寻求型对外投资，特别是技术寻求型对外投资带来的先进技术，促进技术从东道国向国内公司的扩散，从而提高国内企业、产业的全要素生产率的效应。相关实证研究表明，发展中国家和地区通过对技术领先国家直接投资获得的逆向技术溢出对其技术进步有显著促进作用（付海燕，2014）。逆向技术溢出是我国企业通过跨国并购推动产业升级的一个重要渠道。并购使企业获得国际成熟企业的先进技术，通过关键产品生产能力的提升上升一个台阶，并进一步带动国内企业生产，组成新的产业发展价值链，推动产业升级。综合来看，这类跨国并购的逆向技术溢出效应一般通过示范、竞争、合作和人才流动等四种形态的路径呈现。具体来说，在跨国并购过程中，我国企业携带国内具有流动性的生产要素（通常为资本）流向东道国，与东道国那些包括各种受人为限制的技术要素、信息资源及高素质的劳动力等在内的不可流动或流动性差的高级要素相结合,在新的环境中实现各种要素的新组合,通过示范、竞争、合作和人才流动等途径使企业技术水平得到提高,伴随着先进技术要素从东道国反馈到国内企业,企业进入更高层次的发展环境,最终实现了逆向技术溢出,促进国内产业升级。实践中,这类跨国并购一直为国内企业所重视,投资区位主要集中在发达国家,这与发达国家相对高的技术水平有关。从投资产业来看,这类跨国并购大多集中在制造业,既涉及一般制造业,也涉及高端制造业。这类技术获取型跨国并购与国内低成本优势相结合,有助于企业整体技术水平的提升,促进产业发展。如三一集团2012年1月并购全球知名工程机械制造商之一的德国普茨迈斯特后,当年10月与普茨迈斯特的技术合作项目就在长沙启动。项目中,普茨迈斯特派出的若干名技术人员协助三一团队进行产品的工艺提升及品质改善,目的是实现三一产品的技术升级,达到德国制造标准。

（四）产业转移效应

产业转移效应指由于资源供给或产品需求条件的变化,引起产业在一国内部或国际间、以企业为主导的转移活动。产业转移通过生产要素的流动实现产业从一个区域转移到另一个区域,是国家或地区产业结构调整和升级的重要途径。广义上的产业转移包括产业的生产环节以及产业的研发设计、服务、销售等环节发生的转移,也就是说同一产业内部的不同层次、不同方式、不同规模、不同阶段的生产、销售、服务、研发等发生的转移。我国可以将国内一些技术成熟、市场需求已经饱和产业的相关环节转移到其他供给不足、劳动力成本更低的国家,通过在全球布置价值链的不同环节来延长原产业的生命周期,提升产业竞争力,同时将闲置的资源转移至国内更有竞争优势的其他产业,扩大原材料、中间产品、设备及服务等出口,带动相关产业的发展,使产业结构不断升级优化。近年来,随着中国沿海地区劳动力、土地等要素价格的不断攀升,一些具有传统优势的劳动密集型企业(如服装、鞋业、纺织业、食品、玩具等)遭遇利润率下滑的困境。可考虑结合各类国际化合作的契机推动我国企业将加工制造环节向相关东道国转移,实现这类产业的国际化布局。"一带一路"沿线有些国家产业结构单一,工业化水平低,相关产业发展水平不高,通过在这些领域的跨国并购,既可以促进国内相关产业如钢铁、水泥、轻工、家电、纺织服装行业的跨国转移,为国内新兴产业的发展腾出空间,也有利于东道国产业升级优化,提升当地的工业化水平，最终实现互利合作，共赢发展。

(五) 产业价值链跃升效应

产业价值链跃升效应指企业通过跨国并购活动引起企业在产业价值链中地位的变化。从我国企业跨国并购实践来看，其产业价值链跃升效应主要包括以下三种情形：第一，摒弃原低附加值产品生产，进入高附加值产品生产领域。当前我国传统优势产业面临劳动力成本增加、国内市场需求饱和、外部需求萎缩等压力，借助跨国并购可将国内制造优势和国外技术、品牌和渠道相结合，推动企业快速向价值链高端跃升，提升我国相关产业在国际分工中的地位。如宁波均胜集团成立之初仅是一家生产后视镜等汽车配件的工厂，向大众主要供应洗涤器、连接管、内饰功能件等低附加值产品。自 2011 年开始，均胜电子先后并购德国和美国等汽配行业国际领先企业，进入智能驾驶系统、汽车安全系统、新能源汽车动力管理系统以及高端汽车功能件总成等的研发与制造领域，成长为全球汽车零部件顶级供应商，实现了全球化发展和产业转型升级的目标。第二，通过跨国并购引进先进技术或品牌，提升产品技术水平，进入高端市场，如徐工集团的跨国并购案例所示。第三，通过跨国并购进入其他产业的高附加值领域。如联想虽从制造商起步，但并未止步于硬件领域，在全球电脑出货量减少，智能手机发展迅速的情况下，开始进军数字新媒体行业。2013 年联想以 2.31 亿欧元收购德国迈迪恩公司，成功获得该公司在运营虚拟网络业务并向消费者提供移动互联网终端和虚拟数据业务方面的经验，为自身布局移动互联网提供了有益支持。

跨国并购的产业价值链跃升效应对中国产业升级有特殊意义。20 世纪 80 年代以来的国际产业转移中，发达国家倾向于将产业价值链的高端环节留在本国，而将技术含量低、需要大量熟练劳动力的制造环节转移到新兴与发展中国家，这种大规模的产业转移一方面对新兴与发展中国家的经济增长有积极作用，另一方面也造成了新兴经济体在全球产业分工体系低端锁定。新兴经济体企业如果完全依靠自主研发，必将需要漫长的追赶过程，而跨国并购通过并购国外相关行业领域的先进企业，直接获取目标企业的专利技术、品牌、生产与研发能力等，能够快速地实现产业价值链的跃升，促进国内产业升级，改善和提升国际产业分工地位，可以说是突破常规发展的捷径。历史上美国、日本和韩国等国家在追赶发展过程中也青睐跨国并购方式实现技术上的快速突破，值得借鉴。

第四节　提升中国对外直接投资产业升级效应的对策研究

要发挥对外直接投资对中国产业升级的促进作用，必须从投资产业、投资区域、投资方式、投资主体以及投资政策配套等多个方面进行考虑。

一、投资产业的选择：产业升级目标和产业选择有机结合

在投资产业选择方面，我们要把产业转型与升级的战略目标和对外直接投资的产业选择结合起来。我国产业升级的目标包括保持优势产业竞争力、制造业结构优化和战略性新兴产业发展。具体可从以下几个方面入手。

（一）加大富裕产业对外直接投资

利用富裕产能是我国推进产业结构转型的重要内容之一。除了在国内淘汰僵尸企业、加大产业重组外，通过对外直接投资将富裕产能转移到国际市场也是利用富裕产能的有效途径。这方面国际上也有成功先例。20世纪50年代，美国在冰箱、洗衣机、收音机等领域加大了对欧洲制造业的投资，将传统产业转移到欧洲，占领了欧洲制造业市场的大部分份额，但资本密集型与技术密集型的高科技产业仍保留在国内，并没有向海外转移，这有利于美国高科技产业的发展。日本的经验是将本国已经发展成熟并存在富裕产能的边际产业通过对外直接投资进行海外转移，转移目的地首先为亚洲四小龙（包含新加坡、韩国，中国台湾地区以及中国香港地区），其后是东盟各国（包含印度尼西亚、马来西亚、菲律宾、泰国等）。由此，日本产业结构进一步优化发展。同样，亚洲四小龙承接日本产业转移后，待相关产业发展成熟，又将这些边际产业转移到经济更落后的发展中国家和地区，亚洲四小龙的产业结构因此也得以升级。总体上看，亚洲地区的产业升级呈现出先后顺序的发展。正是通过在亚洲特别是东南亚区域内进行边际产业的次第转移，日本成功利用了国内富裕产能。此外，对外直接投资的产业转移效应也是韩国国内产业升级的重要途径。韩国将边际产业转移到国外，转移国内富裕产能，延长了产业的生命周期，提高了国内产业的技术水平，促进了国内产业升级。这些国家和地区的成功经验表明，将国内成熟的产业通过对外直接投资方式转移到经济欠发达的其他国家和地区，是实现国内产业升级的途径。

中国加大产能富裕产业的对外直接投资与其他国家的经验不同之处

在于：这些产能富裕产业在国内已经形成了成本和规模方面的产业优势，虽然在国内表现为充裕，但对一些国家特别是一些工业化不发达的国家来说，这些产业生产能力严重不足，供给缺乏，中国在相关领域的投资符合相关东道国的工业化发展需要，有利于相关东道国这些产业的发展，这一点决定中国在产能富裕产业领域的对外直接投资会形成中国与东道国共赢的坚实基础。"产能合作型对外投资是在国家国内调控与对外合作两大政策作用下的产物，简言之是国家政策调控，而不是单纯企业决策。因此投资目的地和投资方式的选择必然与国家'一带一路'的合作推进紧密相联。富裕产能的对外投资是国家整个对外投资战略的一个组成部分，这是投资共赢的关键。"①中国可以将劳动密集型制造业和基础设施产业（如纺织服装、水泥、钢铁等）的富裕产能转移到"一带一路"沿线国家和地区，这样一方面可延长因国内成本上升和需求饱和导致已经失去或即将失去国际竞争力的制造业的生命周期，相关产能可以惠及东道国，国内释放出的生产要素则被转移到技术水平更高和附加值更高的制造业中，从而带动其国内产业的不断升级；另一方面可以提升东道国的制造能力，促进东道国的工业化进程。同时，中国制造业通过对外直接投资不仅可以绕开贸易壁垒，也能够带动制造业相关产品和服务的出口，优化贸易结构，进而推动我国产业的不断升级。

（二）大力发展技术寻求型对外直接投资

产业升级需要有强大的技术支撑。技术寻求型对外直接投资是当前我国需要继续加大力度、予以高度支持的对外直接投资，该类型的投资能够不断提升企业的技术水平，促进产业结构优化。美国、日本和韩国对外直接投资的发展历程表明，技术寻求型投资对产业升级具有重要的促进作用。目前，中国处于产业升级和经济结构转型的重要关口，尽管以华为为典型的一些企业技术实力较强，但总体上缺乏核心技术，一些重要技术和零部件方面还依赖进口，创新能力不足。有鉴于此，我们一方面应通过组建技术联盟或跨国并购来获取企业发展所需的先进技术，从而减少研发投入，缩短研发时间；另一方面要尽量靠近研发投资聚集地或先进技术溢出源投资设厂，通过模仿、竞争等方式来产生反向技术外溢，及时追踪、获取国外最新科技成果来提升我国的技术水平，提升创新能力，进而促进

---

① 张幼文：《开放型发展新时代：双向投资布局中的战略协同》，《探索与争鸣》2017 年第 7 期。

我国产业升级。

近年来我国企业在研发领域的对外直接投资发展很快,不少国内知名企业在境外建立了研发机构,或者通过并购方式获取目标企业的专利技术,这说明我国企业开始认识到通过"走出去"来提升企业技术水平与竞争优势的重要性。实践中,我国企业首先要根据创新活动中所涉及的技术特点、行业竞争对手的情况、自身研发管理能力等开展技术寻求型对外投资活动,在数量扩张的同时,要多途径提高对外投资的逆向技术溢出效应,发挥这类投资对国内产业的技术进步作用。主要措施包括:(1)开展国际合作创新。具体实践中,既可与国外大学进行合作研发,也可和相关研发机构进行合作创新。其原因在于大学和专业研发机构科研能力强,而且中国企业不用担心其在相关产品市场上形成竞争,可选择作为我国企业投资的合作伙伴,具体可以通过专利许可、合同委托研发和技术转让等方式,利用大学和研发机构的技术与创新资源;而企业则重点利用贴近市场需求的优势,把重心放在选择研发方向,关注研发成果的商业化利用上,此举无疑可为企业节省大量的研发投入,使研发更贴近产品市场的需求,提高创新的成功率。(2)与其他企业进行协作创新。可以联合拥有相关技术的企业建立技术与研发联盟,此举目的在于整合分散于技术与研发联盟中的企业的技术资源,使各自的技术优势相互补充,从而降低创新投入与成本,加快创新速度,在市场竞争中抢领先机。(3)重视客户需求,将关键客户和领先用户的需求纳入创新过程,研发部门要与市场开放部门紧密互动,及时反馈市场信息,因为市场信息也被视为企业重要的创新源,特别是在跨国经营过程中,因接近当地市场,不同区位的投资企业更贴近当地的需求,对市场信息的反馈理所当然应被纳入企业创新网络中,使得企业研发更"接地气"。

(三)鼓励战略性新兴产业对外直接投资

作为我国未来产业发展的主方向,战略性新兴产业的发展是我国产业结构优化升级的关键。新兴产业的发展和壮大仅仅依靠国内政策的扶持和保护是远远不够的,还必须在国际市场的大风大浪中强筋健骨,为此我国新兴产业应积极走出国门,开展对外直接投资和广泛的国际合作,抢占技术、研发资本等关键资源的战略高地,不断提升自身国际竞争力,带动国内整体产业实力提升,从而为产业升级转型创造良好的内外部条件。有条件的企业应积极在战略性新兴产业各领域进行对外直接投资,通过国内外产业链的技术传导和资源优化配置,形成国内外关联互动的格局,促进我国战略性新兴产业发展；与此同时，要把握全球未来产业升级发展的主要方向，集中优势资源，突出主导产业的引领作用。在全球产业价值链分工中，由于技术进步的分散性，单一国家或地区很难完全占据完整的新兴产业价值链，因此，与其追求完整的产业价值链，不如学习发达国家的做法，在这些产业价值链中占据附加值高的部分，实现主导作用。当新兴产业发展起来后，中国企业如果能够通过对外直接投资，将价值链的某些环节分布到其他一些国家或地区，利用东道国的相关生产要素，便可以支持国内新兴产业实现规模化发展，从而形成中国企业在新兴产业价值链分工中的主导地位或优势地位。这种类型的对外直接投资对我国战略性新兴产业的成长与发展显然是有帮助的，因此在我国对外直接投资支持体系中，这类投资同样也要受到鼓励。

二、投资区域的选择：优化中国对外直接投资的区域分布

在投资区域的选择上，应进一步优化我国对外直接投资的区域分布。中国对外直接投资的区域分布极不平衡，其中比较显著的特征之一是对中国香港地区、开曼群岛和英属维尔京群岛等低税率地区的投资所占比例较高，且投资主要流向技术含量不高的商务服务业和批发零售业等。这类投资大多出于避税和融资便利的目的，对国内产业升级的促进作用不大，甚至掩盖了中国对外直接投资区域流向的真实状况。此外，中国对发达国家的直接投资偏少，对一些新兴经济体的投资仍有增长空间。因此，未来应该对流向低税率地区的直接投资进行必要的监管，加大对发达国家的投资力度。一般来说，先进技术、管理技能和品牌等战略资产有区位集中的特点，并且大多嵌入在一定的组织结构中。具体来说，这类中国企业迫切需要的战略资产大多集中在发达国家的企业中，而且全球产业分工的结果使得高端产业主要集中在发达国家，如美国在新材料、医药生物、信息技术等领域，德国在机电机械、汽车和化工领域，日本在汽车、钢铁等领域均技术实力强，优势明显。并且与新兴经济体相比较而言，发达国家的技术禀赋高，创新更活跃。由康奈尔大学、英士国际商学院和世界知识产权组织联合发布的2017年全球创新指数显示，创新指数居于前列的基本都是发达国家，而且发达国家和发展中国家在创新能力方面的差距继续拉大，无论是在政府层面，还是在企业层面，发展中国家的研发活动都增长乏力。如德国金属加工机床出口占全球出口总额的1/5，位列第1位，其机床工具产业品种齐全，

拥有众多历史悠久、产品独特、技术领先的中小型企业,是最受中国青睐的海外资产并购市场。2015年中国所并购22家海外机床工具企业中,有11家为德国企业(商务部,2017)。选择在这些发达国家和地区投资可以获得中国产业升级所需的战略资产,获取逆向技术溢出效应,加快我国国内企业技术改造和创新,促进我国产业升级。因此,政府应引导我国企业积极到发达国家和地区去投资。

新兴经济体是近年来我国企业重点开拓的国际市场,通过对外直接投资方式可以起到促进出口、开发新市场的作用。首先,要巩固对亚洲其余国家和地区的直接投资。"一带一路"沿线亚洲国家和地区可作为投资的重点区域,向其转移国内产能富裕产业,从而使得生产要素得到释放,进而推动母国产业结构升级。这主要是由于该地区与我国毗邻,经济水平相近,拥有相似的消费结构、文化背景以及技术水平,企业到该地区投资可以减少投资成本和风险。其次,还应该积极发展对非洲、拉丁美洲等地区的投资。非洲不少国家是我国传统外交友好的国家,这有利于我国企业对这些发展中家的投资。我国企业可以在这些国家矿产、铁路、公路、供水供电等领域有所作为。应鼓励有条件的企业到自然资源禀赋充足的非洲国家和地区开展资源获取型投资,缓解国内相关产业的资源供给瓶颈,进而带动产业结构的优化升级。

三、投资方式的选择:重视跨国并购对我国产业发展的作用

近年来我国政府陆续出台了一系列政策与法规,为企业跨国并购提供了政策保障与支持。内在转型需求与政府政策支持促进了中国企业积极"走出去",开展跨国并购活动。实践中,跨国并购对中国产业进步确实起到了促进作用,但受诸多因素的制约,如东道国的投资壁垒、企业战略规划失误、并购整合效果不明显等,目前跨国并购在国内产业升级中的作用还未得到充分的发挥,需要进一步采取措施促进跨国并购发挥积极作用。

(一)以对等开放突破东道国政治与政策壁垒

近年来,随着中国对外投资覆盖行业以及国家地区的不断增广,中国企业跨国并购的投资规模越来越大,并购涉及的高端技术项目增加。而一些东道国出于意识形态的偏见,对来自中国的并购投资设置各种政治与政策壁垒,以国家安全等理由进行干预,对中国企业的跨国并购行为过度解读,

导致中国企业跨国并购失败的案例并不少见。①为突破东道国的政治和政策壁垒,中国企业采取了联合东道国相关企业或者第三国企业共同参与并购的方法,这些努力也多以失败告终。②最近中美贸易摩擦中,美国提出要对中国企业并购进行限制,可见中国企业遭遇的政治与政策壁垒并非单个企业力量可以突破,需要政府层面优化中国企业跨国并购的外部环境,其中最重要的是对相关东道国推行对等开放的政策。对等开放指中国以自身的开放换取其他投资伙伴在相关领域对我国开放,营造有利于中国企业跨国并购的良好外部环境。对中国和其他国家来说,对等开放是超越投资保护主义的互利共赢的战略选择。目前外资想进入我国不少领域,如能源、高端制造业、金融等领域,而中国也希望外国放宽高新技术产品限制、承认中国市场经济地位等。双方可以在这些领域开展合作,中国可以特别要求相关东道国对中国企业在高技术等领域的跨国并购提供公平的市场环境,减少企业跨国并购所遇到的政治和政策壁垒。

(二)加大对符合产业发展要求的跨国并购的政策支持

由于我国跨国并购起步较晚,跨国并购经验尚不足,实践中存在跟风冒进的现象。有一部分跨国并购实际上跟我国对外投资的产业政策要求不符合,比如大规模盲目投向体育、娱乐、俱乐部等,对国内产业进步的意义不大。因此,要强化产业政策对跨国并购的引领作用,我国应根据各产业的国际竞争力状况,对企业跨国并购进行产业引导,制定包括财政、融资、外汇、税收等在内的相关产业优惠政策,加大对符合产业发展要求的跨国并购的政策支持,以促进和加快产业结构调整和重组的步伐,助推国内产业结构升级。实践中,要对企业的并购效应进行评估,如果企业的跨国并购活动有助于带动国内出口、提高产品质量、有助于技术水平提升、增强研发能力、提升企业在相关产业价值链中地位,则应给予审批、税收、外汇、融资等方面的支持,特别是对需要进一步发展的新兴产业,更应鼓励企业通过跨国并购的方

---

① 以美国为例,据美国外国投资委员会(CFIUS)向国会递交的年度报告显示,自2012年开始,中国已连续多年成为CFIUS最主要的审查对象,包括华为在内的国内很多知名企业的多笔并购在此折戟。其他国家类似CFIUS的机构近年来也对中国企业在本国并购给予过度解读与关注,如2016年4月,澳大利亚外国投资审查委员会(FIRB)以"国家利益"为由,否决了大康牧业拟3.7亿澳元收购澳洲一家畜牧业公司80%股权的申请。2016年9月德国经济部批准了福建宏芯拟6.7亿欧元收购德国一家芯片设备制造商,但随后撤销批准,重启评估程序,导致福建宏芯最后只好放弃收购。
② 如2007年,华为和美国贝恩资本试图以22亿美元联手收购一家公司、2010年中化集团与新加坡淡马锡联手用约500亿美元收购加拿大一家钾肥公司等努力均以失败告终。

式获取高级生产要素,促进国内相关产业发展。反之,如果企业的跨国并购活动会加剧国内相关产业的产能过剩状态,或者与国内产业与经济结构转型要求不符,则不予支持。

（三）为企业跨国并购构建服务体系

跨国并购涉及东道国法律、财务等规则,而由于国内中介服务有待完善,企业通常需要聘请国外中介。目前聘请国外中介收费一般占到收购标的 3% 左右,而涉及高端技术和全球知名品牌并购的投资金额巨大,企业跨国并购过程中获得中介服务的成本过高,对企业顺利推进跨国并购不利,因此我国要重视相关人才的培养,建立包括会计、广告、法律、知识产权、管理咨询等方面的中介服务网络,有条件的话应该建立跨国并购相关领域高端人才的人才库,为企业跨国并购提供包括完善的尽职调查等在内的全方位的中介服务,提升国内中介服务机构的服务水平。在信息服务方面,则可依托国家驻外使领馆、涉外政策性金融机构、行业协会、商会、企业家协会等机构与组织的信息采集渠道,加强与国外驻华使领馆和商务机构、东道国当地中介机构的联系,重视海外华人华侨的桥梁与纽带作用,全方位为企业跨国投资提供国别信息(包括国别法律状况、政治风险、东道国社会文化等)、行业风险分析、资信调查、信用评级、市场分析等信息服务,为企业跨国并购提供咨询服务。

四、投资主体的培育:进一步推动投资主体的多元化

在投资主体的培育上,进一步推动投资主体多元化。随着中国企业实力的提升,越来越多企业"走出去",当前中国对外直接投资主体主要包括国有企业和民营企业,这两类企业各有优缺点。国有企业在企业规模、资金实力、政策支持等各方面优势明显,但通常会面临更严格的东道国审查、投资效率低以及投资风险防范意识差等问题;民营企业因较少受到政府干预,企业经营战略主要由企业自身逐利动机所驱动,因此在崇尚自由市场经济的发达国家更具优势。在发达国家,民营企业会被认为更代表市场经济成分,其投资的商业意图更加明显。因此,我国民营企业在出海并购西方企业时,遭遇的严格审查较之国有企业要少一些。

近年来民营企业对外直接投资发展较快,但长期以来,国有企业依旧是我国对外直接投资的主体,其投资行为要受到政府主控,但往往因缺乏详尽的前期调研和明确的市场定位,风险较高,政府应该加强对国有企业对外投

资的监管,防止不顾风险的盲目投资行为。相比之下,中小型民营企业对外投资决策更有自主性,目的性强,更接近市场行为,更符合企业发展战略目标。因此,我国政府必须大力推动投资主体多元化,充分发挥民营企业的作用。对此,政府出台的各项法律法规以及投资支持政策等也应涵盖符合条件的民营企业对外投资,通过加大融资支持、建立专项资金、提供税收优惠等多种方式来提高我国民营中小型企业开展对外直接投资活动的积极性,发挥民营企业对外直接投资对国内产业升级的积极作用,进一步推动对外投资主体多元化。

五、投资政策的配套:重点为企业跨国经营提供融资支持

政策配套应重点为企业跨国经营提供融资支持。企业跨国投资通常需要大量的资金投入,当前我国企业主要依靠国家开发银行、进出口银行等政策性银行的贷款支持,由于贷款审核机制严格、程序烦琐,企业贷款很难及时批下来,从而错失投资机会;一些中小企业在开拓国际市场时,即使遇到很好的市场机会,由于得不到资金支持,也错失良机。因此加强企业跨国经营的融资支持是我国跨国公司发展的政策重点。政府相关部门在执行这类支持政策时应破除对企业规模的偏好,以本土企业跨国经营的成长性和可持续发展能力为标准,而不是以规模来确定资助与支持对象,从而助力真正有实力、有潜力的企业脱颖而出,成长为跨国公司。

首先,加大财政资金支持力度。除国家层面建立专项财政基金支持企业跨国经营外,应鼓励对外投资活跃的省和直辖市等建立地方级的专项财政基金。为弥补国家财政资金投入不足,可考虑引导社会资金加入,从而建立以财政资金为引导,以社会资金为主导的资金支持与投入体系,这些资金可用于补助企业对外投资的前期费用、贷款利息、保险费用、启动资金以及对企业的分类激励。

其次,鼓励金融机构支持企业跨国经营融资。发挥国家开发银行、中国进出口银行、中国出口信用保险公司等政策性金融机构对企业对外投资的促进作用,同时依托商业银行拓宽融资渠道,探索出口退税单、境外应收账款、境外资产等抵押融资方式,为本土企业国内融资提供便利,也为企业通过境外上市、发行中长期企业债券等方式在国际市场上融资提供支持与协助,从而拓宽企业融资渠道,并引导企业控制债务风险。

最后,实行税收优惠政策。发布统一规范的企业境外投资税收服务指

南,加强对境外投资企业的税收辅导。在避免双重征税的前提下,区别投资行业、投资国别等,按规定采取延期纳税、减税和出口退税、税收抵免等不同的政策,甚至可考虑对能显著促进国内产业技术进步的重大项目给予政策优惠。

构建国内国际双循环相互促进的新发展格局,建设现代产业体系,需要重视对外直接投资的作用。本研究从投资动因、投资区域和投资主体这三个视角综合分析了对外直接投资促进我国产业升级的作用机制,而跨国并购对现代产业体系建设的重要意义在于,资产寻求型跨国并购可以获得国内产业发展所需高级生产要素的所有权,从而为国内产业发展服务。现代产业体系的建设,既需要国家的引导、政策的支持,也需要产业层面的集体努力,更需要企业个体的行动,要发挥对外直接投资对中国产业升级的促进作用,必须从投资产业、投资区域、投资方式、投资主体以及投资政策配套等多个方面进行考虑,从而建设具备强大国际竞争力的现代产业体系。

第三章
开放型经济聚集国际人力资本的现状与政策

随着中国经济的迅速增长和国际局势的变化,国际人力资本流动成为中国经济社会的重要问题,这既包括高端人才和专家的引进,又包括低层次劳动力的跨国流动。我国一方面重视国际高端人才的引进政策,另一方面也十分重视较低层次劳动力在中国的就业问题。本章概述了中国引进海外高科技人才的相关政策,同时对整体移民趋势尤其是非洲国家对华移民问题进行了讨论,以期对中国聚集国际人力资本的环境与政策有较为深入的阐述。这对于加快人力资源的国际流动,推动人力资本的国际国内双循环,促进我国经济高质量发展,具有重要意义。

第一节 我国引进海外人才的趋势与环境

改革开放以来,中国引进海外人才工作取得重要进展,在华外籍人员和专家人数不断增长,与中国经济的联系日益密切。国家外国专家局负责人在第十一届中国国际人才交流大会新闻发布会上介绍说,2011年在中国工作的外国专家人数达到52.9万人(人民网,2012)。根据上海市科委的相关报道,目前在沪工作的外国人达21.5万,占全国的23.7%,居全国第一。2017年4月全国全面实施外国人来华工作许可制度以来,截至2021年2月底,上海共核发《外国人工作许可证》27万余份,其中外国高端人才(A类)近5万份,占比约18%,上海引进外国人才的数量居全国第一(央广网,2019)。

一、我国引进海外科技人才的背景

今天,外籍专家已成为在华外籍人员的重要组成部分,对中国经济和科技发展至关重要。根据相关研究,2013—2017年,30—40岁的海外人才占当年海外人才回国总数的比例从16.5%上升至30.6%,20—29岁的海归人才占比从79.7%下降到52.2%,说明在海外有一定成就和资历的人才回国比例显著上升(吴瑞君等,2020)。

但与此同时,随着中国与美国的经济竞争趋势日益明显,中国与美国在引进人才领域的竞争更加激烈。首先,美国政府尤其自特朗普政府上台以来,通过各种手段宣传"中国威胁论",将中国定义为竞争对手,并在科技、教育等领域展开针对中国的竞争。2018年,美国认为中国自2008年开始的"千人计划"项目目的在于将美国的高科技产权转移至中国,美国高科技领域面临重要威胁。其次,美国开始逐渐增加对华科技人才交流的限制程度。2018年,美国国务院表示要加大对华科学家流动的限制力度,尤其是对机器人、航空、高科技制造业领域的中国专家,其签证有效期将从5年缩短至1年。2019年,美国共和党议员提出了相关法案,维护"敏感项目"研究清单,包括能源部等资助的项目。这些举措造成多名"千人计划"专家、其他领域专家学者被迫停止学术交流。再次,美国政府对大量华裔科学家展开调查,尤其对其是否存在转移知识产权、从事商业窃密活动展开调查。截至2020年4月,多名科技领域人才被质疑和调查。2020年以来,美国不仅从政策层面,而且从立法层面对中国人才引进政策进行了多方面限制,科技人才引进的竞争已成为中美竞争的重要方面(高子平,2020)。

在此背景下,推进中国引进高科技人才战略、应对美国在多领域的竞争,提升中国经济的开放程度和国际人力资本的流动性,促进双循环经济的发展,成为中国在当前阶段的重要任务。同时应当认识到,近年来国际国内环境发生了巨大变化,尤其美国的高科技产品出口管制、高技术人才流动限制、外国企业投资增速放缓等因素,在一定程度上限制了外籍专家来华工作的可能性。因此如果国际紧张趋势加剧,外籍专家数量的增长速度可能会有所下降。如何防范和化解外部风险、应对美国和欧洲国家的高技术人才限制政策,提升外籍专家来华工作的便利性、确定性和稳定性,将是未来亟待解决的重要问题。

二、我国引进外籍科技人才的规模与政策实践

开放型经济聚集国际人力资本的关键在于引进外籍科技人才,未来我国科技人才的规模仍将增长,相关优惠政策成为经济社会发展的重要保障。因此国家可出台多项政策措施,提升人才引进的规模与质量。

(一)外籍科技人才的规模估计

近年来,在华外籍人员和专家人数不断增长,与中国经济的联系日益密

切。第六次人口普查结果显示,截至2010年11月,境外人员共计102.0145万人,不包括港澳台地区人员的在华常住境外人员共593 832人。其中,外籍专家已成为在华外籍人员的重要组成部分,对中国经济和科技发展的作用至关重要。

对于在华外籍专家人数增长的估计,由于外籍专家的数据限制较多、各类人才引进详细数据难以获得,因此我们根据2021年上海高端人才数量,计算其占全国高端人才的比例,并根据中国经济规模和发展形势,初步估算到2035年中国外籍人才的长期水平。

首先,外籍人才数量方面,根据上海市科委的相关报道,如前所述,目前在沪工作的外国人达21.5万,占全国的23.7%,居全国第一。2017年4月全国全面实施外国人来华工作许可制度以来,截至2021年2月底,上海共核发外国人工作许可证27万余份,其中外国高端人才(A类)近5万份,占比约18%,上海引进外国人才的数量居全国第一。按照在沪工作的外国人占全国的比例,我们估计全国高端外籍人才数量约为21.1万人。

其次,我们根据中国经济规模、经济开放程度和科技研发投入增长,来初步估计外籍专家的可能数量。根据中国经济规模和发展水平,2020年中国GDP总量约为101.60万亿元、外国直接投资存量1 443.7亿美元、科技研发投入2.4万亿元,其增长速度与中国的外籍专家人数均有较强正相关性(国家统计局,2020)。

对于中国的经济增长速度,中国社科院李平等(2017)综合上述数据认为,2021—2025年中国经济增速可能在5.5%—6.7%之间,2025—2035年中国经济增速可能在4.4%—5.6%之间。我们参照中国社科院的预测数据,认为中国2021—2035年的潜在经济增长率大致如表3-1。同时,科技研发投入增速、专利申请增速和外资规模增速的估计值,我们根据2021年及以前年份数据的五年移动平均计算,以作为对潜在经济增长趋势测算的参考。

表3-1　2021—2035年中国潜在经济增长率趋势　　　　　　　(单位:%)

年　份	基准	最高值	最低值
"十三五"均值(2016—2020)	6.4	6.5	6.0
"十四五"均值(2021—2025)	5.6	6.0	5.2
"十五五"均值(2026—2030)	4.9	5.5	4.3
"十六五"均值(2031—2035)	4.5	5.1	3.6

• 资料来源:根据李平等(2017)整理。

在2021—2035年基准经济增长速度、最高值和最低值情况下,我们分别估计外籍专家的初步规模。在基准经济增速下,2021—2027年中国经济年均增速均在5%以上,同时外籍专家人数可能增长至29.1万人;2028年后,中国经济增速可能在4.4%—4.9%,外籍专家人数增长略有放缓,将从30万人左右增至42.1万人。与此同时,按照经济增长的最高值计算,外籍专家将在2028年达到31.5万人、2035年达到45.1万人;按照经济增速最低值计算,外籍专家人数可能在2029年超过30万人、2035年为38.9万人(表3-2)。

表3-2 不同经济增速下的外籍专家规模估计　　　　　　　　　　(单位:%)

年份	经济增长速度预测			外籍专家人数估计值(万人)		
	基准	最高值	最低值	基准	最高值	最低值
2021	5.9	6.3	5.6	21.1	21.1	21.1
2025	5.3	5.8	4.9	26.3	26.7	25.9
2030	4.7	5.3	4.0	33.6	35.1	32.4
2035	4.4	5.0	3.4	42.1	45.1	38.9

• 资料来源:作者计算。

由于外籍专家人数与经济规模不一定严格正相关,因此我们根据中国发明专利增速、科技研发投入增速和外商直接投资规模等变量,对外籍专家的可能规模进行测算。首先,中国发明专利的长期增速可能在6%左右,根据发明专利的增长速度,2028年、2033年外籍专家规模可能超过30万和40万人;其次,中国科技研发增长速度在2021年后可能超过11%,与外籍专家增长速度和国际环境可能均存在差距,因此按照科技研发增长速度估计的数值可能与实际数值存在较大差异;最后,中国外商直接投资增速略低于经济规模和发明专利的增速,可能长期增长速度约为3%,按照这一速度,外籍专家规模可能在2033年超过30万人、在2035年达到33万人左右(表3-3)。

表3-3 根据科技发展和经济开放水平估计的外籍专家人数　　　(单位:%)

年份	发明专利增速	外籍专家估计数量(万人)	科技研发投入增速	外籍专家估计数量(万人)	外商直接投资增速	外籍专家估计数量(万人)
2021	5.1	21.1	11.5	21.1	2.7	21.1
2025	6.9	26.0	11.3	32.7	3.4	23.9
2030	6.1	35.1	11.5	56.2	3.3	28.0
2035	6.1	47.0	11.5	96.8	3.3	32.9

• 资料来源:作者计算。

通过上述估计可以有如下发现:(1)中国外籍专家人数将在"十四五"期间持续增长,到 2035 年将比当前水平有明显提高;(2)外籍专家的规模方面,按照经济规模的增长速度,到 2025 年中国外籍专家人数可能为 26 万—27 万人,这一数字将在 2028 年或 2029 年超过 30 万,到 2035 年外籍专家人数可能达到 42 万人(规模可能在 39 万—45 万人之间);(3)按照科研投入和经济开放水平的估计,到 2035 年,外籍专家的可能规模在 33 万—47 万人之间。因此,我们认为,按照经济增长速度的估计结果可能更加准确和合理,2025 年、2030 年和 2035 年的外籍专家规模,可能分别为 26.3 万人、33.6 万人和 42.1 万人。

如前所述,多种外部因素在一定程度上限制了外籍专家来华工作的可能性。因此,如何防范和化解外部风险,提升外籍专家来华工作的便利性、确定性和稳定性,将是未来的重要任务。

(二)我国引进海外人才的政策实践

由于国际人力资本和人才资源将在我国对外开放和经济发展中发挥越来越重要的作用,相关部门颁布了多项政策,推动外籍人才引进,促进国际人力资本聚集,提升我国经济开放的质量。

2011 年 3 月,《国民经济和社会发展第十二个五年规划纲要》发布,提出要大力实施人才强国战略,要积极引进和用好海外高层次创新创业人才,实施海外高层次人才引进计划。

2015 年 3 月《中共中央国务院关于深化体制机制改革加快实施创新驱动发展战略的若干意见》指出了国际人力资本在促进创新驱动发展方面的重要作用,提出将人才作为创新的首要资源,要"规范和放宽技术型人才取得外国人永久居留证的条件,探索建立技术移民制度。对符合条件的外国人才给予工作许可便利,对符合条件的外国人才及其随行家属给予签证和居留等便利。对满足一定条件的国外高层次科技创新人才取消来华工作许可的年龄限制"。尤其要面向全球引进高层次科技创新人才,吸引海外高层次人才回国从事创新研究;同时推进人力资本市场的对外开放,积极参与国际人才竞争与合作,建立人才资源国内国际良好互动的发展格局(新华社,2015)。

2016 年 2 月,中共中央办公厅、国务院办公厅印发《关于加强外国人永久居留服务管理的意见》,提出"要牢固树立创新、协调、绿色、开放、共享的发展理念,实行更加积极有效的外国人永久居留服务管理政策"。该意见提出为外籍具有突出贡献的人才申请永久居留提供便利服务,拓宽"突出贡献人员"的范围,简化其申请程序和审批时间,促进外国高技术人才为中国各项事业发展作出贡献。

2020年10月,中共十九届五中全会审议通过《中共中央关于制定国民经济和社会发展第十四个五年规划和二〇三五年远景目标的建议》,建议围绕"激发人才创新活力"做出重要部署,提出要"贯彻尊重劳动、尊重知识、尊重人才、尊重创造方针,深化人才发展体制机制改革,全方位培养、引进、用好人才,培养具有国际竞争力的青年科技人才后备军。健全以创新能力、质量、实效、贡献为导向的科技人才评价体系"。提出实行更加开放的人才政策,构筑集聚国内外优秀人才的科研创新高地。此外,《国民经济和社会发展第十四个五年规划和二〇三五年远景目标纲要》提出,要"遵循人才成长规律和科研活动规律,培养造就更多国际一流的战略科技人才、科技领军人才和创新团队,培养具有国际竞争力的青年科技人才后备军"。

具体政策方面,我国政府相关部门先后出台一系列促进国内外科技人才技术创新的政策措施。例如在国家重点研发计划中设立青年科学家项目,为青年科技人员提供了重要科研平台和资金支持;海南自由贸易港加大了对外籍科技人才的优惠政策,在企业所得税、个人所得税和外籍人员出入境管理等方面均实施了较大力度的优惠措施,为外籍科技人才到海南自由贸易港创业和工作提供了更多的便利化服务,成为我国引进国际人力资本的优惠政策聚集地区。

"十四五"时期是中国科技发展和增强国际竞争力的关键阶段,各地方政府和部门聚焦青年科技人才成长发展面临的共性问题、突出问题,进一步加大对青年科技人才的培养、支持和使用力度,不断完善有利于青年科技人才成长发展的制度环境,充分激发广大青年科技人才的创造力和创新活力,让更多青年科技人才脱颖而出,打造一支具有国际竞争力的高素质青年科技人才队伍。

第二节 上海引进高科技人才的政策与实践

在聚集国际人力资本方面,上海是国家外籍人才政策先行先试地区。在2000年11月12日举行的浦东开发开放30周年庆祝大会上,习近平总书记明确要求上海浦东率先实行更加开放更加便利的人才引进政策,积极引进高层次人才、拔尖人才和团队,特别是青年才俊。因此,本节回顾了上海市引进高科技人才的相关政策及实践过程,并对上海市高技术人才引进的相关问题进行了讨论。

一、上海引进高科技人才的政策

建设具有国际影响力的科技创新中心,是新时期上海对外开放和经济发展的重要任务。2014年5月,习近平在上海提出了要加快向具有全球影响力的科技创新中心进军的要求。2015年1月,上海市委、市政府启动了一号课题,并推出了《加快建设具有全球影响力的科技创新中心的意见》,对建设全球科技创新中心提出了具体要求。2016年,我国启动了制造业创新中心建设工程,目前已建成16家国家级制造业创新中心、约132家省级制造业创新中心。2021年3月20日,上海出台了《关于进一步深化科技体制机制改革、增强科技创新中心策源能力的意见》(上海科改25条)。该意见围绕"增强科技创新策源能力"的政策主线,提出了促进各类主体创新发展、激发科技人才活力、推动科技成果转化、改革优化科研管理、融入全球创新网络、推进创新文化建设等方面的改革措施,成为上海科技体制改革的纲领性文件。

近年来,推动科技创新中心建设,不仅成为上海改革发展的紧迫要求,也成为我国深入推进创新发展路径的重大战略部署。其中,上海、北京、粤港澳大湾区是国务院明确发展方案的三大科技创新中心。上海的定位为全球有影响力的科技创新中心,其主要任务是先行先试,推进全面改革创新实验,形成可复制可推广的改革创新经验,同时打造高度集聚的重大科技基础设施集群,并带动长三角、长江经济带创新发展;北京的定位为全国科技创新中心,承担基础研究、原始创新和服务于国家重大战略实施的重要任务;粤港澳大湾区的定位为国际科技创新中心,主要任务是支持重大科技基础设施和创新平台在大湾区布局建设,聚焦国际创新资源,提升科技成果转化能力。

2020年,上海科技创新中心的基本框架体系已经形成,在《中国区域科技创新评价报告2020》中,上海在当年综合创新水平指数榜单中排名第一,连续三年位居榜首;在世界知识产权组织发布的《2020年全球创新指数报告》中,上海首次跻身全球科技城市前十名。

与此同时,上海科技创新建设也存在不足和问题。例如,上海仍然缺少科技引擎企业,企业研发投入和专利产出仍然较少,新一代人工智能创新平台缺乏,民营企业科技创新动力较弱等。因此,上海要进一步增强科技创新的紧迫性,把握机遇,创造更优质环境,优化要素配置,努力实现更多重大科技突破。尤为重要的是,上海可以依托张江国家自主创新示范区,在创新资源集中、创新特色鲜明、创新功能突出的重点区域,集中布局重大创新项目,实行更聚焦的政策、更开放的体制机制,培育一批引领发展的创新型企业和高科技产业,努力将上海建设成为全国创新发展的新增长极。

二、上海引进高科技人才的成果

"十三五"规划时期,上海深化全面创新体制改革,科技创新取得了重要成果。科技资源共享网络形成,以张江高科技园区为中心,辐射带动漕河泾等其他科创中心,并开通了长三角科技资源共享服务平台。截至目前,上海已经建成国家级制造业创新中心2家,市级制造业创新中心4家,这些制造业创新中心在加快产业前沿技术、关键技术的研发供给和产业升级、为行业和产业服务方面,形成了重要创新成果。

近年来,上海市科技组织联合举办的世界顶尖科学家论坛、世界人工智能大会,以及"上海科坛"高端学术活动,促进科技经济融合"科创中国"上海试点,打造"国际科技会客厅"等工作,得到了社会各方的广泛好评,上海科技工作的服务贡献力、社会影响力和组织凝聚力显著提升,为上海科创中心建设做出了积极贡献。

根据世界知识产权组织发布的《2020年全球创新指数》报告,上海在世界科技集群中排名第9位,与2017年和2019年的第19和第11位相比取得了显著成果。与此同时,东京—横滨、深圳—香港—广州、首尔、北京分别为第1至4位。具体而言,全球科技城市的主要排名依据为专利合作协议(PCT)和科学出版物数量(SCIE论文)。上海在科学论文的数量方面更具优势(第6位),但在专利合作协议方面排名较低(第11位)。这表明上海高校具有较强的科研能力,但创新和研发型企业较少。在专利数量方面,东京—横滨城市群的专利申请数量远高于深圳—香港—广州,主要原因在于大量日本创新引擎企业集聚在东京—横滨地区,丰田、本田、索尼、松下等企业成为城市创新的主要推动力(世界知识产权组织,2020)。

根据《上海科技创新中心建设报告2020》,2020年上海克服新冠肺炎疫情带来的不利影响,着力做强创新主体、提升创新能力、健全创新制度,全力做强创新引擎,创新中心基本框架已经建成。据统计,2020年上海人民科学素质水平达标率继续保持全国第一,科技创新"十三五"规划主要指标顺利完成(上海推进科技创新中心建设办公室,2020)。

2020年,上海市建成一批高水平科研机构,成立上海期智研究院、浙江大学上海高等研究院、上海应用数学中心、上海处理器技术创新中心等机构;高新技术企业超过1.7万家;授牌成立20家民营科技企业技术创新基地,加快释放民营企业创新活力和动力。截至2020年底,上海建成和在建的国家重大科技基础设施达14个,设施数量、投资额和建设进度均领先全国。集成电路产业销售规模约为2071亿元,同比增长约21.37%。生物医药产业规模超过6000亿元,其中制造业产值达1416.61亿元;人工智能产业规模超过2000亿元,重点企业1149家。截至2020年底,上海市累计核发外国人工作许可证达到26万余份,引进外国人才数量和质量均居全国第一,连续8年蝉联"外籍人才眼中最具吸引力的中国城市"(上海推进科技创新中心办公室,2020)。

第三节 我国科技人才引进政策存在的问题

现阶段我国科技人才引进政策仍存在部分问题,例如在人才引进体系、优惠政策和人才待遇等方面。同时,上海在科技人才数量、创新活力和发展环境等方面仍然有待提升。

一、全国层面的科技人才政策问题

我国中央和地方政府均出台了相关政策措施,提高科研人员的待遇和工作机会,促进技术创新和产业发展,为各地经济发展和技术进步提供了良好环境。与此同时,我国在政策体系、引进标准、信息沟通等方面仍存在较多不足,成为改进现阶段科技人才引进工作的重要任务。

在科技创新人才引进的制度体系方面,我国与发达国家相比仍存在较为显著的问题。

首先,我国尚未建立完整有效的科技人员培养和支持体系。与欧洲尤其是德国相比,我国的科技人才培养和支持力度偏低、青年科技人才的保障程度不足,在科研平台建设、科研奖励、后备科研人员支持方面仍有待加强。尤为重要的是,海外人才获取信息的有效渠道尚未建立,引进海外人才后续配套政策落实力度也存在不足。因此,有关部门尚须加强统筹,共同完善海外引才工作机制,特别是抓住疫情过后部分海外侨胞和留学生回国意愿强烈的契机,加大对海外青年科技人才的引进力度。

其次,我国在人才引进、待遇优惠等方面仍未形成较为清晰的制度规则。现阶段,我国对科技人才的引进和待遇,多是基于不同地区、不同领域的政策措施,"科技人才"标准的统一化和灵活性有待提高。尤其对于海外青年科技人才,人才引进的标准问题是海外青年科技人才回国的核心问题之一,需要建立灵活的引才机制和务实的评价标准,建立有针对性的引才清单点对点联系。尤其放宽对"人才回国"的定义,通过互联网等方式将人才智慧成果以灵活的方式引入国内,创新调用全球青年人才资源的新模式、新机制。此外,完善引进人才保护机制,降低人才回归的风险。进一步加大政策优惠力度,为人才在落户、居留签证、子女入学、医疗保障等方面提供便捷、高效的服务。

再次,相对于欧洲国家科研机构—地方政府—企业的合作模式,中国的科研机构在研发成果转化、基础研发和商业应用方面仍存在差距。其中部分原因在于中国的科技合作体系在激励、所有权和其他政策方面存在缺陷。这方面的改革应致力于"解放"大学和研究所的研究人员,并鼓励学术研究的工业应用。其中包括对法律、框架政策的一些修改,以解除对公立大学和研究所向私营部门转让研究成果的管制,并切实保护研究人员的知识产权。有证据表明,这一领域近年来有所改善,例如大学发明专利的市场化率从2015年的2.2%上升到2019年的3.7%,有效促进了青年科技成果的市场化(国家知识产权局,2019)。因此,采取行动推动政府—科研机构—企业在基础研究和应用研究等方面的合作,建立相关研发和应用平台,促进科研成果转化,将是引进高科技人才、推动我国科技体系国际化的重要步骤。

二、上海市高技术人才引进存在的问题

首先,上海市仍然缺乏具有全球竞争力的顶尖科学家。上海拥有的院士、"长江学者"等高端人才数量在全国排名第二,但进入全球前列的科学家较少。2019年全球"高被引科学家"最新统计中,美国入选人数占比超过46%,中国仅占8.5%。就企业而言,上海智能网联汽车创新中心、上海海洋工程装备中心等专职研究人员均严重不足,创新人才的引进和建设成为亟待解决的问题。

其次,上海的科技创新活力有待增强。2019年上海每万人口发明专利

拥有量为53.5件,在全国居第2位,但远低于北京(111.2件);2020年上海高新技术企业数量居全国第5位,仅为广东的1/4,北京的1/2;2017年上海研发机构专利转让和许可占有效专利的1.8%,低于浙江、广东和北京;2019年上海人工智能专利授权数量仅为全国的7.2%,同期广东人工智能专利数量占全国比重为27.3%,北京接近20%(钱智等,2020)。

最后,科技企业的发展环境有待优化。从人才环境分项指标看,上海在福布斯全球2000企业(拥有总部落地)数量、机场枢纽数量、研发开支总额(占本地生产总值的百分比)、高校数量等方面拥有优势,在个人社交网络具有相对优势;但在生活质量、环境质量、高等教育录取率、医疗密度、经济可承受度、税收优惠、成果转化等方面存在相对劣势,在薪酬水平、房价收入比等方面差距明显。

第四节 完善我国引进科技人才的政策建议

对于我国引进国际人力资本的现状与问题,我们从国际科技交流、技术合作框架、知识产权保护和上海的具体政策方面提出相关的政策和建议。

第一,在全球经济竞争日益增加的情况下,中国可以通过高校和科研机构,建立与美国和欧盟技术合作的民间机制,扩大中美、中欧科技交流的宽度和深度。现阶段中美、中欧经济合作遇到困难,美国和欧盟在多方面对华为等中国企业实施打压,在短期内将成为中国与发达国家科技交流合作的障碍。中国可尝试在民间领域增强与美国和欧盟的合作,注重保持既有高校、科研机构等与欧洲国家的交流,积极推进相关高校、科研机构与发达国家建立合作计划,同时加强与相关国家留学生教育的合作项目推进,促进国际科技交流持续发展。在这方面,中美、中欧科技人员的交流合作将成为民间科技合作的重要力量,在中国引进国际人力资本、促进双边经济关系发展进程中具有一定地位。

第二,积极拓展与美国和欧盟科技领域的技术合作框架,加大对中方参与团队的支持,推动中国与发达国家科技合作深入发展。例如,欧盟2014—2015年科技项目设置了专对中国的合作主题,欧盟"地平线2014—2020计划"和"地平线欧洲2021—2027"设置了对中国的优先技术领域和实施方式,但部分合作项目要求中方自行解决科研经费。这对中国参与该计划产生了一定影响。因此增加对中方参与团队的激励力度,将是参与发达国家合作框架的必要任务。尤其是在"地平线欧洲2021—2027"任务中,欧盟在"优秀科学计划"和"基础设施计划"中对中国科技人员设置了较为宽松的申请条件,中方可以鼓励相关机构和人员申请参与,进一步提升中国在欧洲科技创新项目中的合作水平,促进中国参与发达国家的技术项目,提升中国引进国际人力资本的能力。

第三,在双方有共同利益的领域,进行技术沟通与交流,保持长期对话和合作机制。虽然中国与发达国家尤其是美国和欧盟对部分领域的收益问题存在一定分歧,但在更多领域仍存在较大的合作潜力。尤其在碳中和与循环经济领域,中美、中欧优势互补性明显,中国在燃料电池、锂电池和陆上风能等领域有明显优势,中国与美国和欧盟在多个领域有全面合作的潜力。例如,中国借助与欧盟的"绿色伙伴关系"倡议,促进双方在低碳发展和气候领域的科技合作,使其作为中国与欧盟长期技术合作的基础和优势领域,为全面的技术交流提供基础和经验借鉴。

第四,在人才引进的制度与待遇方面,完善科技人才引进的制度体系。这一方面需要提高国家层面科技人才引进政策的统一化和灵活性,针对不同人才形成不同的引进政策,例如在个人所得税或在企业所得税等方面提供优惠。与此同时,在人才流动、户籍和签证、子女教育、医疗保障等领域实行更加便利化的优惠政策,可在上海自由贸易试验区和海南自由贸易港等地先行先试,提高外籍人才引进的制度化和便利化水平。

第五,在知识产权保护方面,中国政府和相关部门应进一步保护外国合作者和国内引进人才的知识产权,注重知识产权条款在区域合作协定中的落实,提升知识产权保护水平。近年来,中国在知识产权保护问题上取得了显著进展。截至目前,中国加入了主要知识产权国际公约,与全球60多个国家、地区和国际组织签订了多边合作协议和谅解备忘录,与50个世界知识产权组织成员国建立了正式合作关系。在此背景下,积极推动与发达国家的知识产权保护合作,一方面在科技交流中保护相关方知识产权,另一方面加强对引进人才的科技项目的保护力度。这些将是中国与发达国家科技合作的重要任务。

尤为重要的是,上海需要注重政策配套能力提升,改善引进国际人力资本的能力与水平。

一是重视人才政策的法制化、规范化建设。从发达国家的经验来看,美、欧、日等国关于科技人才培养、科技人员权益保护、科技人员表彰和奖励、促进科技人才流动以及引进海外人才管理等方面,都有一整套的法律依据,并在国家战略层面制定了促进科技创新的法规政策。上海要在系统梳理现有政策基础上,加强顶层设计,精准出台相应规范,围绕科技人才的引进、培养、流动等环节,推动地方乃至国家层面的法制建设。

二是聚焦顶尖人才、急需产业人才引进。一方面,建立全球搜索、接触人才的猎头部门,加强"全球高层次科技专家信息平台"建设,以海外高端留学人才与华裔人才为重点,外国高级人才为补充,积极吸纳顶尖人才来沪发展。另一方面,建立紧缺急需人才清单定期发布和雇主担保机制,编制产业人才目录,给予人才政策倾斜和相应薪酬补贴、培训补贴、房租补贴、子女就学优惠政策等,推动人才"个税补贴"政策取得突破,吸引产业紧缺急需人才集聚。

三是加强服务,优化科技人才的发展环境。探索建立新型的人员管理方式,不定行政级别,实行人员总量管理,不受岗位设置、工资总额等限制;探索外籍科技人才担任新型研发机构法人代表的试点,在人员聘用(任)、职称评定、出国审批等方面享有充分的自主权。围绕张江国家科学中心等核心承载区,打造集高端生活设施、便捷交通设施、一流医疗教育配套为一体的多功能创新社区,为科技人才提供一站式生活配套服务,让科技人才安心创新,更好扎根上海。

第五节 非洲对华移民的发展现状与中国的应对建议

根据联合国统计,截至2020年,中国大陆移民存量总计103.97万人,其中难民人数30.40万人。出于多重原因,目前尚未发现对于在华非洲移民的权威统计数据,但非洲在华移民大致分为两类,一类为工作移民(包括长期和暂时居留),一类为非洲在华留学生。前者主要分布在广东尤其是广州市及周边地区,后者主要分布于各城市的高校及其附近。

一、非洲对中国移民的数量和分类[①]

对于非洲来华的总人口规模,现有分析差距较大。由于尚未公布具体的官方数字,国外研究根据媒体的报道和实地调研及观察估计,在中国生活和工作的非洲人约为50万人(与此同时,中国人在非洲的人数约为200万

---

① 非洲移民在中国的数量和分类的讨论,根据李安山(2018)、陆继霞(2018)和相关网络资料整理。

人,是非洲在华人数的4倍左右),仅广州的非洲人数即达到10万人,其余分布在香港、澳门、义乌、上海和北京等城市。

非洲到中国的工作移民,最早可溯源至20世纪90年代的广交会和广州批发经济的兴起。广交会的发展吸引了大批阿拉伯商人到广州经商。随着贸易发展和劳动力需求增加,2000年前后大批非洲人跟随阿拉伯人来到广州,并在2003—2005年形成了黑人到广东经商的高峰。因此,非洲的工作移民主要为贸易商人和劳工阶层。贸易商主要从事商品批发活动,其经营范围十分广泛,从日常用品到家用电器、建筑材料等均有涉及;劳工阶层文化相对较低,主要从事货物运输等体力劳动。

对于非洲来华的留学生规模,现有数据较为全面和翔实。自20世纪90年代以来非洲来华留学生人数迅速增长,占了非洲移民的较大比重,这主要源于中非关系在90年代中期以来的较快发展。1996年中国最高领导人访问肯尼亚、埃塞俄比亚等国,这是中国国家元首第一次访问撒哈拉以南的非洲国家,中国承诺向非洲留学生提高奖学金金额和覆盖比例,为非洲国家提供了重要的留学目的地。1990年,中国的非洲留学生人数仅为6人,1993年为58人;1996年中国向922名非洲学生提供奖学金、同时招收118名自费学生,使来华非洲留学生人数首次超过1 000人。

2000年中非合作论坛举办后,非洲留学生人数进一步增加,截至2002年底全国共有1 646名非洲留学生,到2009年上升至12 433人。与此同时,2005年以来在华非洲留学生的自费人数逐渐超过奖学金获得者,当年奖学金和自费学生人数分别为1 367人和1 390人,此后两者差距进一步增加。据统计,1996—2011年,共有84 361名非洲留学生来中国学习,其中36 918人获得了中国政府提供的奖学金,自费人数为47 443人。

表3-4 1996—2015年非洲来华留学生人数 (单位:人)

年份	奖学金	自费生	合计	年份	奖学金	自费生	合计
1996	922	118	1 040	2008	3 735	5 064	8 799
1998	1 128	267	1 395	2010	5 710	10 693	16 403
2000	1 154	234	1 388	2012	6 717	20 335	27 052
2002	1 256	390	1 646	2014	7 821	33 856	41 677
2004	1 317	869	2 186	2015	8 470	41 322	49 792
2006	1 861	1 876	3 737	总计	67 231	169 010	236 241

• 资料来源:根据李安山(2018)整理。

为有效提升非洲国家的人力资本状况和技术水平,中国在多次中非合作论坛期间均承诺向非洲留学生提供奖学金、扩大非洲学生来华规模。2006年中非合作论坛期间,中国提出每年向非洲留学生提供的中国政府奖学金由2 000人次增加到4 000人次;2009年中非合作论坛第四次部长级会议上,中国政府奖学金再次增至每年5 500人次;2010年的实际数量达到5 710名。2012年,中非合作论坛第五次部长级会议上,中国宣布未来三年提供奖学金名额1.8万个,成为推动非洲留学生来华的重要原因。

二、非洲移民集中的地区分析

据研究(Padmor A., et al, 2020; Roberto Castillo, et al, 2020; Adams Bodomo, 2020a.b),非洲移民在中国分布较为集中,主要在广州、义乌、香港、澳门、上海、北京及其附近,其他地区分布较少。

首先,广州是非洲移民最集中的地区。据外国相关研究人员估计,在广州的非洲人有2万—10万人(包括常住和暂住人口)。相关报道显示,2015年1—11月经广州各口岸入境的非洲人约20万人次,其中常住人口5 208名。根据广州市公安局统计,截至2018年9月25日,广州市居住非洲人15 738人(其中常住5 396人),非洲国家人数占广州外国人总数的20.1%、占常住外国人口的10.8%。此外,每年广州出入境总计约200万人次,其中10%为非洲来华人员。在广州的非洲人中,马里和尼日利亚两国占人口大多数。但出于多种原因,居住在广州的非洲人数近年呈下降趋势,

表 3-5 非洲在广州人员基本情况调查

分类	人数	比例	国家	人数	比例
年龄			尼日利亚	58	24.0%
25岁以下	38	12.2%	马里	38	15.7%
25—40岁	241	77.5%	塞内加尔	35	14.5%
40岁以上	32	10.3%	加纳	30	12.4%
教育程度			几内亚	29	12.0%
中学及以下	166	56.3%	刚果	13	5.4%
大学及以上	129	43.7%	坦桑尼亚	11	4.5%
职业类别			南非	10	4.1%
贸易商	264	88.6%	乌干达	10	4.1%
学生	20	6.7%			

- 注:数据引自 Bodomo et al. (2020),调查问卷共发放350份,有效问卷312份,主要在广州市天秀大厦、迦南服装批发市场和天恩出口贸易大厦进行。

研究发现 2019 年常驻广州的非洲人数已降至 12 737 人。

部分学者对在广州的非洲人进行了较为详细的调查。问卷分析发现：(1)基本情况方面，在广州的非洲人年龄以 40 岁及以下男性为主(40 岁及以下人数占比 89.7%，男性占比 82.1%)；(2)教育程度方面，非洲在华人员以中学及以下(占比 56.3%)为主，同时大学及以上人员占比达到 40%以上；(3)职业方面，商业和贸易从业者占比达到 88.6%，其他人员多为留学生；(4)国家分布方面，尼日利亚、马里、塞内加尔和加纳人数较多(占比近 70%)，即西非来华人员远高于其他地区。研究也发现，近年来非洲大陆几乎所有地区的来华人数均有增加，尤其是肯尼亚、乌干达和坦桑尼亚等东非国家增长最快。

浙江义乌是非洲人聚居的第二大地区。据估计，义乌的非洲人约 3 万。与广州的区别在于，马格里布地区的非洲人(特别是毛里塔尼亚、摩洛哥、埃及、突尼斯、苏丹和阿尔及利亚等国)是义乌的非洲人的主要组成部分。可能原因在于，义乌作为世界最大的商品集散地，吸引了大量来自马格里布的阿拉伯非洲人。义乌的非洲人的特点在于对商业和市场更加熟悉，且汉语更加流利，可以更快地进行商业活动并控制着相关行业。随着阿拉伯非洲人的增加，越来越多其他地区的非洲人也开始在义乌定居。

在其他地区，非洲人的结构也有明显特点。在香港，多数非洲人来自南部非洲，尤其是白人地区。香港南部非洲社区是非洲人聚居地，主要组成为南非白人，数量约为 200 人(2012 年)。澳门的非洲人多数来自前葡萄牙语国家，如安哥拉、莫桑比克、佛得角和几内亚比绍。尤为重要的是，澳门是非洲定居者最有组织的地区，该地区的非洲人与其他葡萄牙语国家的外国人互动密切。北京和上海是大陆非洲人较多的地区，但现有研究较少。其中，北京非洲人多为留学生，上海的非洲商人、教师等更加活跃。

三、非洲移民管理存在的问题[①]

从历史来看，在中国的非洲人面临的困难(如文化和法律障碍、签证续签、逾期滞留、治安风险和无法永久居留)与许多国内移民所经历的困难类似。这些困难通常与更广泛的经济脆弱性、缺乏归属感、社会排斥、居住权受到阻碍等社会管理问题有关。

---

① 根据相关网络资料整理，参见 Zeng Xiaojing, 2019；Charles Okeke, 2019。

第一,就对非洲移民的签证而言,中央和地方政策的不一致可能加剧了非洲人的滞留问题。中国是世界上签证管理最为严格的国家之一,而对于非洲人的签证限制尤其严格。这也增加了中国地方、省级和国家决策者之间的不同意见。出于各种政治原因,北京每年向非洲国民发放数千张入境许可证。"然而,广东为了减轻管理压力,往往减少外籍人员的入境许可证数量。"(Roberto Castillo,2020)

第二,相关机构的公共政策仍存在问题,减少了非洲人的工作机会,降低了其融入国内社区的前景。据调查,非洲人在中国找工作比其他地区的移民更为困难,甚至有多年工作经验和商务签证的合法非洲移民,仍比不合格的美国白人找工作面临更多困难。

第三,非洲人在中国获得的文化认同和归属感仍然较低。由于新闻报道和宣传因素,部分中国人仍对非洲移民存在文化隔阂,尤其对黑人存在不同程度的歧视和疏离,这降低了中国社会对非洲移民的接受程度,增加了非洲人在中国长期生存的成本。

第四,由于中国打击服装鞋类仿制品、劳动力工资上涨、全球竞争加剧等因素,非洲企业家在华经营面临挑战,移民正在承受生活成本和签证手续等方面的损失。这进一步加剧了非洲人尤其非洲商人离开中国的潜在意愿。

据研究,近年来已有越来越多的非洲商人离开中国(尤其是广州),前往越南、孟加拉国等寻找更好的工作机会。广州刚果社区的刚果人数从2016年的700人降至2018年的500人,广州整体的非洲移民人数也在不断下降,虽然中国和非洲正在加强经济合作,但阻碍非洲人在中国平等就业和从事商业经营的制度和政策问题尚未得到解决。

这些现象的重要原因在于,移民问题从未成为中非经济合作和政治对话的基础。对于中非互联互通中的移民管理经验交流、协商合作问题,需要进行更全面的考虑和规划。在短期内,非洲人面临的移民相关挑战——无论是对短期还是长期居留者来说——必须有更加具有灵活性的方式给予解决,包括基本生活服务、签证制度简化等方面。从中非关系的长远发展来看,当前形势要求我们重新思考中非合作论坛的运作框架,非洲领导人和外交官必须积极参与有关非洲移民在中国生活问题的政策制定和执行,包括建立和完善中国与非洲在移民领域的对话机制、加强对合法移民的有效支持、深化对非法移民的法律管理、增强中非移民政策的协调性等方面。

四、加强中非合作、源头管控非法移民的主要建议

第一，移民管理机构应加强签证管理和公共政策的协调，缓解正常来华就业的非洲人入境和就业问题。移民管理部门可尝试改善对非洲人签证的限制，解决有效签证不足导致的困境，同时加强对非洲人在华就业的监管，严厉打击部分团体危害社会治安的行为；在此基础上，着力改善非洲人正常就业和社会保障问题，减少强制管理、提升劳动力市场的公平性，给予其与其他外国移民同等的待遇，为非洲人在中国就业提供更加公平的环境。

第二，移民工作的正规化和移民治理能力建设应成为中国与非洲政府间合作的重点关注议题。这包括推动非洲国家进一步修订移民管理模式，使更多的行动者参与移徙目标的设计和执行，提升移民管理机构的规模和能力，在不同优先事项之间进行联络，确保为能力建设提供长期资金等。尤为重要的是，中国与非洲国家的合作，应包括完善边境管理和数据收集工作，提升信息的准确性和有效性，包括采用新型数据采集工具、跟踪人员和货物跨境流动、改善边境工作效率等方面。

第三，在"一带一路"建设进程中，可以将移民和共同发展原则纳入其政策框架，确保成员国之间信息交流和政策协调。近年来，泛非洲移民论坛力求将所有非洲区域共同体、区域移民问题协商进程和国家间协商机制聚集在一起，这些合作平台的存在显示了政策沟通和协调的必要性，如果相关合作平台通过"一带一路"倡议等机制得到深化和加强，它将有潜力成为多方在制定移民政策议程方面进行战略合作的关键性机制。

第四，加强与非洲联盟等区域经济共同体的合作，解决成员国之间的政策协调问题。信息流的不完善导致了个人和政策层面决策过程的低效，在移民行业的私营和公共部门利益攸关方之间建立联系是非洲有效移民政策的关键。中国应在政治对话中加强与非洲区域共同体在移民政策领域的协调，完善政策框架，推动有效执行进程。例如，除阿尔及利亚外，所有参加拉巴特进程的 26 个非洲国家都是的黎波里进程的一部分，所有参加喀土穆进程的 9 个非洲国家也是的黎波里进程的一部分，中国协调和参与非洲区域合作机制，对于促进非洲国家移民政策的有效执行至关重要。

由此可见，在中国国内加强对非洲移民管理的同时，进一步促进非洲国家的政府、区域组织在多层面、多领域的合作，提升边境管理的有效性，将是

改善非洲移民管理的重要途径。

总体而言,国际人力资本流动对于促进我国技术进步和经济增长发挥了重要作用。目前,我国引进的外籍人才多为科技领域的高端人才,以及金融服务、贸易投资等领域的专业人士、外籍人才既为我国解决高技术瓶颈、促进技术进步提供了有益的技术支持,也为我国对标国际规划,加强国内管理和服务能力形成了重要支持。与此同时,中国政府不断加强移民管理工作,对非洲地区的劳动力移民采取了多项措施,不断提升对劳动力移民技术水平,完善体制机制,促进国内劳动力市场健康发展,通过维护劳动力的国际流动促进国内经济稳定和国内大循环体系发展,为国际国内双循环的经济体系提供劳动力支持。

附表 3-1　非洲移民分布情况　　　　　　　　（单位：万人）

类型	区域	移民总人数 2008	移民总人数 2012	移民总人数 2017	处于劳动年龄的移民数量 2008	处于劳动年龄的移民数量 2012	处于劳动年龄的移民数量 2017	移民劳动者数量 2008	移民劳动者数量 2012	移民劳动者数量 2017
整体	非洲	1 330.4	1 540.9	2 544.1	1 029.0	1 178.2	1 965.5	751.4	860.5	1 440.1
整体	中部	180.7	197.9	320.1	133.1	145.6	239.8	96.6	105.7	174.4
整体	东部	290.8	357.9	678.0	215.0	265.7	497.1	156.1	192.9	360.8
整体	北部	109.7	127.0	183.7	90.0	104.4	149.8	66.7	77.3	110.8
整体	南部	217.2	249.1	668.4	185.0	212.0	567.2	135.2	155.0	419.7
整体	西部	531.9	609.0	693.9	406.0	450.6	511.7	296.7	329.6	374.4
男性	非洲	713.3	819.7	1 350.6	562.9	638.8	1 064.9	439.1	496.4	830.3
男性	中部	91.8	100.1	164.9	68.1	74.0	124.9	53.1	57.7	97.4
男性	东部	148.0	182.2	342.3	109.4	135.3	251.9	85.3	105.6	196.5
男性	北部	69.5	79.6	113.6	58.6	67.1	95.0	45.6	52.3	74.1
男性	南部	118.2	135.6	364.6	102.6	117.7	316.9	80.0	91.8	247.9
男性	西部	285.8	322.3	365.3	224.3	244.7	276.3	174.9	189.0	214.4
女性	非洲	617.1	721.2	1 193.4	466.1	539.5	900.6	312.3	364.1	609.8
女性	中部	88.9	97.8	155.2	65.0	71.5	114.9	43.5	47.9	77.0
女性	东部	142.9	175.7	335.7	105.6	130.4	245.2	70.7	87.4	164.3
女性	北部	40.2	47.5	70.1	31.4	37.3	54.8	21.0	25.0	36.7
女性	南部	99.0	113.5	303.8	82.4	94.3	250.3	55.2	63.2	171.8
女性	西部	246.2	286.7	328.6	181.7	205.9	235.4	121.8	140.6	160.0

- 资料来源：African Union(2020)。

附表 3-2 非洲国家的签证开放程度

国　家	签证开放排名	免签国家数量	落地签国家数	允许电子签证	批准 AfCFTA	同意加入 SAATM	签署 PFMP
塞舌尔	1	53	0				
贝宁	1	53	0	✓		✓	
冈比亚	1	53	0		✓	✓	✓
塞内加尔	4	22	31	✓	✓	✓	✓
加纳	5	24	28		✓	✓	✓
卢旺达	6	18	35			✓	
乌干达	7	18	34	✓	✓	✓	
几内亚比绍	8	13	40				
尼日利亚	8	17	35		✓	✓	
佛得角	10	16	36			✓	
肯尼亚	11	18	33		✓	✓	✓
多哥	11	14	38	✓	✓	✓	
莫桑比克	13	9	44	✓		✓	✓
毛里塔尼亚	14	8	45				
毛里求斯	15	27	21	✓	✓		
埃塞俄比亚	16	2	51		✓	✓	
科摩罗	17	0	53	✓			✓
索马里	17	0	53	✓	✓		
吉布提	19	0	52	✓			
马达加斯加	19	0	52				
坦桑尼亚	21	16	25	✓			✓
塞拉利昂	22	13	17		✓	✓	✓
津巴布韦	23	17	10		✓	✓	✓
布基纳法索	24	16	11	✓	✓	✓	✓
马拉维	25	15	11				✓
赞比亚	26	14	11	✓			
科特迪瓦	27	22	0	✓	✓	✓	✓
几内亚	27	22	0	✓	✓	✓	✓
马里	29	20	2		✓	✓	✓
突尼斯	30	21	0	✓			
尼日尔	31	18	0		✓	✓	✓
博茨瓦纳	32	17	0			✓	
斯威士兰	32	17	0	✓	✓	✓	
南非	32	17	0	✓	✓	✓	

续表

国　家	签证 开放排名	免签 国家数量	落地签 国家数	允许 电子签证	批准 AfCFTA	同意加入 SAATM	签署 PFMP
莱索托	35	16	0	✓		✓	✓
安哥拉	36	10	7				✓
乍得	37	14	1		✓	✓	✓
中非	38	14	0			✓	✓
利比里亚	38	14	0			✓	✓
纳米比亚	40	13	0	✓			
刚果	41	5	8			✓	✓
加蓬	42	9	0	✓	✓		✓
圣多美和普林西比	43	8	0	✓	✓		
喀麦隆	44	7	0	✓	✓	✓	
民主刚果	45	4	3			✓	
阿尔及利亚	46	6	0		✓		
布隆迪	46	6	0				
摩洛哥	46	6	0			✓	
南苏丹	49	0	5	✓			✓
埃及	50	0	4		✓	✓	
厄立特里亚	51	1	2				
苏丹	52	0	2				✓
赤道几内亚	53	1	0		✓	✓	
利比亚	53	1	0				
西撒哈拉				✓			

- 注：免签和落地签国家数量均为该国向非洲其他国家提供的免签和落地签总数，不包括非洲以外国家；SAATM 为单一非洲航空运输市场（Single African Air Transport Market），目前有 33 个国家签署；PFMP 为人员自由流动议定书（Protocol on Free Movement of Persons），目前已有 32 个国家签署。
- 资料来源：African Development Bank(2020)。

第四章
先进技术跨国转移的机制与政策

技术已经成为推动生产力快速发展的核心要素,技术的生产力性质主要体现在高于传统生产要素的边际贡献率和边际替代率。技术能力的提升和创新体系的建设是我国全球竞争力增强和经济发展水平提高的基础,也是在构建新发展格局进程中畅通产业循环、市场循环、经济社会循环、国际国内循环的根本动力。本章继续沿循"理论—目标—机制—政策"的研究框架,在对先进技术跨国转移进行多维度理论阐释的基础上,分析技术要素转移的目标和机制,进而提出在新的发展阶段我国积极拓展国际大循环、持续推进先进技术跨国转移的前提下,立足于提高技术转移效率和增强自主创新能力,在关键时刻可以做到自我循环的政策建议。

第一节 先进技术跨国转移的理论阐释

技术转移的概念出自英文词组"Technology Transfer"。在1964年举办的第一届联合国贸易发展会议上"技术转移"被正式提交会议讨论。会议认为,技术转移可以作为解决南北差异的重要手段,有利于帮助发展中国家增强能力建设,缩小南北贫富差距。联合国支援发展中国家的报告《国际技术转移行动守则》指出,本守则的技术转移是指"关于制造某件产品、应用某种制作方法或提供某项服务的系统知识的转移,但涉及货物销售或租赁的交易不在此列"。具体而言,技术转移一般有纵向和横向两种含义。纵向的技术转移专门指代科技成果商业化,从研发到产业化的一系列过程。横向的技术转移是指技术在不同的主体之间流转,包括国内技术转让以及国际层面的技术转让,其中国际技术转让是指不同国家或区域民商事主体之间的技术所有权或许可权的转移(马忠法等,2018)。国际技术转移的过程表现为技术输出和技术输入两个方面,由技术转移主体(技术供方和技术受方)、技术转移客体(技术)、技术转移行为三个要素组成(张玉杰,2000)。在此过程中,诸多因素对国际技术转移的成败产生影响,这些因素包括技术供方与技术受方的合作意愿和接受能力、技术转移机会、技术选择、转移方式等(乔翠霞,2015)。图4-1显示了国际技术转移的简单流程及主要影响因素。从世界经济来看,国际技术转移已经成为推动全球经济、社会和科技发展的重要动力,相关的理论研究也日益丰富。

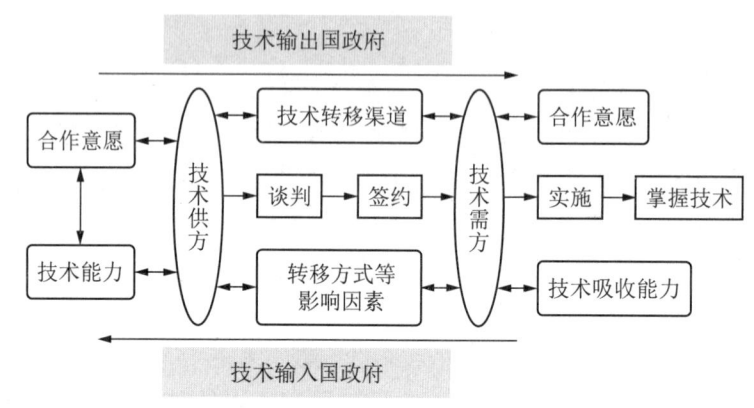

图 4-1　国际技术转移的简单流程及主要影响因素

•资料来源:刘雪、孙笑非、李金惠,2016。

一、基于动因研究的国际技术转移相关理论

国际技术转移动因理论包括了技术差距论、需求资源关系论和后发优势论。技术差距论缘起于以科学发明、技术创新的推广过程来解释国际贸易的发生和发展,进而递进到先进技术转移的动因分析。需求资源关系论的研究起点在于需求与资源的匹配性。

技术差距论认为世界各国之间的技术差距是国际技术转移的前提条件,同时世界技术存在二元结构。自刘易斯提出世界经济存在二元结构以后,美国学者波斯纳(Posner,1961)在《国际贸易与技术变化》一文中提出了国际贸易的技术差距模型。他认为世界技术领域存在二元结构,技术实际上是一种生产要素,并且实际的科技水准一直在提高,技术领先的国家具有较强开发新产品和新工艺的能力,这形成或扩大了其与技术落后国家之间的技术差距,进而有可能暂时享有生产和出口某类高技术产品的比较优势。随着技术被进口国的模仿,这种比较优势消失,由此引起的贸易也就结束。此后,一些学者对技术差距论进行了统计检验,提供了经验证明。如果缪尔卡(Gomulka,1971)和科恩沃尔(Cornwall,1976)认为落后国家引进先进国家的技术,实现高速增长的能力,并不完全是技术差距的函数,还要受

到落后国家原有技术能力、工业技术基础、用于资本积累和技术变革的资源数量以及制度和文化环境等因素的制约。之后，随着国际经济和国际贸易所呈现的新特点，如模仿国的需求时滞和反应时滞缩短、创新国延长掌握时滞和创新步伐加快(孙赫，2013)，技术差距理论衍生出两种模式(童书兴，1993)：一种是以美国学者克鲁格曼(Krugman，1979)的研究为代表的纯技术差距模式(Discrete Models)，该模式不考虑产品生产技术的密集程度；另一种是以西摩尔(Cimol)和索艾特(Soete)为代表的综合技术差距模式(Model with a Continuum Goods)，这类模式考虑了技术密集程度。

按照克鲁格曼(Krugman，1979)提出的技术转移一般均衡论，发达国家不断开展技术创新，当创新产品变为成熟产品，该技术则由发达国家转移到发展中国家，发展中国家由于获得技术转移，福利水平得以提高。技术转移正处于这样一种均衡结构，即发达国家总是生产和出口创新产品，发展中国家总是生产和出口成熟产品。在该均衡结构中，技术创新使资本的边际产出率提高，从而吸引资本流入；技术转移导致的资本流动，使新产品能在较低的资源成本下生产，从而使全球生产要素发生更有效率的配置，各个要素市场也能达到均衡状态。如此，发达国家与发展中国家之间就需要经常保持一定的技术差距，发达国家不间断的技术创新，不仅是维持其竞争地位的需要，更是维持其福利水平不下降的必要条件(骆新华，2006)。如果发达国家创新速度下降或者技术转移的进程加快，发达国家与发展中国家的工资差距和技术差距都会缩小，从而导致发达国家的福利水平下降，于其发展不利。而在综合技术差距理论之下，发达国家在高技术上占据优势，生产技术密集型产品，发展中国家生产和出口仿制产品，然后两类国家进行互换。西摩尔和索艾特认为，贸易竞争力由什么决定取决于商品类型。中级和低级的技术密集型产品，其国际竞争力大小主要依赖于生产率提高的程度，这类商品的贸易多决定于比较成本法则；高技术密集型产品的生产其国际竞争力取决于研制新商品的能力，这类商品的贸易模式主要依赖于创新上所具有的绝对优势。韩国学者金泳镐(1981)则提出了边缘技术双重差距理论，即"技术转移差距"与"技术积累差距"。前者指"中心"与"边缘"在技术发展阶段或技术体系方面存在的差距，表现为"中心"转让的技术与"边缘"所需的技术不相适应。"技术积累差距"是指"边缘"由于技术人员、技术工人的数量与质量都存在不足，从而难以与"中心"转让的技术结合。整体而言，技术差距论揭示了由于技术差距而给后进国家的工业化和经济发展带来的潜在优势,但另一方面却忽视了这种技术差距也是使后进国家在国际分工和国际贸易中处于不利地位的一个重要根源(邱立成,1993)。

基础 NR 理论源自日本学者斋藤优(1985)的著作《技术转移理论与方法》,在该书中他提出了"NR 关系假说"。NR 关系假说认为一个国家的经济发展及其对外经济活动,受该国国民需求 N(Needs)与该国的资源 R(Resources)关系的制约,为满足 N,需要手段、技术、资本、劳动力、原材料等 R 与之相适应;如果 R 不足以满足 N,就会形成"发展瓶颈"。NR 关系不相适应正是国际技术转移的原因,因为新技术能够节约成本和劳动,节约原材料甚至发现原材料,从而弥补 R 的不足,使 R 适应 N(骆新华,2006)。我国学者孙斌和曾伟(2003)提出了基于技术商品化的"NRA"技术转移理论,指出技术转移是科学技术在技术需求(Need)、资源(Resources)与能力(Ability)三者相互协调的情况下所作出的必然选择。"NRA"三者相辅相成,对于技术转移行为的成功实现缺一不可,三者的有效均衡才能引发、诱导和保证成功的技术转移。

后发优势理论一般认为由格申克龙(Gerschenkron,1962)最早提出。他在总结德国、意大利等国经济赶超成功经验的基础上提出了著名的"后起之益"说,认为后发优势的特殊益处是与其经济的相对落后性共生的,是来自后发国家落后本身的优势。一个国家在经济发展初期越落后,它的起始发展速度就越快,引进技术是后发国家工业化和经济发展的重要推动力量,前提是后发工业国可以清除国内阻碍工业化和引进技术的制度性障碍。诺兰和伦斯基(Nolan 和 Lenski,1995)将后发优势的存在归因于发达国家沉重的创新成本,后发国家则可以避免这种高昂的研发负担,并可以以较低的成本引进发达国家的技术。由于技术后发国的模仿成本远远低于技术领先国的创新成本,后发国可以通过技术模仿使得其经济有条件收敛于技术领先国(Barro 和 SalaI-Martin,1997)。我国学者胡鞍钢(2003)则提出,后发国家可以利用发达国家的先进技术推进工业化,从节约研发成本的角度来看是有优势的。不仅如此,后发国家通过引进发达国家的先进技术,在经济增长率上的表现甚至会优于发达国家,经济最终出现收敛并接近或赶上发达国家水平(林毅夫和张鹏飞,2005)。从世界经济发展现实来看,19 世纪下半叶以来,有三次后发国家凸显后发优势,通过提升技术水平实现了技术赶超。第一次是产业革命之后美国吸收英、德的先进技术,利用 42 年时间实现对英、德技术的赶超;第二次是"二战"后日本利用 37 年时间实现对美国的技术赶超;第三次是20世纪60年代以来东亚一些国家或地区效仿日本技术创新模式,迅速实现对日本的技术追赶(郭熙保,2016)。我国也是充分利用了后发优势才收获了比发达经济体更高的经济增长率,1979年以后我国开始发展那些劳动密集型的符合我国比较优势的产业,带来了有后发优势的33年(林毅夫,2013)。

二、基于机制研究的国际技术转移相关理论

国际技术转移机制理论着重于从技术转移的机制入手,分析由于知识和技术的公共产品属性所带来的技术转移。内部化理论沿用了美国学者科斯(Coase)的新厂商理论和市场不完全基本假定。早在20世纪70年代乔纳森(Johnson,1970)等学者就提出知识可以零边际成本进行转移,这是因为销售知识的市场不完善,负责创造知识的企业面临一种困境,即他们无法独自占有和使用这种知识所带来的收益,由此产生了知识的外部性特征,而市场机制无法消除产品的外部性,难以充分保障产品所有人权益,因此不如转入企业内部予以解决。该理论的主要代表人物是美国学者巴克利和卡森(Buckley和Casson,1976)、加拿大学者拉格曼(Rugman,1980)。巴克利和卡森对于内部化理论做出了里程碑意义的阐述,他们认为企业之所以从事对外直接投资活动,是由于中间产品市场的不完全性:为了获得最大限度的利润,企业在跨国经营活动中将中间产品市场内部化。他们的实证研究则表明垂直一体化的跨国公司更广泛地存在于高技术行业(研究密集型行业),原因在于该类行业的贸易活动不仅包括中间产品的交换,还包括管理费和特许权使用费的国际转移。拉格曼则提出了更为有力的命题,他认为跨国公司的兴起源于信息市场失效的国际化。跨国公司创造的产品没有一个恰当的市场来销售,因此无法定价;于是跨国公司被迫创造他们自己的内部市场,以此来克服外部市场的失效,实现信息的销售。在内部化理论中,跨国公司是创造知识并将知识变革为经济上可获利的产品和服务的高效组织,其是否会内部转移技术的重要标尺是该企业转移技术的效率(李水蓝,2015)。跨国公司发生国际行为的核心因素是中间产品,当这一中间产品是知识时,企业内部化的动机尤其强烈(许劲等,2020)。整体而言,内部化理论将原本只用于解释企业在国内的形成动机与组织规模扩展原因的内部化概念引入国际直接投资领域,强调了技术保护对企业竞争的重要意义(高健,2007),但该理论较为侧重于技术本身的特点和技术市场的不完全性,

过分强调企业的外部因素,而较少关注企业内因,特别是跨国公司技术创新的动机与其技术转移内部化之间的因果关系(林洁,2000)。

技术转移选择理论的代表为美国学者曼斯菲尔德(Mansfield,1975),他认为企业在生产要素供给能够得到满足,出口又能获得最大利益的条件下,大概率选择直接投资,因为这种投资有利于控制技术专有权,从而在国际上保持技术优势和垄断。另一位美国学者凯夫(Kaff,1976)在上述选择理论基础上,认为技术转移机制就是商品交易的均衡机制:由于技术市场的不确定性和市场竞争结构,拥有无形资产的企业只能进行技术转移,从而使该技术的价值得以实现。美国学者邓宁(Dunning,1977)则把对外直接投资、国际贸易、技术转移三者有机结合起来,通过建立国际生产选择模型来分析国际技术转移机制。他认为,在国外拥有区位优势,又能控制技术专有权在国外进行生产的条件下,跨国企业一般选择对外直接投资;企业在区位因素影响力吸引力较弱的情况下,倾向于选择出口贸易;企业在内部交易市场不具备一定规模,区位优势又不明显时,才选择技术转移。

技术生命周期理论由日本学者斋藤优(1982)提出,他认为商品输出、对外直接投资和技术转移是按照一定的周期循环的。技术生命周期分为研究→应用→发展→成熟→老化等阶段,且技术生命周期同产品生命周期结合起来,可分为产品革新→工序改革→改进产品和降低成本→技术淘汰等几个阶段(具体见图4-2)。技术转移通常发生在发达国家的成熟/技术老化阶段和产品生命周期的衰退阶段,其对发展中国家的技术转移较多采取了

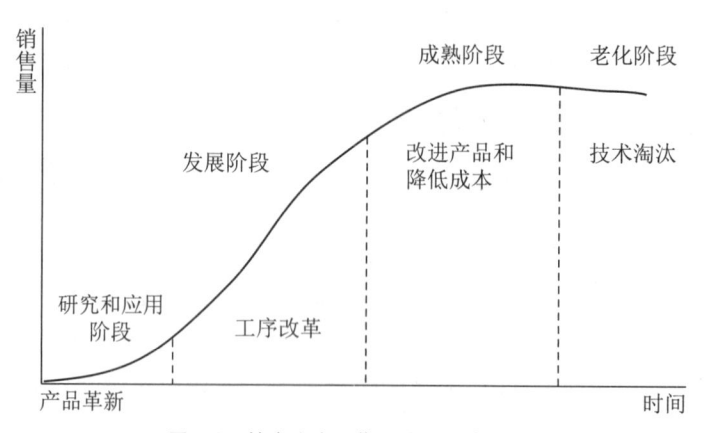

图4-2 技术生产周期和产品生命周期

• 资料来源:斋藤优,1985。

专利权的方式,而较少采取直接投资的方式。按照技术转移的周期过程,一般来说占有新技术优势的企业,在对外经济战略上大致将经历三个阶段(孙春艳,2012):第一阶段是以产品出口获利,有着独占市场的优势;第二阶段以直接投资获利,也就是在出口市场进行直接投资,利用东道国的资源生产产品;第三阶段以技术转移获利,即当东道国扩大生产而利润下降之时,再通过输出技术来获取额外收益。

三、基于技术属性研究的国际技术转移相关理论

如果技术差距论、技术选择论和技术转移内部化理论主要是从发达国家的角度提出,那么技术从属论和适用技术论则主要从发展中国家的角度提出。

技术从属论的主要代表人物是比昂契克(Bion,1990)和贝托索斯。他们认为,发达国家与发展中国家之间存在支配与从属、掠夺与被掠夺的关系,技术转移实质是发达国家维持对发展中国家支配地位的一种手段,是存在目的性的,技术接收方存在被支配的可能性。从这个角度出发,技术从属论的研究者们主张建立符合国际新秩序的"国际科学新秩序",从而改变发展中国家在技术上依附发达国家的那种从属关系。新秩序主要体现在以下方面:一是发展中国家自身建立科技自主体制,在"自助"基础上实行"互助",通过建立科学共同体来加强与发达国家谈判的实力地位。二是废除专利制度,不让发达国家或跨国企业拥有垄断地位,因为科学技术属于全球公共产品和人类共同财富,而专利制度与此相违背,它维护的是科学技术的垄断。三是停止技术引进,从而切断支配与从属关系的纽带。即使需要引进技术,也须把技术从资本、支配权相结合的体制中剥离出来再予以引进。该理论虽然看似对发展中国家的自行发展与进步有一定帮助,但是过于激进,无疑是因噎废食,所以该理论并没有得到多数学者的支持(许可等,2019)。

适用技术论最早可追溯至法国著名技术哲学家埃吕尔(Ellul,1954),他在《技术的社会》中提出,技术与其社会环境的关系决定着技术的本质属性,决定着技术是否是适用的。而关于适用技术这一专属概念的产生,学界公认当推英国学者舒马赫(Schumacher,1963)。舒马赫在《小的是美好的》中较为系统论述了"中间技术论"的主要观点和思想。主要包括:一是如何界定适用技术的概念。舒马赫强调从技术结构、技术水平等内在因素决定技术的属性及其是否适用,他认为"需要一种介于一英镑技术和一千英镑技

术之间的中间技术,可称它为一百英镑技术"。该"中间技术"的技术水平和技术效率要比传统技术高很多,但成本不高。整体上,"中间技术"具有投资较小、规模较小、技术难度较小、易学易懂易掌握、技术效果良好等许多特点,这也正是最初以"中间技术"面貌出现的适用技术的最基本和最主要的特征。二是关于适用技术的开发与实现路径。舒马赫基于对适用技术的界定,强调要从技术层次、序列等自身内在因素出发来考虑技术的开发,具体包括三种途径:调整与改进已有的传统技术,从低端入手;调整与整合现代的先进技术,从高端切入;通过科学实验和技术试验来直接建立和开发中间技术。以舒马赫"中间技术论"为基础发展起来的适用技术论整体上比技术从属论的观点更为温和。支持该理论的学者认为技术从属性是技术转移的必然特性之一,发展中国家确实应当利用联盟等方式来发展适用于自己国情的技术,但是不能否定技术转移和专利制度。技术转移要有目的性和适用性,不能一味追求先进的技术,必须选取适合自己国情或用途的技术进行技术转移。

四、基于载体研究的国际技术转移相关理论

知识转移被认为是知识在不同主体间流动并增值的过程(Teece,1977)。技术知识作为与产品、服务或流程的研发、设计相关的知识与专利,其转移是从原有技术主体或载体溢出,作用于其他主体或载体,并为其他主体所掌握的技术经济活动,是知识由技术所有者向技术使用者转移的过程(张玉臣,2009)。麦耶斯等学者(Mayer et.al., 1995)认为虽然知识流动、技术流动、智力流动有着不同的内涵,但事实上都有着不可分割的密切关系,技术转移实际上就是知识的转移和流动,技术的差距实际上就是知识水平的差异。诺那卡(Nonaka, 1996)的知识螺旋模型强调了知识转移的前提是知识创造,知识将经历社会化—外部化—整合—内部化的过程。弗兰克(Frank, 2012)的知识转移过程模型则将转移划分为知识识别、知识加工、知识传播和知识利用四个阶段。影响知识转移的因素很多,涉及产业性质、对外直接投资、研发机构等。一般而言,专利密集型产业较非专利密集型产业的专利知识更容易进行知识转移,因为该类产业的专利技术更符合国家战略发展的需求,与战略性新兴产业和高新技术的契合度更高,更有助于形成更广阔和大规模的知识网络,有利于较深难度和更广范围的技术知识完成知识转移(姜南等,2020)。在跨国并购中,当合作双方拥有的技术

或知识与新知识相似时,有利于技术知识转移;基于一致性程度高的研发系统,也有助于技术知识的交流与共享,实现技术知识的有效转移(王向阳等,2020)。而面向产业的、具有集成功能的新型科研组织的兴起,能够在知识转移的各个阶段通过发挥自身功能降低转移障碍,促进知识的整合和加工,提升知识转移的质量和效率(马文静等,2021)。

人才流动论(王福波,2008)认为:国际人才流动带来的就是技术流动,某些情况下技术转移并不需要明确的法律依据,只需要通过人才流动就可以实现,不同国家不同组织人才能力的差距,就形成了技术差距,从而实现了技术转移活动。尤其是在经济全球化进程中,世界各国和各企业都更加重视新技术、新想法、创造力和创新等无形生产要素,而这些要素都与人才相关(Clements,2009)。伴随着国际投资、国际贸易和国际研发等经济活动国际化程度的持续增长,不仅资本等传统生产要素在全球范围流动的规模越来越大、速度越来越快,而且作为重要生产要素和资源的人才的国际流动也成为一种普遍现象(魏浩等,2012)。越来越多的国家和跨国公司在坚持增加技术性人才的前提下,积极实行人才本土化战略,通过开设海外研发机构、投资办厂等形式,吸引他国技术人才(廖卫鹏,2007)。但在引进高技术外国劳动力实现技术转移的同时,也需对高技术外国劳动力的流入数量、停留时间和工资进行限制,防止高技术劳动力流动对东道国就业产生不利影响(宋雅楠,2011)。

技术转移论可追溯至熊彼特(Schumpeter,1912)的技术创新理论,而索洛(Solow,1956)提出的新古典经济增长模型标志着外生技术资本时期的来临。罗默(Romer,1986)则将技术作为内生变量加以研究,展现了一个颠覆传统的收益递增模型,这一模型打开了对技术资本的研究视角,使技术真正成为独立的生产要素,并与劳动、设备和资本等要素共同推进经济增长。进入21世纪之后,虽然第二和第三次产业革命带来了科学技术迅猛发展和社会生产力的极大提高,但发展中国家和发达国家之间仍存在巨大的经济发展水平差距。对此,赫尔南多(Hernando,2012)在《资本的秘密》一书中分析认为,只有将技术资本化,技术在生产中的作用才能真正发挥出来,技术转化为技术资本需要经过生产劳动、登记产权和投入生产三个阶段。麦克拉坦和普雷斯科特(McGrattan和Prescott,2009)将技术资本和技术转移置于一个框架内开展研究并做出重要贡献。他们认为,开放环境下技术资本更容易转移和有效利用,技术转移对技术收益的放大效应,其原因在于技术资本在主体经营范围内的非排他性特点,即可以以近乎零边际成本同时运用于不同的地点。与其他技术转移一样,外国直接投资是技术资本转移的重要途径,但转移过程中需要注意不同东道国对技术学习能力和政策等存在的差异(Driffield,2004)。以中国为例,中国自1978年以来取得的飞速发展主要得益于技术资本的获取,包括收购国外技术和复制学习国外技术进而提升转化(Holmes et. al, 2011)。中国科技水平和经济发展水平已达到新的高度——从技术学习引进阶段,到"一带一路"建设中部分行业进行基础的输出,技术资本的低复制成本和高边际贡献,势必成为中国企业新的增长源泉(罗福凯和杨本国,2018)。

综上,围绕先进技术跨国转移的理论可从转移动因、转移机制、技术属性和转移载体进行分类,理论基础各有依据,核心观点各有特色。这也说明了学者们对国际技术转移这一研究命题的长期关注和持续探讨,表4-1列示了代表性理论的基本情况。

表4-1 国际技术转移代表理论一览

分类	理论基础	理论名称	代表人物	核心观点
转移动因	国家之间的技术差距决定了是否进行技术转移	技术差距论	波斯纳	转移的条件是双方存在技术差距
		技术差距均衡论	克鲁格曼	可以保持技术差距处于均衡状态
		技术双重差距论	金泳镐	转移绩效由双方的条件共同决定
	需求与资源等决定了是否进行技术转移	基础NR论	斋藤优	应考虑需求和资源相结合相适应
		商品NRA论	孙斌和曾伟	除了需求和资源外,还应考虑能力的适应性
转移机制	技术作为公共产品易于跨国界转移	技术转移内部化理论	拉格曼	内部转让才能绕开市场的不完全性
			巴克利和卡森	知识和内部市场的内部化导致了企业的高度跨国经营
	技术转移是多种途径中的一种选择	技术转移选择论	曼斯菲尔德	是国际技术交流非最优的选项
		条件选择论	凯夫	是国际技术交流的最优选
		反条件选择论	邓宁	是否为国际技术交流的最优选,应考虑不同的情况
		技术生命周期论	斋藤优	是国际技术交流的必然环节
技术属性	技术转移是技术发达方对不发达方的控制方式	技术从属论	比昂契克	是发达国家掠夺控制发展中国家的一种手段,且否认技术转移与专利制度
		适用技术论	舒马赫	发展中国家确实应当利用联盟等方式发展适用于自己国情的技术,但不能一味否认技术转移与专利制度

续表

分类	理论基础	理论名称	代表人物	核心观点
转移载体	知识转移论	技术转移是知识、人才或资本的转移	麦耶斯	实际上是知识的转移和流动,技术差距事实上是知识水平的差距
	人才流动论		王福波	国际人才流动带来技术流动
	资本流动论		麦克拉坦和普雷斯科特	在开放环境下,技术资本更容易转移和有效利用

• 资料来源:许可、肖冰、贺宁馨,2019。

需进一步说明的是,科学技术是一个不断动态演进的过程,各国对先进技术跨国转移的态度在不断转变,相关研究也不断取得进展。在百年之未有大变局的背景之下,先进技术跨国转移与国际政治关系、国际经贸格局挂钩的趋势正在全球蔓延,与国家安全紧密联系在一起的态势也日益明显(张亚峰等,2022)。2008年国际金融危机之后,发达国家进入了长期的"平庸增长",时至今日,仍未发生可持续的复苏反弹,而是陷入国际货币基金组织所称的"新平庸"时代。国际环境复杂多变叠加国内经济增长压力,发达国家对本国技术保护的倾向更加明显,如美国2018年出台的《出口管制改革法案》,将新兴和基础性技术纳入管控范围,并引入新的审查标准,使技术管控更为严格;又如新冠肺炎疫情暴发之后,以欧盟为代表的发达国家对公共卫生、生物技术、先进制药等行业的技术转移愈加敏感也愈加严格。与此同时,以我国为代表的一些发展中国家则持续完善先进技术跨国转移的法律法规,积极推进国际技术交流与合作,加快实现高水平技术的自立自强,并逐步从单一技术输入国向技术输入国与技术输出国并行转变。鉴于先进技术跨国转移所呈现的新趋势和新特征,相关研究背景、研究逻辑和研究主题等内容也势必进行调整和更新,这些议题也将成为后续研究的重点。

第二节 先进技术跨国转移的目标

在多次技术革命浪潮的影响下,各国均重视科学技术对国内创新能力和经济发展的促进作用,把引进国际先进技术作为本国的重大战略决策之一。不过各国在引进技术时,均根据本国国情和社会经济条件,因时而异并因地制宜地明确目标定位,进而采取合适的战略措施,从而实现自主技术创新。

一、先进技术跨国转移的目标分析

根据联合国国际技术转移守则,先进技术跨国转移旨在有效帮助发展中国家选择和获得并有效利用适合需要的技术,以进一步提高其创新能力和经济水平,并改善生活条件。

(一)通过先进技术跨国转移提升创新能力

先进技术跨国转移一般分为三类,分别是资本品、服务和设计(capital goods, services & designs)转移、运行和维护技能(skill of know-how for operation & maintenance)转移、技术专业知识(knowledge of expertise behind technology)转移,前两种转移有利于形成或扩大生产能力,而第三种转移则有利于促进创新能力的积累和提升(Bell, 2009)。于技术输入国而言,资本品、服务、设计和运行维护技能等的转移是跨国公司扩大再生产、实现全球利润最大化的必然途径,技术输入国为了保持经济稳定运行,需要维持或发展特定领域的生产能力。但如果技术输入国未能形成自主创新能力,就极其容易形成对发达国家的技术依赖,从而导致经济安全隐患,为经济发展带来潜在风险。因此,创新作为建设可持续性和包容性未来的途径越来越受到发展中国家的普遍关注,创新也越来越处于企业发展战略和国家经济增长战略的核心地位。即使2020年新冠肺炎疫情给全球企业和经济带来不利影响,在适应疫情防控新常态的过程中,各国也在用最为创新的技术来推动复原力,如疫苗的开发。

世界知识产权组织发布的2020年全球创新指数(Global Innovation Index,缩写为GII)表明(见表4-2),全球创新地理分布继续转移,在过去若干年中,中国、越南、印度和菲律宾是创新进步排名靠前的经济体。中国已是连续两年排名第14位,仍然是GII前30位中唯一的中等收入经济体。一些在选定的创新指标中占据榜首的经济体并不是高收入经济体,例如泰国在商业研发中排名世界第一,马来西亚在净出口中排名世界第一,博茨瓦纳在教育支出方面排名世界第一,莫桑比克在投资中位于世界首位,墨西哥则是全球最大的创意商品出口国。可见,越来越多的中低收入国家通过融入全球价值链和创新网络获益,在通过国际贸易、外国直接投资等方式获取先进技术的同时,更着力于提升本国自身的创新能力和技术水平,实则也是在努力摆脱对发达国家的技术依赖并提升国家经济安全水平。

表 4-2　按收入组分类的前 10 位经济体全球创新指数排名

高收入经济体（共 49 个）		中等偏上收入经济体（共 37 个）		中等偏下收入经济体（共 29 个）		低收入经济体（共 16 个）	
名称	全球排名	名称	全球排名	名称	全球排名	名称	全球排名
瑞士	1	中国	14	越南	42	坦桑尼亚	88
瑞典	2	马来西亚	33	乌克兰	45	卢旺达	91
美国	3	保加利亚	37	印度	48	尼泊尔	95
英国	4	泰国	44	菲律宾	50	塔吉克斯坦	109
荷兰	5	罗马尼亚	46	蒙古	58	马拉维	111
丹麦	6	俄罗斯	47	摩尔多瓦	59	乌干达	114
芬兰	7	黑山	49	突尼斯	65	马达加斯加	115
新加坡	8	土耳其	51	摩洛哥	75	布基纳法索	118
德国	9	毛里求斯	52	印度尼西亚	85	马里	123
韩国	10	塞尔维亚	53	肯尼亚	86	莫桑比克	124

• 资料来源：世界知识产权组织《2020 全球创新指数报告》，2021。

（二）通过先进技术跨国转移促进经济增长

先进技术跨国转移可通过创意扩散、知识溢出、工艺提升、研究开发等方式促进技术接受国的经济增长。其运作机理在于：技术转移将技术、科技产品和产品市场三个节点紧密联系起来，不断实现技术的再创新和创新技术的转移，创造更多的社会需求，实现技术进步对经济增长的带动效应（牛茜茜等，2015）。对于技术落后的发展中国家而言，发达国家的先进技术转移对其经济发展尤其重要（Acemoglu et al.，2001）。一方面发展中国家通过吸收和利用发达国家的先进技术提升本国生产能力和科技实力，促进产业结构调整和优化，提高人员素质与技能，进而促进经济增长；另一方面，经济增长也为技术转移提供了资金、人才、厂房设备等方面的支持，并促进知识产权保护体系和技术市场环境的改善，为先进技术跨国转移创造良好的制度保障和运行环境。如此，先进技术跨国转移与经济增长之间形成了良性互动关系，或者说技术输入国在参与国际大循环中引进了促进经济增长的先进技术要素，再将该要素吸收和转化为国内大循环所需的重要内生动力。

需进一步阐释的是，技术要素引致的经济增长可分为"原发式技术进步模式"和"引进式技术进步模式"。前者是一种不具备要素偏向性的外生技术进步，能够等比例提高所有要素的生产率；后者则是一种要素偏向型技术进步,是以物质资本投资为实物载体、通过购买先进设备、软件、专利以及合资合伙等方式实现的技术进步(陈璋和黄伟,2009)。发展中国家承接发达国家的技术转移,基本沿循的就是"引进式技术进步"增长模式。这一模式的动因在于发达国家为追求更高的利润率,将其边缘产业和技术领域的资本向发展中国家转移。在转移的起始和发展阶段,该种模式的确形成了一段时间的双赢格局:发达国家延长了所转让技术的生命周期并谋取了超额利润,发展中国家的企业无须再考虑技术风险对市场方向和定位的约束,集中力量扩大产能。但在转移的后期,这一增长模式带来了一系列的结构性问题:一是引致供给侧结构不平衡,体现在技术生产力在不同部门、地区和行业间的不平衡分布,乃至出现生产力的级差和代差;二是引致需求侧结构的不平衡,以内资带动外资的方式,接收转移产业及相关技术,推动了投资和出口的高速增长,但同时导致内需严重不足;三是增长模式不可持续,发达国家为保持自身技术优势势必采取种种阻止核心技术外泄的措施,发展中国家引进技术的成本和难度大大增加,引进技术的速度和规模也将持续下降,经济增速随之下滑(周晓波和陈璋,2019)。这些结构性问题在我国均有充分体现,因为改革开放以来我国就采取了以"引进式进步"促进经济增长。或者说,投资与技术相结合的增长模式是我国经济长期高速增长的关键。因此,先进技术跨国转移能否促进发展中国家的经济增长,在不同国家乃至同一国家的不同发展阶段,结果均有差异。技术转移是否真正有益于发展中国家的经济增长,取决于发达国家能通过哪些路径来帮助发展中国家改变其资源基础,同时发展中国家要依托本土化的技术研发和创新努力来实现市场资源配置的优化、企业经营行为的调整,以及政府治理模式的改善。

二、先进技术跨国转移的典型案例分析

纵观目前全球技术领先的主要国家,它们基本经历了从先进技术引进到自主技术创新的历程,或者说通过参加国际大循环获得先进技术,再以先进技术促进国内大循环,进而实现创新能力提升和经济水平提高的双重目标。

(一)美国开展先进技术跨国转移的简要分析

美国建国之初,很大程度上只能算一个自给自足的经济体,或者说此时美国经济处于以"内循环"为主的阶段,经济特征体现为"注重工业,统一市

场"(江齐明,2021)。该阶段美国北方工业部门难以参与国际竞争,国内经济运转主要依靠南方的农业生产,"内循环"是受制于经济发展实力和南北发展差距的现实选择。法国外交家塔列朗(Talleyrand, 1796)对初建国的美国曾如此描述:"制造业还处于起步阶段,炼铁厂的数量很少,玻璃厂的数量也不多,有几家制革厂。生产开司米毛料的工厂技术不成熟,数量也不充足,有一些地方能够生产一定数量的棉花……这充分说明以前向这个国家出口日常消费制成品的力度还是远远不够的。"

当时,英国在科技、生产、贸易等领域全面领先世界,成为美国的效仿对象。为防止技术外泄,英国采取了严密的防范措施,甚至严禁纺织业主和熟练工人移民美洲,后来还拓展到禁止钢铁业和煤业工人离岸。面对限制,美国商会和制造业主依旧千方百计地获取英国技术并招揽英国工人。建国初期,美国着重于纺织技术和人才的引进,19世纪中叶以后,美国把引进的重点从纺织业转向钢铁业,先后引入贝西默炼钢法和平炉炼钢法(赵文斌,2018)。不仅如此,从1800年开始,美国越来越注重自主创新,并逐步完善知识产权保护体系,尤其是对实用技术的保护,从而推动了汽船、蒸汽机车的发明。得益于1871—1913年制定的《专利法》《宅地法》《鼓励外来移民法》等系列法令,美国吸引了大量欧洲特别是英国的技术人才,并凭借英国的技术完成第一次工业革命,实现了技术与财富的积累(郭吴新,1996),而这些积累又使美国在第二次工业革命中独占鳌头,并促使美国走上了"内外循环"并重的经济发展阶段。

在"二战"结束后的40多年,联邦政府主导了美国的重要科技创新,而且在该创新体系下,新技术新产品又大量转为民用。科技成果转化的过程不仅为资本开辟了广阔的投资空间,也促使产业链条不断延伸,企业生产不断扩张,整体带动了经济循环和社会发展。根据恩格尔曼(Engerman)和高尔曼(Gallman)两位学者的研究,19世纪下半叶(1855—1890年)的美国多要素生产率(Multiple Factor Productivity,缩写为MFP)年均增速明显高于上半叶(1800—1855年),其主要动力在于粗放型增长,包括人口的迅速增长、土地的开垦、全国范围内交通网络的形成,它们给规模经济效益提供了强大的物质基础,从而成为经济增长非常重要的因素。但到了20世纪,这些就让位于技术与组织革新、企业与市场分配效率的提高等因素,尤其是以科学实用知识为基础的科技进步,而且这个快速的进步过程在20世纪持续了将近四分之三世纪的时间。不仅如此,多要素生产率的提高成为美国20世纪迅速增长的劳动生产力与人均实际产出的重要源泉。表4-3中左边部分显示的是资本密集程度与投入质量(要素构成)的提高对提高劳动生产力增长率的相对贡献,右边部分显示的是这些源泉对人均实际产出增长率的贡献百分比。恩格尔曼和高尔曼用长期测算揭示了增长模式的转变,代表技术进步的精确MFP在美国跨世纪的经济转型中起着关键性作用。

表4-3 增长源泉的相对重要性:美国私人经济,1800—1989年　　(单位:%)

时期	粗略的MFP年度增速	精确的MFP年度增速	对劳动生产力增长率的贡献百分比			对人均实际产出增长率的贡献百分比			
			每工时资本	要素构成	精确MFP	人均工时	资本密集程度	要素构成	精确MFP
1800—1855	0.20	0.20	49	—	51	55	22	—	23
1855—1890	0.37	0.37	65	—	35	28	49	—	23
1890—1927	1.39	1.24	31	7	62	−15	36	8	71
1890—1927	1.49	1.34	26	6	67	−4	27	7	70
1929—1966	2.09	1.45	17	25	58	−45	25	36	84
1966—1989	0.66	0.04	46	52	3	33	31	34	2

• 资料来源:恩格尔曼和高尔曼,2018。

(二)日本开展先进技术跨国转移的简要分析

"二战"后,日本工业生产技术较之欧美发达国家大约落后二三十年。从1950年起,日本开始引进国外先进技术,到20世纪60年代进入高潮。1961—1964年,共引进甲类技术①5 256项,乙类技术②3 291项,分别比前期增长207%和80.4%。1971—1975年,共引进甲类技术8 368项,乙类技术2 406项,其中甲类技术增长59.2%。1976—1980年,共引进甲类技术8 303项,略低于前期水平。③技术引进产生了较强的溢出效应,更为重要的是把创新思想深深地根植于日本人的头脑中。在技术立国战略的引领下,日本不仅引进技术,还重视对其积极消化、吸收、推广和扩散;不仅重视研究开发,更重视技术与创新在生产中的具体应用。如美国研究人员发明了超大规模集成电路方面的突破性技术,但没人能生产它们。不久日本研究人员后来居上,主要是在大规模集成电路生产工艺上做了增强改进(刘忠远和张志新,2010)。整个70年代,日本通过技术引进,叠加企业自发模仿和改

---

① 甲类技术:合同期限或付款期限超过一年的项目。
② 乙类技术:合同期限或付款期限不满一年的项目。
③ 根据日本经济企划厅《经济白皮书》和日本科学技术厅相关数据整理。

进,发展了大规模集成电路、光导纤维、智能机器人、新型陶瓷等先进技术。进入80年代以后,在科技立国战略之下,日本更注重自主研发并出口新技术。其中,通产省的产业政策对日本实现"科技立国"起到至关重要的作用,表4-4显示了"二战"以来日本产业政策向"技术立国"和"科技立国"转变,技术政策则从技术引进向自主创新转变。

表4-4 "二战"后日本产业政策和技术创新方式

时间	目标	主要内容	主流技术创新方式
"二战"后	贸易立国战略	发展劳动密集型的轻纺工业	进口成套设备
20世纪50年代中期至60年代	重工业发展战略	发展重工业体系,重点发展电力、钢铁、化工等产业,向资本密集型产业转型	购买技术专利技术合资,建立合营公司
20世纪70年代	技术立国战略	在油价攀升、贸易摩擦和发达国家技术限制背景之下,依托技术创新和技术进步调整产业结构	依赖技术引进,通过企业自发模仿和改进进行研发
20世纪80年代	科技立国战略	重点支持知识密集型新兴产业,大力发展超大规模集成电路、第五代电子计算机、高清电视、智能机器人等高端产业及生物产业等下一代基础产业部门	注重科技自主创新

• 资料来源:小宫隆太郎,1988;王永生,1999。

创新能力提升直接提高了日本产品的市场竞争力。20世纪70年代,美国对日出口以精密仪器、化学制品和汽车为大宗,约占50%,初级产品约占30%。至1984年,美对日出口主要为食品、饮料、烟草、原材料等;美从日进口的商品构成以精密仪器、电视机、半导体、各类汽车为主。虽然日本依旧从美国进口精密仪器、电视机和半导体,但较之同类产品日本对美国的出口而言,两者差距高达26.3%,具体见表4-5。以汽车为例,1980—1982年,日本汽车占据了美国市场的22%。日本汽车在平均成本和故障率上明显优于美国汽车,日本汽车的平均成本比美国汽车要低2000美元。每辆新福特的故障率为6.7%,新通用的故障率为7.4%,新克莱斯勒的故障率为8.1%,而每辆日本汽车的故障率仅为2.0%。因此,日本汽车因能耗低、价廉物美、竞争力强而一直处于上升趋势。整体来看,"二战"后日本实现海外市场扩张和经济高速增长是源于吸收国外先进技术,在利用本国娴熟劳动力的基础上,政府部门进行行政指导和科学管理的结果(Patrick和Rosovcky,1976)。

日、美两国之间的技术贸易结构也在逐步发生变化。表4-6显示了两国在1975—2000年技术贸易额变化情况,从中可以看出:一是日本的技术

表 4-5　1984 年日本对美国进出口商品结构　（单位:%）

商　品	日本从美国进口的商品构成	日本对美国出口的商品构成
原材料	19.0	0.1
食品、饮料、烟草	22.1	0.8
矿物燃料	7.7	0.1
化学制品	12.5	2.3
精密仪器、电视机、半导体	16.7	43.0
各类汽车	0.8	26.5
轻纺工业品	6.0	12.7
交通、电讯机器	4.4	4.9
其他	10.8	9.6
总计	100.0	100.0

- 资料来源:史惠康,1987。

表 4-6　1975—2000 年日美技术贸易额的变化及对比　（单位:百万美元）

年份	日本 输出(A)	日本 输入(B)	日本 A/B	美国 输出(A)	美国 输入(B)	美国 A/B
1975	224	570	0.39	4 300	472	9.11
1980	704	1 057	0.67	7 085	724	9.79
1985	982	1 229	0.80	6 678	1 170	5.71
1989	2 387	2 391	1.00	13 818	2 528	5.47
1990	2 344	2 568	0.91	16 634	3 135	5.31
1993	3 600	3 264	1.10	20 323	4 765	4.27
1994	4 522	3 627	1.25	22 272	5 518	4.04
1995	5 973	4 163	1.43	26 953	6 312	4.27
2000	9 813	4 112	2.39	38 030	16 106	2.36

- 资料来源:根据通商产业政策史编纂委员会 2011 年的《通产产业政策史 1980—2000》第九卷的产业技术政策整理。

输出额和技术输入额呈同步上升趋势,但输出额增速明显高于输入额增速,2000 年的技术输出额是 1975 年的 43.8 倍,技术输入额是 1975 年的 7.2 倍。数据还显示,技术输出额和技术输入额于 1989 年实现持平;1993 年开始,技术输出额则持续超过技术输入额,日本也正式成为技术净输出国家。该种变化表明日本从不满足于单纯的技术输入,而是在吸收消化基础上极力开展自主创新并持续强化自身技术优势,从而彻底改变技术落后的局面。二是美国的技术输出额和技术输入额也呈同步上升趋势,但输入额增速明显快于输出额增速,2000 年的技术输出额是 1975 年的 8.8 倍,技术输入额是 1975 年的 34.1 倍。这表明美国作为全球技术最先进的国家之一,已充分认识到技术输入的重要性,并有意识地增强了技术输入的力度(王广涛,2019)。三是美、日之间的技术差距逐步缩小。虽然两国的技术输出额和技术输入额在绝对值上仍有较大差距,但从相对值来看,两国技术输出额与技术输入额的比重在 2000 年已基本持平,这表明美国较之日本的技术优势呈逐步消退态势,日本作为后发国家实现了"技术立国"和"科技立国"的构想。

总之,美国和日本都是在学习、模仿和引进国外先进技术的过程中不断开展技术创新和产品创新,最终以质优价廉的产品获得更多国际市场,进而获得了先进技术的垄断地位。从经济循环的视角来看,两国均立足国内市场,优化供给体系,再以技术创新推动产业转型和产业升级,以产品技术和服务质量的多重优势逐步扩大全球市场份额。可见,自主可控的技术创新是畅通国内大循环的根本动力,也是国内国际双循环相互促进的关键所在。

三、"双循环"新发展格局中的先进技术跨国转移目标

我国早已深度融入经济全球化和国际分工体系,经济循环离不开产业链、供应链、创新链、技术链的国际协同配合,产业技术也离不开国际合作和竞争。因此,在构建"双循环"新发展格局的进程中开展先进技术跨国转移,其客观要求在于高水平对外开放。先进技术转移的理论也表明,积极参与国际大循环,持续提高对外开放水平,是吸引技术和人才的根本路径。

(一)我国现阶段开展先进技术跨国转移的目标

"十四五"期间,在"双循环"新发展格局构建进程中开展先进技术跨国转移,首要目标是实现产业链、供应链的现代化,因为产业链、供应链是大国经济循环畅通的关键。从我国在全球产业链、供应链的位置来看,需区别传统制造业和战略性新兴产业。我国是传统制造业产业链、供应链的中心,拥有完整的生产链条,在机电设备、纺织、造纸、机械设备、运输设备和金属冶炼等领域优势明显,且产业之间能形成聚合优势。同时我国目前正处于战略性新兴产业的中下游环节,近些年正在向高附加值的上游攻坚,对美、德、日等经济体的技术依赖程度较高。尤其在芯片、集成电路、高端软件等关键技术领域存在不少"卡脖子"环节,亟待加强技术攻关力度,发展先进适用技术,引导企业从低端制造业环节向"微笑曲线"两端高附加值的研发、设计、品牌、营销、再制造等环节延伸和拓展(刘勇,2021)。在战略性新兴产业掌

握了高附加值研发设计与核心品牌的国家主要包括美国、欧盟、日本等经济体,处于中下游的除我国之外,还有印度、越南、菲律宾等亚洲经济体。具体见图4-3。

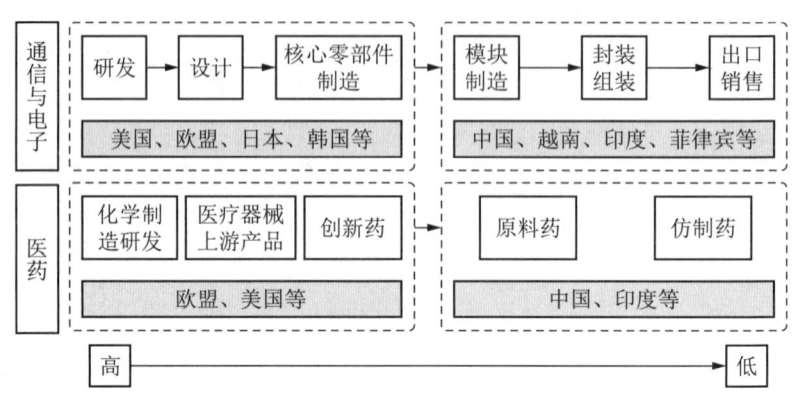

```
通信与电子: 研发 → 设计 → 核心零部件制造 | 模块制造 → 封装组装 → 出口销售
           美国、欧盟、日本、韩国等        中国、越南、印度、菲律宾等

医药: 化学制造研发 | 医疗器械上游产品 | 创新药 | 原料药 | 仿制药
      欧盟、美国等                              中国、印度等

高 ────────────────────────────────→ 低
```

图4-3 战略性新兴产业的全球产业链供应链

• 资料来源:平安证券研究所,2020。

对于产业链供应链的现代化水平提升,中央决策层进行了多次部署。从2015年《中国制造2025》中提出"从制造业大国向制造业强国迈进",到中共十九大报告指出"加强建设制造强国,加快发展先进制造业";从2019年中共中央财经委员会要求"实施产业基础再造工程",到中共十九届五中全会公报明确"加快发展现代产业体系";从2020年5月中共中央政治局常务委员会要求"实施产业基础再造和产业链提升工程",到同年11月"十四五"规划和"2035年远景目标建议"指明提升产业链、供应链现代化水平,这一渐进过程表明了我国对产业链、供应链重视程度的不断提高,从产业智能化到产业集群建设再到产业链现代化水平提升,彰显了我国对不断提升产业链、供应链的稳定性和竞争力,朝着推动形成"双循环"新发展格局聚焦发力的决心和信心。从中央决策层的文件精神来看,提升产业链、供应链现代化水平主要包括以下五个方面的内涵:一是保持制造业比重基本稳定,制造业是提升产业链、供应链现代化水平的重要基础;二是锻造产业链、供应链长板,拥有一批优势长板是产业链、供应链现代化的重要标志;三是补齐产业链、供应链短板,这是提升产业链、供应链现代化水平的紧迫要求;四是深入开展质量提升行动,提高产品和服务质量是提升产业链、供应链现代化水平的重要途径;五是发挥优质企业在产业链、供应链现代化中的重要作用(苗圩,2020)。

正如"双循环"新发展格局的构建是一个渐进过程,先进技术转移也是一个在开放环境中不断合作与竞争的渐进过程,最终目标在于实现以技术创新为基础的高水平自立自强。我国科技发展在进入创新型国家行列的基础上,必须坚持创新在现代化建设全局中的核心地位,把科技自立自强作为国家发展的战略支撑,完善国家创新体系,强化国家战略科技力量,强化企业创新主体地位,提升企业技术创新能力,提升产业竞争力和发展主动权,加速实现关键领域"全产业链"的自主格局。同时发挥海量创新资源优势,深化科技体制改革,加强关键核心技术攻关,尽早实现技术领域本土化和产品供给本土化,大力增强产业链、供应链控制力和抗风险能力,形成更多新的增长点和增长极,打造未来发展新优势,以技术创新的主动赢得国家发展的主动。

(二)我国实现先进技术跨国转移目标所面临的挑战

在构建新发展格局进程中,我国要实现前述目标仍面临诸多的挑战,既有外部挑战,也有内部挑战。在内外挑战交织之中,我国将基于比较优势变换,进一步统筹好国内国际两个大局、利用好国内国际两个市场、打通国内国际两大循环,从而在构建新发展格局中不断开拓新局面,取得新成就。

一是以中美技术博弈为代表的外部挑战。特朗普政府为确保美国在研究和技术方面的领先地位,发起"301"调查,以阻止我国获取美国先进技术与知识产权。特朗普政府的所作所为,充分表明美国打着保护本国知识产权的旗帜,对中国进行不透明的技术管制与制裁的真实目的(李奎和唐林,2019)。拜登政府不仅延续了特朗普时期对华的技术限制和封锁,而且试图通过全方位部署来打压我国科技的发展势头。具体体现在:第一,更加重视并积极加大对基础研究和高新技术的研发投入,以保障美国在高科技领域的全球领先优势,如2022年8月签署了《芯片和科学法案》以支持半导体产业发展;第二,更加着力于巩固现有相对于我国的领先优势并推动美国制造业本土化,以保护其创新性研究及在本土的商业化;第三,借助外部力量组建科技联盟,加强与欧洲在半导体研发等领域的合作,试图将我国置于孤立无援的境地;第四,多渠道遏制中美技术交流,如《2021美国创新和竞争法案》在网络安全和供应链等领域,针对我国提出了一系列防御措施。

二是以关键技术被"卡脖子"为代表的内部挑战。我国目前至少还有35项关键"卡脖子"技术受制于人,以芯片制造设备光刻机为例,目前全球第一大厂商阿斯麦(ASML)已经成功量产7纳米光刻机,我国最好的光刻机加工精度为90纳米;又如操作系统,无论电脑端还是手机端,都是美国公司占据了全球绝大部分市场份额,其他公司目前只能望其项背;再如数据库管理系统,全球最广泛应用的两种系统是美国甲骨文旗下的甲骨文(Oracle)和迈克尔-丁格尔-沃兹基硕德(MySQL),微软、IBM公司也有一席之地,我国在该领域仅有非常小的份额,且稳定性和整体性还有待提升。实践已经充分证明,只有把关键核心技术牢牢掌握在自己手中,才能建立起不受制于人的产业链、供应链,畅通国内大循环(刘元春,2020)。因此,战略性聚焦关键核心技术攻关,是我国继续凭借新型举国体制这个独特优势来培育战略科技力量和战略储备能力的重要部署,也是未来我们掌握更多具有自主知识产权的核心科技和"硬核"产品,助力科技强国建设和国家经济社会发展的必要举措。

第三节 先进技术跨国转移的机制梳理

先进技术跨国转移在不同的框架内通过不同的媒介而推进,而知识产权制度是其核心议题。现有机制可区分为贸易协议、投资协议和多边环境协定下的制度安排,其中《与贸易有关的知识产权协议》(Agreement on Trade-Related Aspects of Intellectual Property Rights,缩写 TRIPs)为先进技术从发达国家向发展中国家的转移做出了基本的制度安排;《与贸易有关的投资措施协议》(Agreement on Trade-Related Investment Measures,缩写为 TRIMs)以促进国际投资自由化为目标为投资项下的技术转移提供了解释和实施依据;《联合国气候变化框架公约》(United Nations Framework Convention on Climate Change, UNFCCC 或 FCCC)则为气候友好型技术的跨国转移提供了约束规范。在具体实践中,国家之间的先进技术转移可以以市场和非市场为媒介,分别依托私人资金和公共资金进行,从而通过技术要素的跨国流动来打通经济循环。

一、在公约和协议框架内的先进技术跨国转移机制

以下主要介绍 TRIPs、TRIMs 和 FCCC 等相关机制。
(一)TRZPs 下的技术转移
TRZPs 是"乌拉圭回合"的一揽子成果之一,其宗旨在于减少国际贸易

中的扭曲与阻力,保证知识产权执法的措施与程序不至于变成合法贸易的障碍。TRIPs协议在明确促进技术转移目标的基础上,规定了应禁止的限制性商业行为,并允许其成员国采取措施规范限制技术转移的行为。TRIPs协议对技术转让的具体规定主要体现在第7、8、31、40和66条。

TRIPs第7条明确了协议的目标,即"知识产权的保护与权利行使,目的应在于促进技术的革新、技术的转让与技术的传播",同时指出了实现目标的两种模式,即"以有利于社会及经济福利的方式去促使知识的生产者与使用者互利,并促进权利与义务的平衡"。该条款为解释和适用TRIPs协议条文提供了重要框架,为衡量成员国立法是否有效保护了知识产权及其实施提供了总体标准(胡玲,2021)。在目标之后,协议第8条继而明确了实现目标的相关原则,其核心在于"以防止知识产权所有者滥用知识产权或藉以对贸易进行不合理限制或实行对国际间的技术转移产生不利影响的做法"。该条款赋予WTO成员国可以采取适当措施以应对知识产权所有者可能采取的不利于国际技术转移的做法的权利。

第31条以"未经权利持有人许可的其他使用"为主题,详细列举了各成员国实施强制许可规定的限制条件,包括个案酌处、申请强制许可的前置条件、使用范围及期限、专利使用费的支付和司法审查,等等。尽管协议授权发展中国家使用强制许可来达成国家目标,但实际上,出于政治原因发展中国家经常不想利用强制许可条款。第40条提出了全体成员国公认的应予禁止的三种限制性商业行为,即与知识产权有关的某些妨碍竞争的许可证贸易活动或条件、可能对贸易具有消极影响、可能阻碍技术的转让与传播。同时提出在符合特定情形下,某成员国可以根据法律条例,采取适当措施防止或控制这类活动;并规定了成员国之间的磋商机制。第66条主题为"最不发达国家成员",第二款明确了发达国家向最不发达国家转让技术机制,"发达国家成员应鼓励其域内企业及单位发展对最不发达国家成员的技术转让,以使最不发达国家成员能造就良好、有效的技术基础"。但第二款下也仅仅报告其对技术转移的激励措施。但实际上没有真正意义上形成可持续、可报告及可核查的提升东道国技术能力的技术转让,政府和国际机构所从事的"转让"只是在技术领域对相关行为者提高技巧方面做出了培训和努力(马忠法等,2018)。

TRIPs作为世界贸易组织的基本法律文件,对知识产权的国际保护做了新的制度安排,是迄今为止知识产权保护范围最广、保护程度最高的国际公约,堪称"知识保护的法典"(曹建明和贺小勇,1999)。但协议整体倾向于发达国家保护知识产权的意志,而对发展中国家和最不发达国家进行技术转让都过于原则和抽象,给予发展中和最不发达国家的可利用之处非常有限。而在实际应用中,发达国家往往强调私人和商业部门是生产技术的主要来源,政府通常无法拥有行使现存生产技术的权利,也不能强迫私人部门转让技术,所能操作的仅仅是对最富有成果的项目提供鼓励、推动或者促进的激励。

关于 TRIPs 协议对国际技术转移的影响,学界有着两极分化的态度。支持者认为协定建立了一种必要的法律机制,在这种法律体系下,企业可以在确定的财产规则下进行交易,国际技术转移交易就会扩大市场范围,使技术形成高端产业群,这一切对于发展中国家可能是有利的。批评者则认为,TRIPs 协议是一种加强发明人全球市场支配力的机制,致使产生了垄断,甚至滥用权利的行为,这或许会阻碍国际技术转移的发展(徐红菊,2012)。并且协议中关于技术转移的条款缺乏强制约束力,很难通过 WTO 争端解决机制要求发达国家履行,从而导致技术转移或流于形式。总体来看,TRIPs 协议基于贸易自由化的基础提出了"全球知识产权最低保护标准",为知识产权交易的全球市场提供了法律依据、规制安排和运作保障,但对于有效解决技术转移中的不平等、广泛提供技术类别的全球公共产品等问题所发挥的作用相当有限。

从 TRIPs 协议的实际操作来看,WTO 的发达国家最早于 1996 起,发展中国家最迟也于 2005 年起,最不发达国家也于 2016 年起全面履行 TRIPs 协议规定的义务,从而在全球范围内进一步扩大与国际贸易有关的知识产权保护,也使得知识产权在全球的保护进入了新的阶段,普遍的共识是只有加强知识产权保护才能促使技术要素在全球的公平转移。但发达国家对技术的垄断加之知识产权的高保护造成转让价格不对等,给发展中国家的技术进步设置了障碍。这种阻碍主要体现在:其一,掌握技术的发达国家为实现其企业利益最大化,在制定 TRIPs 过程中,极大地对知识产权所有权人的权利进行了扩展;其二,在国际技术转移中,当转出者无法获取令其满意的商业利益时,拥有技术的企业会通过政府出面,借助 TRIPs 对技术受让者施加压力,迫使其接受不合理、不公平的转移条件(魏晓雨,2019)。对绝大多数发展中国家来说,过去几十年的特许权使用费和许可费的净支付额显著增加,而美国是该费用的最大受益者。发达国家主张知识产权高保护,以市场机制促使技术转让,是为了最大限度地维护其国内知识产权所有人的权益,使其在专利有效期内垄断利益最大化;而发展中国家和最不发达国家因自身薄弱的技术底子和经济实力以及国际上微弱的话语权,成为在西方主导下的高知识产权保护的牺牲者(胡玲,2021)。

(二) TRZMs 下的技术转移

TRZMs 旨在规范东道国相关投资措施,避免歧视性投资要求限制生产要素自由流动,从而限制和扭曲国际自由贸易。此前,发展中国家的外资立法一般对外国投资实行严格的管制,TRIMs 协议的出台和实施促使这些国家在外资立法上进行了重塑,从而对促进各国外资立法的统一性、公开性具有重要的引导作用(单文宣,2015),同步推动了贸易自由化和投资自由化的进程,也为投资协议框架下的技术转移提供了法律依据。

TRIMs 协议通过第 2 条的一般条款和附录《解释性清单》以列举方式规定了禁止性投资措施。第 2 条"国民待遇和数量限制"禁止成员方在实施与贸易有关的投资措施时违反关贸总协定(GATT)第 3 条的国民待遇原则和第 11 条的取消数量限制原则。附录则列举了关于被禁止的与贸易有关的五种投资措施的指示性清单,包括当地含量要求、贸易平衡要求、外汇兑换限制、出口数量限制和国内销售限制。按照法无禁止皆可为的原则,对第 2 条和附录未列入的投资措施一般被视为允许。

至于技术转移是否属于禁止性投资措施,协议并未予以明确规定,从而导致实践中缺乏可操作性,各国由此根据自身利益来加以理解和运用。美国主张将技术转移作为禁止性投资措施,即东道国不得要求外国投资者将某项技术转移给本国。欧共体和北欧国家认为,技术转移要求虽然可能让外国投资者处于相对不利的地位,但技术转移和扭曲国际贸易之间并无直接联系,不应列入谈判和禁止的范围。发展中国家提出技术转移中的限制性商业惯例才是扭曲国际贸易的元凶,因此反对将技术转移列入禁止性投资措施(彭亚媛和马忠法,2021)。而在实践中,投资者在东道国建立公司之后,为提高市场份额并获取最大化利润,往往将相对于东道国仍处于较为先进地位的技术移植到该公司,按照东道国法律法规办理技术认证和转移手续之后,投资者仍拥有被转移技术的所有权和使用权。

鉴于 TRIMs 的局限性,一些区域性和双边投资协定开始将技术转移作为禁止性业绩要求来对待。最早是美国在 1994 年签署的《北美自由贸易协定》(NAFTA)的第 1106 条列示了禁止性业绩要求,以此为范本,美国将该项要求推广到其谈签的所有双边协定之中并日益细化。2012年美国公布的双边投资协定范本中详细列举了12项禁止性业绩要求,不仅包括了TRIMs协定规定的内容,而且扩展到技术转移限制、排他服务供给、阻止技术优惠等方面。中国作为发展中国家的代表,2007年开始在遵守TRIMs协议标准的前提下在一些双边投资协定中将技术转移作为禁止性业绩要求。如2007年中国与韩国签署的《关于促进和保护投资的协定》第2条"促进和保护投资"中就禁止缔约方对另一缔约方在当地含量、技术转移或出口业绩要求方面采取任何不合理或歧视性措施。2012年中国、日本、韩国三国签署的《关于促进、便利及保护投资的协定》对技术转移的禁止性业绩要求又更进一步,第7条明确规定"任何缔约方均不得在其领土范围内,就技术出口或技术转移的业绩要求,对缔约方另一方投资者的投资采取不合理或歧视性措施"。这些条款表明,我国在WTO层面上已承担了超过TRIMs项下业绩要求的国际义务(陶立峰,2016),充分展现了我国负责任大国的自觉担当。

整体来看,以美国为代表的"自由市场模式"禁止强制性输入型、输出型技术转移以及限制外商投资者获取技术的自由,主张移除东道国一些技术转移的障碍,旨在维护其既有的知识产权保护体系和市场竞争地位。我国则采取了"禁止不合理和歧视性"技术转移标准,旨在克服发展中国家与发达国家之间技术地位的不平等,以及外商投资者因其市场垄断地位带来的限制技术转移问题(彭亚媛和马忠法,2021)。随着我国高水平对外开放进程的日益深入和自主创新能力的日益提高,我国也将逐步减少禁止性业绩要求,同时坚持将例外条款纳入投资协定,合法排除条约义务和维护自身利益。

(三)《联合国气候变化框架公约》下的技术转移

为应对气候变化,1992年5月9日通过了《联合国气候变化框架公约》(以下简称《公约》)。《公约》于1994年3月21日生效。截至2021年7月,共有197个缔约方。为加强《公约》实施,1997年《公约》第三次缔约方会议通过《京都议定书》(以下简称《议定书》)。《议定书》于2005年2月16日生效。截至2021年7月,共有192个缔约方。

《公约》明确发达国家应承担率先减排和向发展中国家提供资金技术支持的义务。附件一所列的缔约方(发达国家和经济转型国家)应率先减排,尤其是"发达国家带头依循本公约的目标,改变人为排放的长期趋势"。附件二所列的缔约方(发达国家)应"提供新的和额外的资金,以支付经议定的发展中国家缔约方为履行第十二条第1款规定的义务所产生的全部费用","它们还应提供发展中国家缔约方所需要的资金,包括用于技术转让的资金"。可见《公约》明确规定发达国家必须向发展中国家提供资金和技术,帮助发展中国家应对气候变化。同时《公约》承认发展中国家的人均排放仍相对较低,因此在全球排放中所占的份额将增加,经济和社会发展以及消除贫困是发展中国家首要和压倒一切的优先任务。

1997年在日本京都召开的《公约》第3次缔约大会上达成了具有里程碑意义的《议定书》,《议定书》首次提出了联合履行(Joint Implementation, JI)排放贸易(Emission Trade, ET)和清洁发展机制(Clean Development Mechanism, CDM),并于2005年2月生效。其中,清洁发展机制是唯一由发达国家和发展中国家实施的双效机制,以法律约束的形式规定了减排义务。具体而言,2008—2012年,缔约的38个工业化国家的温室气体排放量在1990年排放基础上平均减少5.2%,同时通过购买"经核定的减排量"向发展中国家提供资金和技术,以支持这些国家实现可持续发展。从设计初衷来看,该机制旨在改善发展中国家的环境及促进经济发展,减排指标可作为商品在国际市场自由贸易,促进先进技术从发达国家向发展中国家转移,是一种可持续性发展机制(鲍卫锋,2009)。但达斯(Das, 2011)通过对1 000例CDM项目的经验研究,发现该机制对于促进环境友好型技术国际转移的贡献很小。

2012年,《公约》第16次缔约方会议暨《议定书》第6次缔约方会议在墨西哥坎昆召开。大会建立了技术机制,旨在促进技术创新、催化技术路线图、促进联合研发行为并响应发展中国家对技术转移的需求。机制下设两个机构,即气候技术中心和网络(The Climate Technology Centre and Network, CTCN)和技术执行委员会(Technology Executive Committee, TEC)。CTCN包括一个气候技术中心、一个由多个有能力响应发展中国家关于技术开发与转移请求的机构组成的网络以及一个咨询委员会。两个机构的核心工作是在低碳发展和气候适应等方面为全球各发展中国家提供有效技术解决方案,提升发展中国家低碳和适应气候变化技术能力,搭建促进气候友好技术转移的信息网络平台,并组织开展政策、法律、制度设计、技术引进等多方面能力建设活动。

2015年,《公约》第21次缔约方大会暨《议定书》第11次缔约方大会在法国巴黎举行。巴黎大会最终达成《巴黎协定》,对2020年后应对气候变化国际机制作出安排,标志着全球应对气候变化进入新阶段。《巴黎协定》认识到:"迫切需要发达国家缔约方以可预测的方式进一步提供资金、技术和能力建设支持,以增强发展中国家 2020 年前的行动"。第 10 条强调:"必须充分落实技术开放和转让合作,以改善对气候变化的抗御力和减少温室气体"。并提出"建立一个技术框架,为技术机制在促进和便利技术开发和转让的强化行动方面的工作提供总体指导"。但由于以美国为首的发达国家掌握着气候有益所需的核心技术并借此制定全球性标准,同时掌握着知识产权制度的主导权和话语权,其立场必然是维护有利于其优势地位和利益的现有知识产权保护体系。因此,2015 年的巴黎大会上发达国家始终阻止谈判中涉及任何有关技术贸易和知识产权的问题,导致最终的《巴黎协议》公约正文、引用甚至注解都不能有任何字眼提及"知识产权"这个敏感词。2018 年 12 月 2 日至 15 日,联合国气候变化大会在波兰卡托维兹举行,围绕《巴黎协定》实施细则展开谈判与磋商,为 2020 年后《巴黎协定》的实施,加强全球共同应对气候变化行动奠定基础。具体见表 4-7。

表 4-7 历届气候大会对于环境友好技术(environmental sound technology, EST)转移的决定一览

序号	时间和地点	相关内容
1	1996 年瑞士日内瓦	通过其他决定,涉及发展中国家准备开始信息通报、技术转移、共同执行活动等内容
2	1997 年日本京都	《议定书》确立了清洁发展机制,作为唯一由发达国家和发展中国家实施的双效机制,可促进先进技术从发达国家向发展中国家转移
3	1998 年阿根廷布宜诺斯艾利斯	提议建立协商进程,以促进、便利和资助发展中国家缔约方 EST 的转让
4	1999 年德国波恩	通过了《公约》附件一所列缔约方国家信息通报编制指南、温室气体清单技术审查指南、全球气候观测系统报告编写指南,并就技术开发与转移、发展中国家与经济转型期国家的能力建设问题进行了协商
5	2001 年摩洛哥马拉喀什	《马拉喀什协定》制定了行动框架,包括技术需要和需要评估、技术信息、扶持型环境、能力建设、技术转移机制,以促进《公约》第 4 条第 5 款的执行
6	2004 年阿根廷布宜诺斯艾利斯	来自 150 多个国家的与会代表围绕《公约》生效 10 周年来取得的成就和未来面临的挑战、气候变化带来的影响、温室气体减排政策以及在《公约》框架下的技术转移、资金机制、能力建设等重要问题进行了讨论
7	2005 年加拿大蒙特利尔	达成了 40 多项重要决定。其中包括启动《议定书》新二阶段温室气体减排谈判。本次大会取得的重要成果被称为"蒙特利尔路线图"
8	2007 年印度尼西亚巴厘岛	《巴厘岛行动计划》决定全面启动进程,通过了《附属科学技术咨询机构之下的技术开发与转移》《附属履行机构之下的技术开发和转移》,来消除技术开放和向发展中国家 EST 转移的障碍,提供资金及其他激励办法,以便其获取 EST

续表

序号	时间和地点	相关内容
9	2009年丹麦哥本哈根	《哥本哈根协议》提议建立技术机制,为EST的转移加速,并提出遵循由国家驱动的机制,以各国国情和优先任务为基础
10	2010年墨西哥坎昆	《坎昆协议》决定创建技术机制,包括建立技术执行委员会、气候技术中心和网络
11	2011年南非德班	通过了《技术执行委员会的模式和程序》,细化并落实资金、技术转移、能力建设等方面的机制安排
12	2015年法国巴黎	通过了《巴黎协定》,提出要建立技术框架以提供总体指导来促进和便利EST的开发和转移。在开发阶段,加快、鼓励和扶持创新,为EST开发提供资金资助;在转移阶段,提供资金支持以平衡减缓和适应间的关系,为发展中国家提供有效信息

• 资料来源:根据历届气候大会材料整理。

2020年暴发的新冠肺炎疫情对全球应对气候变化带来了复杂深刻影响。2020年原本是多个全球环境公约推进履行的关键年份,国际社会原计划在这个"环保超级年"里"大展拳脚"的各类行动不得不被迫推迟甚至取消,而且全球经济发展放缓导致应对气候变化的资金收缩,一些国家则忙于开展疫情防控,造成气候政策执行不力(仲平,2020)。与此同时,全球气候系统继续恶化、极端天气愈加频繁、碳排放目标渐行渐远,环境公约下的全球气候治理和技术开发合作迫在眉睫。发达国家极有必要加快履行公约和协议下的环境友好技术转移义务,积极回应发展中国家,尤其是受新冠肺炎疫情和气候变化不利影响最为严重的发展中国家的需求,推动该类技术向这些国家转让、应用,甚至提供无偿援助。如此,环境友好技术的跨国转移将成为推动广大发展中国家经济向绿色、低碳和环保转型的重要动力,其经济内循环中供给侧的能源结构和产业结构、需求侧的投资格局和消费模式都将因先进低碳技术的引进而发生转变,从而真正实现绿色发展和可持续发展。

二、以市场为媒介的先进技术跨国转移机制

以市场为中心,发达国家对发展中国家的国际技术转移可以分为以市场为媒介的技术转移模式和以非市场为媒介的技术转移模式,具体见图4-4。

以市场为媒介的国际技术转移模式主要包括:有技术含量的国际商品进出口贸易、国际技术转让或称许可证制度、外商直接投资、合资企业等。具体而言,有技术含量的商品进出口贸易主要是通过含有知识产权和专有

```
                    ┌─→有技术含量的国际进出口贸易
          ┌─以市场为媒介─→国际技术转让或许可证制度
          │         ├─→外商直接投资
国际技术   │         └─→合资企业
转移模式 ─┤         ┌─→企业联盟
          │         ├─→分包
          └─以非市场为媒介─→出口
                    ├─→人才流动
                    └─→反向工程
```

图 4-4　国际技术转移模式

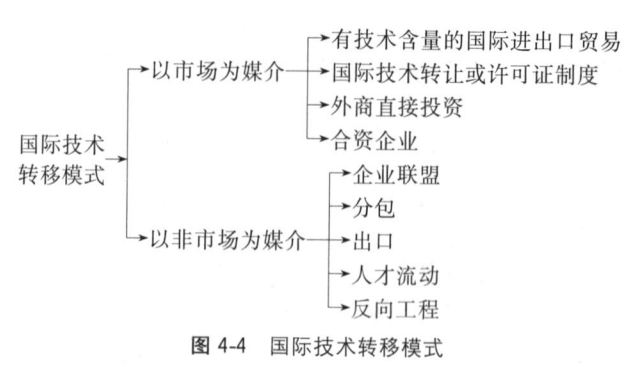

- 资料来源：陈汉梅，2009。

技术许可的设备买卖、获得产品制造权或销售权从而获得技术支持，并实现技术更新和产业结构改善。国际技术转让是通过特许使用费和许可证费的方式获得技术转移，而以许可证转让方式（包括专利和非专利科技成果）所进行的技术转移，是目前技术转移中最受关注和最为重要的方式（蔡声霞和高红梅，2008）。外商直接投资是通过跨国公司的直接投资来获取发达国家的资本和技术来源，其中跨国企业并购在国际技术转移中发挥越来越重要的作用，这是一种将优势企业生产技术、渠道或者其他资源买断，从而实现自身发展的技术转移模式。在跨国并购过程中又有四种获取技术的模式：强化模式，即企业通过跨国并购获得自己主导产业所需要的核心技术；整合模式，即企业通过跨国并购获取自身主导产业的一些非核心技术；突破模式，即企业通过跨国并购获取自己非主导产业所需要的核心技术；渐进模式，即企业通过跨国并购获取自己非主导产业的一些非核心技术（李海，2017）。合资企业的创建方式一般有两种，一是双方共同出资，同时外国公司或个人以技术许可的方式，授权合资公司使用该项技术；二是由产品生产国企业单独出资，外国公司或个人以其掌握的技术作为资本，按一定比例持有新公司的股份。

在近几年逆全球化和"去中国化"思潮影响下，以市场为媒介的技术转移受到诸多掣肘。最为明显的是，自由贸易理论在高技术领域的商品和服务上的失灵，导致"修昔底德陷阱"以中美科技战形式展现。高技术产品在全球只有个别厂家能够生产，贸易双方的溢价能力并不均等，产业链垂直分工中处于关键上游的个别国家可以通过"卡脖子"博弈策略谋取极大利益，而下游缺乏自主创新能力的国家只能被动接受报价，由此形成拥有创新霸主地位的国家对其他国家进行收割的局面（刘如，2020）。

以非市场为媒介的技术转移模式主要包括企业联盟、分包、出口、人才流动、反向工程等(蔡声霞和高红梅,2008)。企业联盟中的各个企业之间存在一定的技术和知识双向联动关系;分包则是一种随着零部件生产的国际范围内采办而发展出来的技术转移机制;出口是借助买卖方之间长期的合作关系为卖者提供国际市场信息以及产品质量的免费咨询;人才流动是通过人才自身的技术知识和技术能力实现技术转移;反向工程则沿循操作技术→维修技术→现场操作技术→生产技术→研究开放的过程。在各种模式中,国际代工中的技术转移不会自动完成,发包商的技术转移程度与国际代工企业的技术吸收能力、上游市场技术溢出程度、东道国"市场换技术"的激励程度和东道国逆向外包有关(孙红艳和吕民乐,2013)。

非市场为媒介的技术转移机制是市场媒介的重要补充,两者共同促进了先进技术的有效转移。如果完全依靠市场价格机制来进行技术转移,来自发达国家的技术供应方追求利润最大化的行为将与全球共同技术进步、共同应对气候变化、共同实现可持续增长相悖。来自发展中国家的需求方购买力不足,无法购买昂贵的先进技术。若长期连续使用落后的技术,将造成落后技术的"锁定效应"(陈晓燕,2015)。

三、以资金为媒介的先进技术跨国转移机制

根据资金流向划分,国际技术转移分为私人资金流下的转移和公共资金援助下的转移。目前,私人资金流下的转移是最主要的方式(魏晓雨,2018)。

在私人资金流下,国际技术转移主要通过国际贸易和外商直接投资(FDI)的方式进行。其一,通过国际贸易方式进行的转移,根据贸易对象是否有形又可进一步分为通过有形贸易品进行的转移和无形知识产权进行的转移。前者指购买方通过商品或服务贸易,消化和吸收贸易品种隐含的先进技术,要求购买方需具备一定吸收能力,即理解、实施和运用购买技术的能力;后者指通过专利、商业秘密等无形知识产权进行转移。国际贸易可能带来知识溢出,但溢出的多少取决于进口国的吸收能力,而吸收能力的强弱取决于一国的技术文化和劳动力的技能,并受教育、政府治理和金融市场等因素的影响。其中较为特殊的为军事产品贸易,国际军火贸易是国际军事技术转移的最简单、初级和主要的形式,军事产品的进出口业务直接带动了军事技术的国际性转移和扩散。但军事产品贸易主要受经济规模和政治关系的影响,尤其以经济规模影响为最。以美国为首的西方阵营主导全球军

火贸易,在尖端军事科技领域,中俄均遭受严重的西方军事技术出口管制(张煜,2021)。其二,通过外商和跨国公司的直接投资转移。跨国公司是工业化国家研发活动的重要主体,而且跨国公司一般掌握比发展中国家更高水平的技术,因此,跨国公司有可能产生大量的技术溢出(傅京燕和林志英,2013)。同时,跨国公司之间为了技术创新活动而实施了大量的战略性合作,目前跨国公司之间的战略技术联盟主要有三种形式:一是跨国公司或其所属研究机构之间以协议或备忘录形式确定具体研发项目,合作双方均可获得与项目相关的对方技术,合作研发成果为双方共享,专利权、版权均属双方共有;二是在研发协议或备忘录之外,再签署"合作生产"协议,双方合资兴建生产基地或厂房将研发技术转化为产品;三是在研发和生产合作之外,再开展共同销售,如合资建立专门的技术转移和产品促销公司,从而抢占市场份额并谋求利润最大化。布尼(Boone,2001)专门比较了两种方式的技术溢出效果,认为FDI的技术溢出效应比国际贸易的作用要大,因为由跨国公司主导的FDI通过培训本土人员和合作研发等行为为技术溢出或转移创造了条件。

在公共资金援助下,国际技术转移包括共同基金、政府和非政府组织(Non-governmental Organization, NGO)援助,通常以官方发展援助(Official Development Assistance, ODA)为主。共同基金根据《公约》而设立,《公约》提出"在赠予或转让基础上提供资金、包括用于技术转让的资金的机制",该基金部分用于补助发展中国家为实现《公约》承诺所承担的成本,部分用于环保项目如森林保护,还有一部分流向了全球环境基金(Global Environment Fund, GEF)。GEF中的90%则流向了能源效率提升、可再生能源开发和可持续交通设施建设。政府援助包括发达国家向发展中国家或转型国家提供的援助资金、免息或贴息贷款,主要用于投资发展中或转型国家的经济基础设施建设,其中也涉及国际技术转移。与私人资金相比,虽然ODA的流量很小,但它是吸引外资较少的国家的重要资金来源(Ellis et al.,2007)。非政府组织的援助是国际技术转移资金的有益补充,虽然数量有限,但对于亟须资金支持的部分发展中国家而言,也是难能可贵的资金来源。

四、"一带一路"情境下的先进技术跨国转移机制

"一带一路"建设创建了先进技术跨国转移的新机制,沿线的技术先进国家通过国际贸易所搭建的技术贸易网络、科技合作所搭建的技术转移网

络将其先进技术转移到非技术先进国家,使得技术后发国家得以更新本国相对落后的产业技术,而我国更是在其中发挥了至关重要的作用。这是因为随着我国经济要素结构的改变和产业水平的提升,我国开始参与全球产业链的水平分工,也具备了对外技术输出的能力(江小涓,2019)。

早在2016年9月,科技部、发展改革委、外交部和商务部会同有关部门编制了《推进"一带一路"建设科技创新合作专项规划》,规划提出:"共建一批技术转移中心。充分发挥我国与东盟、中亚、南亚和阿拉伯国家技术转移中心等作用,进一步完善技术转移协作网络和信息对接平台建设,鼓励各技术转移中心构建国际技术转移服务联盟,共同推动先进适用技术转移,加强我国的科技、人才、信息等资源与沿线国家的需求相结合,深化产学研合作。"2017年,国务院《关于印发〈国家技术转移体系建设方案的通知〉》(国发〔2017〕44号)中又对"拓展国际技术转移空间"进行了具体部署,提出要开展"一带一路"科技创新合作技术转移行动,具体包括:与"一带一路"沿线国家共建技术转移中心及创新合作中心,构建"一带一路"技术转移协作网络,向沿线国家转移先进适用技术,发挥对"一带一路"产能合作的先导作用。目前,我国与"一带一路"沿线国家分头合作,建立了"中国—阿拉伯国家技术转移中心""中国—南亚技术转移中心""技术转移南南合作中心";针对不同技术领域,建立了"'一带一路'环境技术交流转移中心"等。这些中心旨在探索将中国发展经验和最佳实践用于解决技术合作所面临的共性问题;建立"一带一路"沿线技术示范与推广枢纽,与沿线国家共享中国技术创新发展的经验;打造技术转移能力建设基地,组织实施各国政府和UNDP等国际组织委托的技术转移和发展中国家援助项目,开展知识分享和技术示范等能力建设活动。

从地方层面来看,各省市也纷纷出台"一带一路"沿线科技合作或技术创新计划,或者成立专门机构来推进"一带一路"沿线的技术合作与转移。如云南省依托"中国—南亚科技伙伴合作计划"和"中国—南亚技术转移中心",逐步搭建起与南亚和东南亚的国家科技合作机制。由于与沿线国家的科技合作互补性很强,云南省通过与科技、信息服务和制造业水平高的新加坡、印度和马来西亚等合作,促进了自身产业结构的升级。另一方面,越南、缅甸、柬埔寨、老挝、孟加拉国、尼泊尔、巴基斯坦等国拥有丰富的劳动力,需要通过技术转移提高技术层次与技术含量,为我国提供了以云南为基地的巨大市场(罗薇薇和马敏象,2019)。又如福建省《2020年"一带一路"对外合作科技创新平台项目计划》，其内容主要包括：一是联合共建实验室8家，包括支持福建工程学院建设"北斗开放实验室东南亚国际分实验室"，支持福州物联网开放实验室建设"丝路天地交通协同技术与系统国际联合实验室"等，与沿线国家和地区科研机构合作开展科学研究、技术研发等创新活动，探索联合研发模式和管理模式创新。二是联合共建技术转移机构2家，包括支持福建中科城科技有限公司建设"一带一路数字经济应用创新服务平台"等，开展技术需求收集对接、成果转化、技术标准合作等专业化服务（中国科学技术部，2020）。再如2021年合肥市成立了"一带一路"科技产业创新战略联盟，包括了9家上市企业、28家专精特新企业、11家科技小巨人企业和95家高新技术企业。该联盟作为一种资源共享、优势互补的非营利性合作组织，将依托中科院10家海外科教合作中心、"一带一路"国际科学组织联盟等海外平台资源，以市场需求为导向，以国际项目合作为纽带，以战略性新兴产业为重点，为相关科技企业提供交流合作平台和技术转移契机。

根据《2019年全国技术市场统计年报》，"一带一路"沿线国家吸纳技术领域多样化，全年输出到"一带一路"沿线46个国家的技术合同共540项，成交额为406.8亿元。其中，马来西亚吸纳我国技术合同成交额为104.79亿元，比上年增长329.33%，占"一带一路"沿线技术吸纳合同成交额的25.76%，居于首位；其次是乌克兰和土耳其，技术吸纳合同成交额分别为40.03亿元和36.92亿元。表4-8显示了居于前10位的国家和地区的技术吸纳情况。

表4-8 2018年"一带一路"沿线国家技术吸纳情况

国　家	合同数/项	成交额/亿元	增长(%)	排名
马来西亚	35	104.79	319.33	1
乌克兰	6	40.03	−50.94	2
土耳其	9	36.92	61 433.33	3
印度	40	36.64	3 882.61	4
印度尼西亚	22	29.49	66.23	5
新加坡	141	28.67	−64.02	6
柬埔寨	4	22.84	7 513.33	7
巴基斯坦	10	21.46	−3.38	8
伊朗	8	12.85	−60.38	9
埃及	6	12.04	9 161.54	10

• 资料来源：许倞等，2019。

第四节　完善先进技术跨国转移机制的政策建议

自改革开放以来,中央决策层和各级政府聚焦技术转移自身及其相关要素开展了一系列制度安排,出台了一系列政策措施,从而逐步搭建起规范有序、科学合理的政策框架;新修订《中华人民共和国促进科技成果转化法》《国务院关于印发国家技术转移体系建设方案的通知》(国发〔2017〕44号)和《科技部关于印发"十三五"技术市场发展专项规划的通知》(国科发火〔2017〕157号)等重要文件,其内容已经基本涵盖技术评估、技术创业、科技资源共享、技术投融资、科技服务人才建设等全流程的政策体系,从多方面、多渠道打破科技成果转移转化的藩篱。

一、现有政策框架

技术市场是技术商品交换的综合,它包括从技术商品的研制开发到应用、转化、产业化和流通的全过程。可以说,技术市场是围绕科技创新、成果转化、产业化有效配置资源,建立适合于社会主义市场经济规律和科技自身发展规律的新型科技体制的重要环节,是加速科技成果产业化进程,联结科技与经济的纽带(卢东和朱立红,2006)。自1985年以来我国就着力推动现代技术市场的建设,经历了三个不同阶段,具体的政策安排见表4-9。从表中可以看出,我国技术市场建设从明确技术市场的作用和地位起步,再到与国家战略相衔接以加快科技成果转化为核心,然后朝着"制度健全、结构合理、功能完善、运行有序、统一开放的现代技术要素市场"而努力。伴随着我国技术市场政策体系的规范和健全,市场的功能和作用也日益强大,不但改变了我国的科研投入结构,推动了以市场为导向、产学研相结合的自主创新体系建设,而且加速了大批科技成果向现实生产力转化,促进和发挥了科技对经济发展的支撑作用(张欣炜和林娟,2015)。日益开放的技术市场贯穿于科技和经济体制改革过程,不仅放活了广大技术市场主体、丰富了社会主义商品市场内涵,还有效地支持了我国改革开放后的财产制度变革和市场经济发展(朱雪和胡锴,2020)。

技术转移中心是开展先进技术跨国转移不可或缺的市场机构。我国自2013年至今已建立了11家国家技术转移区域中心,这些中心经国家科技部批准,在推进技术转移机制体制改革方面先行先试,深入探索技术转移资

表 4-9 技术市场专项(标志性)政策梳理

阶段	发布时间	文件名称	相关内容
第一阶段	1985 年 11 月	《国家经委系统经济技术市场管理试行办法》	常设经济技术市场要充分发挥科研与生产的桥梁和纽带作用,要成为技术商品的重要集散场地,及时向贸易双方提供商品信息
	1985 年 11 月	《国家科委关于加强对技术市场管理工作的通知》	必须坚持改革方向,进一步开拓技术市场,继续贯彻"放开、搞活、扶植、引导"的方针
	1986 年 8 月	《技术市场管理暂行办法》(全国技术市场协调领导小组)	技术市场是我国社会主义商品市场的重要组成部分。技术市场的基本任务是促进技术商品流通,推动技术成果的推广和应用
	1989 年 2 月	《国家科委关于加强技术市场管理工作的通知》(国科发市字[085]号)	加强技术市场的管理,必须建立和完善必要的法规,用法律手段规范技术市场行为。加强技术市场队伍的培训工作
	1990 年 12 月	《技术市场表彰奖励办法》(国家科学技术委员会市场管理办公室发布)	表彰奖励在依靠科技进步,振兴经济,加速科技成果转化为生产力,开拓和促进技术市场发展中做出突出贡献的集体和个人。表彰奖励名称为技术市场金桥奖,分集体奖和个人奖
	1994 年 4 月	《国家科委、国家体改委关于印发〈关于进一步培育和发展技术市场的若干意见〉的通知》(国科发政字[1994]59 号)	把培育和优先发展技术市场放在重要位置,强化市场机制,健全市场组织,完善市场结构,规范市场秩序,到 20 世纪末初步建立符合科学技术发展规律和市场经济运行规律,利用国内国际两个资源,面向国内国际两个市场,统一开放的社会主义技术市场体系
	1996 年 10 月	《国家科学技术委员会关于印发"九五"全国技术市场发展纲要〉的通知》(国科发市字[1996]470 号)	实施"科教兴国"和可持续发展战略,围绕经济体制、经济增长方式的根本转变,以加速技术成果的转化为核心,努力建立起与社会主义市场经济发展和科技发展相适应的结构合理、功能齐全、运行有序的社会主义技术市场体系
第二阶段	2006 年 3 月	《科学技术部关于印发〈关于加快发展技术市场的意见〉的通知》(国科发市字[2006]75 号)	经过十年的努力,把我国技术市场建设成为适应科学技术发展规律和社会主义市场经济体制,具有完善的法律政策保障体系、健全的市场监督管理体系、高效的社会化中介服务体系,结构合理、机制健全、功能完善、规范有序,能够有效配置科技资源,面向国内、国际两个市场,形成统一、开放的现代技术要素市场
	2007 年 12 月	《国家发展和改革委员会等六部门关于印发〈建立和完善知识产权交易指导意见〉的通知》(发改企业[2007]3371 号)	通过政府引导和市场推动,逐步构建以重点区域知识产权交易市场为主导,各类分支交易市场为基础,专业知识产权市场为补充,各类专业中介组织广泛参与,与国际惯例接轨,布局合理,功能齐备,充满活力的多层次知识产权交易市场体系
第三阶段	2013 年 2 月	《科技部关于印发〈技术市场"十二五"发展规划〉的通知》(国科发高[2013]110 号)	经过五年的努力,把我国技术市场建设成为满足经济社会发展要求,适应社会主义市场经济体制和科技发展规律,具有完善的法规政策保障体系、健全的市场监督管理体系、高效的社会化服务体系,供给推动和需求拉动相结合,各类市场主体相融合,国内和国际资源相配合,制度健全、结构合理、功能完善、运行有序、统一开放的现代技术要素市场

续表

阶段	发布时间	文件名称	相关内容
第三阶段	2017年5月	《科技部关于印发〈"十三五"技术市场发展专项规划〉的通知》(国科发火〔2017〕157号)	"十三五"时期,技术市场的重点任务是进一步完善政策体系,加强技术市场配置技术、资本、人才等要素的能力,健全技术转移和成果转化机制,强化技术转移和成果转化市场化服务,通过实施促进科技成果转移转化行动,全面推进全国技术转移一体化建设,形成全国技术市场大流通格局,有力支撑科技创新与经济社会发展
	2018年5月	《科技部关于印发〈关于技术市场发展的若干意见〉的通知》(国科发创〔2018〕48号)	加快形成以专业化服务为支撑、资金为纽带、政策为保障的现代技术市场,推动科技成果转移转化,促进科技与经济社会融通发展

• 资料来源:根据各部委官网和相关文件整理。

源密集区域发展经验,着力打造成为国际技术转移枢纽的示范区域(郭曼,2017)。各个中心的发展定位各有侧重,政策支持重点也各有不同(具体见表4-10)。根据《湖北省科学技术厅关于印发〈湖北省技术转移体系建设实施方案〉的通知》(鄂科技通〔2020〕77号)的政策要求,国家技术转移中部中心(武汉)着力于加大与"一带一路"沿线国家和地区合作的力度,向沿线国家转移先进适用技术,加强与中非创新合作中心等国内外技术转移机构对接,创新合作机制,共建国际技术转移协作和信息对接平台。《吉林省人民政府关于印发〈吉林省技术转移体系建设方案〉的通知》(吉政发〔2018〕27号)则提出国家技术转移东北中心(长春)要依托中俄、中白等科技园以及长吉图科技合作组织,重点开展以东北亚为主体的国际技术转移;采取"走出去、引进来"战略,吸引德国史太白等国际技术转移机构入驻长吉图示范区。《福建省人民政府办公厅关于印发〈福建省开展21世纪海上丝绸之路核心区创新驱动发展试验实施方案〉的通知》(闽政办〔2018〕48号)明确国家技术转移海峡中心(福州)将侧重加强中国—东盟、中国—南亚、中国—阿拉伯国家技术转移协作网络的合作,利用闽港、闽澳合作平台,拓展与葡语国家的科技交流,并以东盟、南亚为主,与国外相关技术转移机构建立合作关系,打造"海丝"科技成果转移转化合作大平台,促进与境内外科技成果的双向转移转化。《山东省人民政府关于加快全省技术转移体系建设的意见》(鲁政发〔2018〕13号)指出国家海洋技术转移中心(青岛)要加强与"一带一路"沿线国家政府部门、企业、高校、科研机构的双边、多边合作交流,编制先进技术重点引进目录,畅通与以色列、德国、荷兰等重点国家的信息交流与技术合作渠道,利用信息技术和市场手段,积极引导社会化机构建立国际技术转移中心及创新合作中心,促进先进技术的引进转化和集成创新。相关支持政策也取得了较为显著的效果,以国家技术转移东部中心的创新券政策为例,该政策主要利用市级财政科技资金,鼓励本市企业和团队向服务企业购买战略规划、技术研发、技术转移、检验检测、人才培养、资源开放等专业服务。2016—2019年,上海创新券政策已支持项目985项,发放创新券10 239.67万元,已完成兑付8 185.79万元,累计服务企业超过948家,其中民营企业超过97.15%,带动企业创新投入超过2.5亿元,节约企业研发成本7.8亿元(国际技术转移东部中心,2022)。

表4-10 全国11家国家技术转移区域中心及支持政策一览

序号	名称	定位	支持政策
1	国家技术转移集聚区(北京)	打造具有全球影响力的国际技术转移大平台	《北京市人民政府办公厅关于印发〈北京市促进科技成果转移转化行动方案〉的通知》(京政办发[2016]50号)
2	国家技术转移南方中心(深圳)	打造具有全球影响力的国际技术转移和知识产权运营大平台	《深圳市人民政府办公厅关于印发〈深圳市促进科技成果转移转化实施方案〉的通知》(深府办[2016]30号)
3	国家技术转移东部中心(上海)	构建平台化、国际化、市场化、资本化、专业化的第四方平台	《上海市科学技术委员会、上海市财政局关于印发〈上海市科技创新券管理办法(试行)〉的通知》(沪科规[2018]8号)
4	国家技术转移中部中心(武汉)	成为具有全球影响力的国家技术转移体系枢纽节点	《湖北省科学技术厅关于印发〈湖北省技术转移体系建设实施方案〉的通知》(鄂科技通[2020]77号)
5	国家技术转移东北中心(长春)	构建"立足吉林、服务东北、辐射东北亚"的转移平台	《吉林省人民政府关于印发〈吉林省技术转移体系建设方案〉的通知》(吉政发[2018]27号)
6	国家技术转移西南中心(成都)	西南片区技术转移服务高地,全球技术创新资源对接平台	《四川省人民政府关于印发〈四川省技术转移体系建设方案〉的通知》(川府函[2018]211号)
7	国家技术转移西北中心(西安)	打造丝绸之路经济带技术转移中心	《科技部印发〈关于加强科技创新促进新时代西部大开发形成新格局的实施意见〉的通知》(国科发区[2020]336号) 《陕西省科学技术厅印发〈实施"两链"融合加快构建现代化产业体系三年行动方案(2021—2023年)〉的通知》(陕科发[2021]7号)
8	国家技术转移海峡中心(福州)	链接海峡两岸创新资源要素的技术转移枢纽	《福建省人民政府办公厅关于印发〈福建省开展21世纪海上丝绸之路核心区创新驱动发展试验实施方案〉的通知》(闽政办[2018]48号)
9	国家技术转移苏南中心(苏州)	以苏州市为核心打造链接国家和省的国家级技术转移平台	《江苏省人民政府关于加快推进全省技术转移体系建设的实施意见》(苏政发[2018]73号) 《管委会(区政府)关于印发〈苏州高新区加快科技成果转化与技术转移体系建设实施办法〉的通知》(苏高新管[2020]53号)

续表

序号	名称	定位	支持政策
10	国家技术转移郑州中心（郑州）	打造中部地区技术转移全链条服务的先行区	《河南省人民政府关于印发〈河南省技术转移体系建设实施方案〉的通知》（豫政〔2019〕8号）
11	国家海洋技术转移中心（青岛）	打造国际级海洋技术转移交易平台	《山东省人民政府关于加快全省技术转移体系建设的意见》（鲁政发〔2018〕13号）

• 资料来源：各省(市)人民政府官网、各省(市)科学技术厅官网、各国家技术转移中心官网。

整体来看，技术转移中心在政策引领之下，通过衔接跨国公司、投资机构、研究中心、高等院校等海外资源，以子公司形式在当地建立企业园、与当地企业和研究机构共建技术创新中心等多种形式，打造了融合对外开放、经济贸易、科技创新、人文交流等多维度的技术合作平台，形成了"交流—对接—共建—共享"的技术生态链，促进了技术要素在国际大循环与国内大循环中的双向流动。技术转移中心还可被视作推进新型国际区域技术合作和经济合作的中国方案，极大地促进了区域内整体科技水平的提升和经济协调发展。

二、下一步的政策建议

纵观国际国内形势，发展技术市场、促进技术转移和成果转化的重要性和紧迫性日益凸显，成为推进供给侧结构性改革的关键环节，成为支撑我国创新驱动发展和提高国际竞争力的核心手段。但是，必须清楚看到，目前我国技术转移体系还面临一些问题和挑战。从国内来看，制约技术转移和成果转化的体制机制障碍仍然存在，尤其是科技成果所有权制度改革亟须政策落实和部门协同；专业化技术转移和成果转化人才匮乏，技术转移和成果转化机构专业化服务能力有待提高；技术市场与其他要素市场，尤其是与资本市场的深层互动亟须加强，支撑技术转移和成果转化的资本活力仍需激发。从国外来看，不利因素激增：世界经济长期低迷，经济全球化遭遇逆流，国际贸易投资严重萎缩，大宗商品市场动荡不安，保护主义思潮持续上升，地缘政治风险明显增强，一系列风险因素制约了先进技术的跨国转移。尤其是美国在科技上对我国的遏制，不仅将中国多家高校、科研院所和高科技企业列入所谓的"实体清单"，进行打压和围堵（郑明月和肖劲松，2020），还不断动员欧洲盟国支持其对包括网络通信设备供应商在内的中国高科技企业的产业链采取市场封堵措施，试图构建对华科技施压联盟体系（孙海泳，2020）。往后看，虽然美国国内政局的变迁可能会使其对华科技施压的节奏和力度发生变化,但在中美经济竞争总体上升以及新冠疫情导致全球经济发展减缓的背景之下,美国对我国科技施压的性质和目标不会发生显著变化。

(一)完善TRIPs协议,将某些关乎人类公共利益的技术排除在专利保护之外

既存的TRIPs协议技术转让条款已无法满足公平公正国际技术转让规则构建的现实需求。为平衡南北技术发展,进一步促进技术在全球的传播,须重新审视TRIPs协议技术转让条款并对其进行完善。TRIPs后续谈判应将关键的气候友好技术排除专利保护,以确保该类技术得到最广泛的获取,因为气候恶化会对人类社会带来重大且不可挽回的损失。在后续谈判中,可考虑赋予发展中和最不发达国家将某些关键部门排除在专利保护之外的权利(胡玲,2021),我国作为负责任的发展中大国,可牵头提出相关规则设计,并制定详细的谈判方案,以期在与发达国家的谈判中获得主动权和话语权。

(二)加大国际知识产权合作,提高知识产权保护领域的规则制定权

发达国家凭借其在全球经济治理中的优势地位,主导了知识产权保护标准,使其较多反映了发达国家利益,发展中国家一般处于被动接受地位。我国作为一个在全球有重大政治影响力的发展中大国,应增加与其他国家、国际组织和跨国企业在知识产权领域的对话、交流与合作,积极争取发达国家的相应补偿,提高在知识产权保护领域的话语权和规则制定权;完善国内知识产权保护制度体系,保护了知识产权才能激发市场主体的创新活力。政府需持续完善新技术专利保护、新产品专利保护、国际品牌知识产权保护、跨境电商领域知识产权保护规则,尤其是加强面向颠覆性技术创新的知识产权保护制度建设;继续优化知识产权保护中心和快速维权中心的区域布局,为市场主体提供便捷、高效、低成本的维权渠道,对恶意侵权、持续侵权、品牌侵权等行为执行严格的惩罚性赔偿制度,从而为创新型经济营造公平有序的市场环境和创新生态;加强对知识产权的审计,此类审计可以提供企业知识产权状况的良好记录,识别具有潜在价值的资产。

(三)加强环境友好技术国际合作,提高在EST国际转移上的话语权

积极引进EST,落实公共基金,对运用EST技术的企业减少税收,执行

相关的环境标准。同时营造良好环境,建立有效的信息交流和评估平台,同时加强技术培训提高企业吸收能力,扩大媒体宣传提高公众和企业的环保意识。推动多边和双边会议,与发达国家在 EST 的转移问题上密切协商,一方面使发达国家减少对技术输出的管制,对本国企业输出技术减少税收和管制费用;另一方面敦促发达国家履行义务,遵守在历届环境大会的承诺。同时充分利用现存有利机制,树立良好国际形象,提高话语权,将 EST 国际转移问题提上国际会议讨论的议程,争取在规则完善上有所突破(魏晓雨,2019)。

(四)打好关键核心技术攻坚战,持续提升自主可控能力

采取"揭榜挂帅"等方式,引导和组织优势力量下大力气解决一批"卡脖子"问题,加快突破基础软硬件、先进材料、核心零部件等方面的瓶颈制约,努力实现关键核心技术的自主可控(白春礼,2020)。注重专业化中小企业的培育,完善专精特色培育体系,针对有潜力的中小企业建立动态监测机制,建立数据库和企业池进行定期筛选,助推更多专注于某个核心技术领域、具有较强国际竞争力的"隐形冠军"企业涌现。在现有研发资源基础上,整合各方资源,建立数字＋智能制造、集成电路、生物医药、先进复合材料等关键领域的创新研究所,同步向业界和高校分享重要资源,推广技术成果并提供专业培训。

(五)优化政府拨款机制,出台科技企业保障政策

鼓励和督促国有企业建立对基础研究和技术储备的稳定投入机制,并将研发投入年度增长率、专利申请数量、科技成果转化数量、"卡脖子"技术攻关等纳入国企领导人的考核体系。鼓励国有企业通过参股控股解决技术短板问题,鼓励国有企业通过在国外设立研发中心,快速实现技术经验提升。进一步改善企业融资环境,进一步降低企业税费成本,进一步优化人才引进和流动机制。主动搭建企业与科研机构的合作平台,大力发展科技成果转化中介机构,积极鼓励企业接受专业创新咨询服务。对企业用于技术进步的科技创新和人力资本投入加大税收减免力度,对企业旨在提升技术效率和优化要素配置的经营行为在定期评估的基础上给予适当财政资金奖励。完善中小企业引导基金独立的投资审核机制;完善考核与反馈机制,提高资金运用效率;政府完善与金融市场的协作机制,吸引外国资本,发挥基金的杠杆效应,并对基金的导向进行控制(谢泗新和闫君,2019)。

（六）优化技术转移模式，突出民间组织作用

减少政府对国际技术转移的直接干预，充分发挥民间组织在技术交流上的合作。在国际互联互通机制和双边、多边科技合作框架下，促进我国的科技企业、行业协会、高等院校、科研机构与美国、欧洲各国、"一带一路"沿线国家开展高层次、多形式、宽领域的科技合作（李奎和唐林，2019）。通过民间组织或企业个体开展技术转移工作，强化企业在国际科技合作中的主体地位，放宽对国际技术转移的管控和主导。各地方政府将工作重点放在营造良好营商环境、健全知识产权保护体系、强化对创新行为的鼓励之上，从政策制度上提供保障支持。

（七）完善人才培养机制，建立和建设国际技术转移的人才梯队

鼓励符合国家产业布局的跨国公司在国内设立地区总部和研究中心，进一步吸引高端技术人才和研发人才。针对我国科技成果转移转化特点和技术市场发展需求，以提高技术转移从业人员专业素养和实践能力为重点，统筹推进初、中、高级技术转移人才梯队建设，探索建立国际高端技术转移人才培养机制（郭曼，2017）。引导高校专业设置或课程设置与国际技术转移共轨，一方面在全球范围内吸引和招聘高端技术转移人才，同时加大培训力度，培养一支专业能力强、政治素质高的国际技术转移人才队伍。整合技术转移专业人才的扶持政策体系，从财政奖励、落户、职称评定等多维度为该类人才营造良好的发展环境。积极扩大货物贸易进口，以货物贸易流动促进高端国际技术转移人才的流动。

（八）加强政策和资金效果评估，建立政策反馈调整机制

使用第三方评估机制，每年遴选重点政策对其落实情况开展跟踪评估，以便随时发现问题，解决问题。对已经出台的政策文件，加快拿出具体配套实施方案，根据政策实施的效果，建立政策成效的量化机制和动态评估机制。对于政策落实不力，甚至是推诿敷衍的地方、部门、单位以及个人，启动问责机制，以保障政策落实。对纳入中央和地方建设的国际技术转移项目从实施的必要性、公益性和收益性等方面进行客观、公正的评估，尤其要围绕项目收入、成本和收益，基于地方财政收入和项目可能产生的现金流做出合理性预测，同时更要注重绩效评价结果的应用，使其成为项目可否获得持续性支持和政府优化财政资金配置的依据。

第五章
数字经济的核心要素与开放型发展道路

方兴未艾的数字经济对新时代的开放型发展道路提出了新的研究命题。本章第一节是对现有研究结论的梳理总结,内容涉及经济全球化的发展过程,数字经济、数字贸易等概念的理论演进,以及数字贸易规则与全球治理等相关内容。第二节和第三节分别论述了数字经济的核心要素与运行机理,以及数字经济全球化下世界经济运行机制的特征。第四节探讨数字经济下开放型发展道路的目标和机制,第五节结合当前全球数字经济治理的情况,探索数字经济下开放型发展道路的政策选择。

第一节 数字经济、外循环与开放发展的理论阐释

经济全球化的不同阶段下,外循环的内涵与外延也在发展变化中,与其紧密相连的是中国开放发展战略和道路的调整。或者说,外循环促进内循环的战略一定是中国开放发展战略的核心要素和组成部分。

"二战"后到20世纪90年代初的商品全球化阶段,外循环基本等同于"市场与资源",以外循环促进内循环的理论逻辑核心可以用"利用国际国内两个市场、两种资源"这句话来概括。中国在对外市场开放的同时,也充分利用贸易伙伴对华市场的开放,以商品流动为纽带,以加工贸易带动一般贸易为主要方式,迅速融入全球化进程,在出口扩大的同时,构建完善了国内大市场和循环。中国正式加入WTO前的近20年的开放发展战略及其成果是最为有力的证明。

20世纪90年代,通过"全球价值链革命",全球经济逐步从单纯的"商品贸易"向"价值链贸易"转型,在商品自由流动的基础上,作为生产要素的资本的跨境流动成为重要推动力,这意味着各国参与外循环的方式不再仅仅局限于商品流动这一渠道,而更多以资本流动为渠道、以跨国公司全球生产力布局为手段,来充分利用"国际国内两个市场、两种资源",外循环对内循环的促进也变得更为系统、复杂。在此阶段,中国开放发展的战略基本可

以表述为：继续以互惠方式扩大市场开放以扩大海外市场，在充分利用发达国家国际投资的基础上，构建国内全行业生产体系，主导全球价值链生产端并逐步升级，通过中间品和最终品贸易的规模扩展和结构升级，来推动国内大循环。

2008年全球金融危机的爆发，打破了全球一体化背景下全球经济表面上呈现的稳定景象，暴露了全球一体化创造出的脆弱和联系紧密的经济可能带来的弊端，各国在反思应对的同时，也使得经济全球化步入一个缓慢发展和调整阶段。

而在这个阶段中，经济全球化出现内在转型的长期趋势，这一内在转型源自各国数字经济的出现（黄鹏，陈靓，2021）。随着数字技术的快速发展以及数字技术在各行各业中的广泛应用，各国经济出现大规模的数字化转型和升级的特征。此外，由于因特网的普及，电脑等终端的处理能力呈几何级增长，加之智能手机及电脑全球个人拥有率的大幅提升，[①]数字技术凌驾于传统的国境边界之上，再一次缩小了各国之间的物理距离，全球一体化通过数字技术实现了新发展，而经济全球化也逐步呈现出向数字经济全球化转型的迹象。而且，经济全球化向"数字经济全球化"的转型绝不仅是全球价值链物理分布和产业结构的重新布局，而更多的是一种深层次的结构性变化，是基于数字技术的广泛应用和数据信息的跨境流动，形成的产业革新和价值链重构，其中数字技术的快速发展起到了决定性的作用。

数字经济全球化的出现给本研究带来了挑战，其未来的形态、特征和运行机制目前尚不能清晰刻画，但数字经济全球化与商品全球化、全球价值链阶段有着紧密联系的同时又存在着巨大的差异。从某种角度来看，数字经济全球化是在全球价值链基础上的数字化升级，而又在潜移默化地从根本上改变着全球商务的业态和贸易的内容和形式。因此，数字经济全球化下，外循环如何促进内循环这一命题，目前很难给出明确的答案。

对于数字经济全球化，目前较为明确的是，与全球价值链阶段相比，在商品和资本跨境流动的基础上，又增加了数据的跨境。而且，当前大规模跨境流动的数据已经能够被视作一种新型的生产要素。同时，尤其需要引起高度重视的是，尽管数字经济的全球规则尚未构建完成，但规则体系对数字

[①] 根据世界银行的数据，2017年全球大约有45.8%的人上网，而10年前只有20%。全球移动网络服务的订阅量已经超过了全球人口。从2005年到2017年，跨境带宽的使用量增长了148倍。

经济全球化进程和方向的影响是巨大的,而各国在数字经济管理规则方面又存在巨大的差异。因此,本章对数字经济全球化下外循环促进内循环的研究,尽管难以给出明确、清晰的结论,但可以在数字经济的本质、数字规则构建与中国开放型发展道路关系方面进行探索性研究。基于经济全球化理论,从要素流动视角出发,如何看待当前全球经济向数字经济全球化转型这一现象?与以往的"商品全球化"和"资本流动下的全球价值链"阶段相比,这一重大的转型有什么显著特征,其具体运行机制是什么?数字经济的核心要素有哪些?与传统要素相比,呈现出何种特点?在向数字经济全球化逐步转型的过程中,各国数字经济政策差别与全球化治理中规则构建的核心又是什么?中国在数字经济全球化背景下,如何探索开放型道路?这些问题将是本章研究的重点内容。

一、数字经济全球化的出现

经济全球化可以被视为"世界在洲际层次上相互依存的网络状态,其联系通过资本、商品、信息、观念、人员、相关物质流动而实现"(基欧汉和奈,2000)。经济全球化的进程是对三种强制捆绑(见后论述)的逐次解绑过程(Richard Baldwin,2016),世界经济运行特征也依次表现为"商品全球化""全球价值链"和"数字经济全球化"。鲍德温(2019)认为我们当前正在经历人类历史上的第三次经济大转型。第一次经济大转型是从农业向工业的转型,伴随着人类社会从农村向城市的转移,推动此轮转型的技术动力是蒸汽机革命以及建基其上的机械革命。这次转型,使得物理距离的制约首先得到解绑,生产地和消费地出现了地理上的分离,世界经济进入"商品全球化阶段"。第二次经济大转型则是缘于19世纪70年代的"服务业转型"。在信息通信技术的推动下,人类社会的产业重心从工业转向了服务业,由此产生的后果则是"去工业化进程"的发生,尤其是在发达国家,大量蓝领工人失业而智力密集型产业得到快速发展。20世纪90年代前后通信技术的革命性发展,使"知识移动"——信息和思想的传播成本骤然下降,经济全球化出现了第二次解绑。跨国公司将一些生产环节离岸外包,并将其营销、管理以及技术诀窍一并转移。跨国资本基于各国比较优势决定如何进行生产力布局时,价值链便突破国家边界,建立起国际的生产连接。随着全球价值链革命的深入,经济全球化从"商品全球化"正式转入"全球价值链"阶段。相比于商品全球化,全球价值链阶段的本质是生产要素跨国界的流动(余永定,2002),其主要特征不仅是贸易自由化的提升,而且更重要的是生产要素国际流动的增强(张幼文,2002)。不过这还不是全部,由于以人工智能等为代表的数字技术的快速进步,世界正在进入第三次经济大转型,即"全球化机器人"转型,主要是指服务业内部传统智力劳动者被"远程移民"和"白领机器人"取代的转型过程。同时,"供应链 4.0"概念的出现,使得供应链管理模型从线性模式(指令按顺序从供应商传到制造商,然后到分销商、再到消费者,最后返回)转换成更为集成的模式(信息在多个方向上流动),进一步加强了全球价值链的数字化转型(WTO 等,2019)。毫无疑问,世界经济朝着数字化转型的驱动因素、相关技术及带来的变革已基本达成共识。近年来,国内外研究者相继提出了"数字经济全球化"这一判断,即,计算能力的提升和收集、处理、存储和传输数据成本的骤降,是此轮经济数字化转型的主要驱动因素,而包括人工智能、物联网、云计算、大数据分析和 3D 打印等在内的新兴数字技术,则是推动数字化转型的核心力量。新兴数字技术正在迅速传播并重塑各国经济和社会,在工业领域表现为"制造业活动转变为全球价值链内自动化、最优化以及产品与数据流全面融合的一场变革——工业 4.0"(Roger Strange 和 Antonella Zucchella,2017)。这一轮新的生产革命将在未来 10—15 年,对生产方式、就业、收入分配、教育、贸易、社会福利产生深远影响(OECD,2018)。以数字技术为基础的新商业模式出现,数字平台正成为新的市场,同时,数字贸易的出现与快速发展,正在深刻改变国际贸易的贸易方式、对象和内容(世界贸易组织,2018)。全球化进入了一个由数字技术驱动的新一轮全球化,数据流作为连接纽带,在全球经济中所起的作用已超越以往的实体贸易(Susan Lund 和 Laura Tyson,2018)。经济全球化从以"国际贸易"驱动为特征,到以"国际金融"驱动为特征,如今步入了以"数据要素"为主要动力的时代(Bhaskar Chakravorti 等,2019)。借此,数字技术带来的"面对面沟通成本"大幅降低,经济全球化将可能出现第三次解绑,步入一个新的发展阶段——数字经济全球化。

二、数字经济、数字贸易等概念的理论演进

(一)数字经济概念的内涵和外延

20 世纪 90 年代末,数字经济更多的是指"互联网经济",关注互联网的应用及其对经济的影响(Brynjolfsson 和 Kahin,2002)。进入 21 世纪后,数字经济的定义扩大到"互联网经济兴起和增长下的不同政策和数字技术"以

及"ICT 产业和数字化为导向的企业"(OECD, 2012, 2014)。《2019 年数字经济报告》(UNCTAD, 2019)从数字技术不同作用的角度,将数字经济划分为三个阶梯式递进的模块:首先定义数字经济的核心基础,即包括基础创新(硬件制造)、核心技术(软件)以及支持性基础设施(信息和电信)在内的全部数字部门;然后以此为依托,将数字经济狭义地定义为"主要生产依赖核心数字技术的关键产品或服务,包括数字平台、移动应用程序和支付服务",即所谓的 ICT 部门;最后,再将广义的数字经济定义扩大到整个数字化领域,凡是数字化产品和服务被广泛应用的行业均被纳入其中,即 ICT 驱动的所有部门。

(二) 数字贸易、数据要素与数据跨境

"数字贸易"一词由美国率先提出,在美国国际贸易委员会 2013 年发布的全球首部数字贸易报告《美国与全球经济中的数字贸易》中,将数字贸易定义为"通过固网或无线网络进行产品和服务交付的电子商务"。在此之前,各方多援用 WTO 在 1998 年《全球电子商务宣言》中采用的"电子商务"一词,尽管定义或有不同,但是内涵聚焦于"交易的数字订购,但产品可以通过数字方式或物理方式进行交付",重点主要是集中在货物贸易。美国信息技术及创新基金会(ITIF)将"数字贸易"的概念进一步扩展为"通过电子手段(通常是因特网)跨境传输数据、产品或服务"(Joe, 2019)。"跨境数据流"作为数据要素,开始被纳入数字贸易的范畴,尽管只是一个词语的增加,但这恰恰从本质上揭示了数据(data)作为数字经济和数字贸易最基本的生产要素,是支撑整个数字贸易的最小单元。丹和玛丽亚(Dan 和 Maria, 2018)的研究也同样表明,数字化转型需要在贸易政策所解决的世界贸易传统组成(即商品、人员、服务、资本的流动)中,增加第五个项目:数据的流动。

数字技术的发展带来经济数字化的同时,也促成了大规模数据的生成、传输和处理。与传统意义上的"数据"相比,当前"数据"一词的内涵和外延出现了极大扩展,也变得更加复杂。数据作为新的要素在国际范围内流动,国内外的相关研究对此已有较多的论述。如克里斯蒂安·凯特尔等(Christian Ketel 等, 2019)分析了数字化对全球贸易带来的新变革,强调跨境数据流的重要性,并提出了"数字赋能贸易"(Digitally Enabled Trade)概念,认为"数字原生企业"带来了完全数字化的全球性新服务,其价值创造植根于数据的提供和分析之中。巴斯卡·恰卡沃帝等(Bhaskar Chakravorti 等,

2019)得出的判断是,产生数据的能力可能会决定下一轮的世界秩序,像在20世纪里的石油生产在创造经济强国中的作用一样。约书亚(Joshua,2019)指出,数据的生产和使用正引领着经济和贸易的数字化,大数据的使用有可能成为创新、生产力增长和竞争力的一个关键性驱动要素。

UNCTAD 2019年的研究发现,基于互联网平台的数字贸易,数据已经成为贸易扩张的关键驱动因素。这一驱动因素关键在于能够将数据转化为"数字智能",能够创造数字智能的数据流已经开始成为数字贸易核心竞争力的关键。大卫·阮和玛塔·派克索(David Nguyen 和 Marta Paczos,2020)认为跨境数据流已经成为全球经济的关键推动力,阐述了企业为什么要跨境传输数据和跨境数据流的规模与价值,提出了"全球数据价值链"的概念,并指出其基础是"数字化使数据收集、分析、存储和货币化的物理分离成为可能"。数据正在通过国际流动对全球价值链产生影响(UCTAD,2019),一个全新的"数据价值链"已经形成,并将创造出巨大的价值。

因此,对于当前经济全球化研究,从要素流动的视角,而不是从其呈现的结果展开,能够抓住不同阶段经济全球化运行机制的本质特征。这正是全球化经济学的逻辑起点和理论主题(张幼文,2013)。

三、数字贸易规则和全球治理

(一)全球数字贸易规则的发展

鉴于数字技术的发展前景无法预判,对数字贸易的监管以及全球数字贸易规则的形成也呈现出滞后性和碎片化的特点。目前国内外学者对数字贸易规则的研究主要以多边和优惠贸易协定(PTAs)为切入点,对现有规则进行梳理及比较研究。如有学者(Wu,2017)梳理了现有PTAs中数字贸易条款的主要特征,发现部分条款进一步明确了现有WTO规则对数字贸易的适用,而更多的规则是针对数字贸易新增了相关的承诺。一些学者梳理了WTO电子商务谈判的目前进展,分析了谈判中存在的焦点问题,如数据自由流动等(柯静,2020)。根本拓和杰维亚·洛佩兹·冈萨雷斯(Taku Nemoto 和 Javier López González,2021)则罗列了WTO电子商务谈判正在讨论的问题所涉及的现有规则、标准和原则的清单,以期为政府更好地理解数字贸易并就这些问题进行讨论奠定基础。此外,部分学者以美欧为主要研究对象,分析梳理美欧各自在数字贸易议题中的立场和分歧,例如,有学者(Gao,2018)研究了美国PTAs中数字贸易规制,总结了美式规则的主要内容和特征。周念利和陈寰琦(2018)认为,与美式模板相比,"欧式模板"尽管义务性不断增强,但仍缺乏体系性。总体而言,数字赋能贸易的法律环境是由国家和多边规则拼接组成。在多边层面,进展缓慢。尽管双边和区域贸易协定(RTA)已经开始填补这一空白,但每项 RTA 都有自己的目标和规则,因此在条款约束力上差异巨大(Christian Ketels, Arindam Bhattacharya 和 Liyana Satar, 2019)。

(二)数据跨境流动监管与全球治理

数据跨境流动是实现数字经济全球化的重要前提,其出现对传统的国际贸易理论和规则体系、政府监管的理念和方式都产生了巨大的挑战。因此,在确保隐私以及国家安全的前提下,形成能够促进数据有序、自由地跨境流动的全球贸易规则,不仅有利于数据要素在数字经济环境下发挥更大的效用,还能缩小各经济体因为监管不一致而形成的跨境数据流动的监管裂痕。与此同时,数据全球治理也成为数字时代经济和社会治理的基础性问题,引起各界的广泛重视。江小涓认为数据治理包含三个层面的含义[①]:第一个层面是用数据来实现治理,数据是治理工具,比如利用行程大数据来进行疫情防控,再如用海量数据建立起智慧城市治理体系等;第二个是对数据进行治理,数据是治理对象,从目前看,数据权属、数据交易和数据安全是突出问题;第三个是数字时代的数据治理,数据是社会基本元素,涉及数字文明中的数据治理价值选择和标准判断等。她认为数字时代看待数据,应该有不同于工业时代甚至不同于信息时代的新价值观和判断标准,也应该有相应的科技伦理。而数据治理应通过企业、平台、政府的共同协作完成。

实践中,各国通过各类协定、安排等手段,积极开放数字市场、通过各类数字平权手段,实现全球数字经济治理。如 2021 年 10 月,七国集团成员基于 G7 贸易轨道达成了数字贸易原则,主要包括开放数字市场、确保可信数据自由流动等,并共同致力于推进公平和包容的全球数字经济治理。G20 于 2021 年 10 月底召开的第 16 次峰会达成的罗马宣言中,在各个领域都强调了数字转型的重要性,通过政策协调和全球治理,以创造有利的、包容的、开放的、公平和非歧视性的数字经济。

[①] 观点引自江小涓教授在 2021 年 10 月 25 日召开的数据治理研讨会上的引导发言。

第二节 数字经济的核心要素与运行机理

一、数字经济的本质和内涵

在数字技术的推动下,各国经济已经日益步入数字化阶段,经济运行也逐步展示出数字经济的特征。数字经济的概念自20世纪90年代中期被首次提出以来,其内涵一直在不断调整:从20世纪90年代末的基本聚焦于"互联网经济"(Tapscott D,1996),扩大到各行业的"数字化转型",继而发展到目前的涵盖"由数字技术赋能的全球经贸领域"的各个方面。

从数字技术与经济之间的交互作用来看,数字经济可以划分为三个依次递进的范围:首先是数字经济的核心基础,包括硬件制造的基础创新(如半导体、处理器等)、设备开发的核心技术(如计算机、电信设备),以及支持性基础设施(如互联网和电信网络)。其次是数字和信息技术领域中基于数字技术生产的产品和服务,主要包括数字平台、移动应用程序和支付服务等。作为狭义上数字经济的内容,数字经济在很大程度上受到这些领域创新服务的影响,这些创新服务对经济的贡献越来越大,并可能对其他领域产生溢出效应。最后是更为广义的数字化领域,涉及了数字化转型的所有领域,即包括所有数字支持性部门,在这些部门中,新的活动或业务模式已经出现,并且由于数字技术而正在发生变革。如金融、媒体、旅游和交通等领域。此外,尽管很少被强调,但具备数字素养或技能的工人、消费者、买方和卖方对数字化经济的增长至关重要(UNCTAD,2019)。毫无疑问,这一分类重点关注的是"经济数字化"的发展过程、覆盖面及其价值的创造和获取,充分揭示了数字经济的本质和内涵。

二、数据成为数字经济中第四种新的生产要素

（一）数字经济发展中数据的重要性日益凸显

根据统计学的定义,数据(data)是指通过观测得到的数字性的特征或信息。更专业地说,数据是一组关于一个或多个人或对象的定性或定量变量。随着数字技术的发展,越来越多的数据可以被捕捉、记录并保存。数据对现代全球经济至关重要。作为组织的一种内部投入(如关于公司机器运行效率的数据),数据发挥着巨大的作用。随着组织数字化程度的提高,数

据作为商业投入的重要性也越来越高,影响的不只是信息产业,也包括传统产业。此外,数据还可以构成数字产品,如软件、书籍、视频和录音。

借此,全球数据流和新兴技术正日益成为全球贸易的关键驱动力。麦肯锡估计,2014年跨境数据流的价值约为2.8万亿美元,超过了货物贸易(麦肯锡全球研究院,2014)。根据联合国贸发会议(UNCTAD,2019)的报告,2017年全球电子商务交易额达到29万亿美元,约有13亿人在线上购物——较上一年度增长12%。根据WTO(2018)的统计,利用数字技术降低贸易成本,预计可以使全球贸易到2030年增长幅度达到34%,这包括使用数字技术提高物流效率以降低运输成本,使用机器人优化仓储和库存,以及使用区块链促进海关流程的便利化等(Joshua P. Meltzer, 2019)。

(二)数字经济下数据成为第四种生产要素

首先,数字经济的出现,为数据能够继土地、资本和劳动力后成为第四种新的生产要素创造了充分和必要的条件。长期以来,企业在生产经营的各个环节中会产生海量的数据,对这些数据进行收集、汇总和分析进而形成数据信息是企业日常活动中必不可少的环节,但由于这类数据信息的价值往往体现在最终产品的成本中,无法分离、捕捉,因此经济学界一直未将数据纳入生产要素的范畴。而在经济数字化出现后,情况发生了巨大的改变。数字经济起源于经济活动中大量、详尽、机器可读信息的出现和可获取,其发展遵循以下路径:(1)信息的数字化,即机械和模拟电子技术向数字技术的转变,使得各种形式的信息已经转变成可处理的数字信息;(2)计算、通信和信息处理技术领域的快速发展,互联网和移动网络的普及与发展,在促进以物联网、人工智能、区块链以及3D打印等技术为代表的数字技术发展的同时,海量数据的产生为其提供了充分的应用场景;(3)经济活动出现数字化趋势,以数据为基础的新型商业模式出现,深刻改变了企业的生产组织、运营和赢利模式,以及消费者沟通和消费方式,一国经济逐步展示出数字经济的特征。

其次,数据流动规模的几何级增长,使数据具备了成为经济活动新要素的必要条件。得益于计算、通信技术和信息处理技术的发展,数据流动规模的迅速扩大。计算能力的飞速提升与计算技术成本的大幅下降,展示了现代通信网络可承载信息量的巨大进步,意味着通信系统中任何两个节点之间均可以实现大量数据的即时传输;作为数据流基础的电信服务使得更广泛地使用或传输大量数据成为可能,这同样带来了通信成本的下降,为企业便利地获取大量数据,通过数字技术来提取新创意或创造新价值,提供了充分的应用场景。

最后,数据已经成为当前许多商业模式的核心要素投入,并创造着巨大的价值和收入,这使数据具备了作为新的生产要素充分条件。数据在经过搜集、汇总、分析、利用等阶段后,会进入"货币化"的价值创造过程。数据流动过程是一个"数据价值链"形成的过程,也被称为"数据价值周期"。作为数据价值链最后一环的数据货币化,已经成为企业收入增长的重要驱动力。研究表明,数据货币化对32%的高绩效企业(过去三年收入年增长率超过10%)和9%的所有其他企业总收入的贡献率已超过10%(Mckinsey,2018)。

不同企业的数据货币化形式大致可以归类为四种:出售或授权数据、出售全新的数据相关产品、利用数据改进现有产品,以及改善企业生产流程或提高运营效率。这些货币化形式均与企业特定的商业模式直接相关,以数据为中心的商业模式不仅被数字平台采用,而且越来越多地被各行业的领先公司采用。根据商业模式的不同,经济合作与发展组织(OECD)将数字经济中涉及数字化的企业大致分为两类,"数据赋能型"和"数据增强型"。"数据赋能型"企业是指那些在获取大量数据的基础上,依靠新兴数字技术进行价值创造的企业,这些企业已经形成了完全数字化的商业模式,数据是其运营的命脉,也是价值创造的关键驱动因素。"数据增强型"企业则是利用数据更好地协调原有的业务运作、促进决策,并引入新的商品和服务。基于美国18 000家制造企业的实证研究表明,依靠互联网并由数据驱动的决策能够提高生产率,从而创造更高的价值(Brynjolfsson,2016),但数据流动尚未改变其核心业务模式,因此,数据和数字技术对传统制造业的影响,更多是一种"渐进式"的数字化,并最终会在制造业生产经营中引入新的基于数据的服务,从而使得制造业出现商业模式的"服务化",传统的货物制造商逐步向数据驱动的服务提供商转型。如,传统的汽车制造商在单纯车辆销售的核心商业模式中,增加了通过网络平台提供按需租赁等"移动解决方案"的数字服务。

三、数字经济的要素组合及内循环下的竞争力来源

(一)数据要素的主要特征

与传统生产要素——土地、资本和劳动力相比,数据内涵和外延的复杂

性集中体现在数据要素的几个独特性质中：

（1）数据本质上是非竞争性的，可多次同时使用且价值不会损耗，也不受有形资产折旧的影响。这意味着数据可以被多次使用，而不会在本质上降低其价值。原则上，数据可以以较低的边际成本被无限地利用和再利用。一般而言，决定数据再利用成本的因素主要是数据基础设施的水平和分析技术的能力。

（2）数据流尽管具有价值创造的潜力，但在原始数据生成时，其价值并不能事先确定，只有进入数据价值链的"货币化"阶段才能确定其价值，且不同的用途所获得的增值也不同。

（3）数据流创造的价值还取决于应用于数据的分析技术，企业搜集、传输、存储和分析的能力与数据流所创造的价值高度相关，而且数字技术能力的提升和数据流规模的持续扩大往往会产生规模经济效应。

（二）数字经济的要素组合

鉴于以上分析的数据要素的特征，作为一种新的生产要素，数据必须和其他三种生产要素组合后才能发挥作用，尤其是与资本和劳动力要素的组合。

数据要素的价值创造直接取决于针对数据的数字技术应用。这种应用本质上是一个要素组合的过程，并分为两个层面。一个层面是，数字技术本身水平的高低决定了数据货币化的实际收益高低，其背后的决定力量是企业资本的研发投入。例如，过去10年中，与信息和通信技术（ICT）生产和服务有关的企业研发（R&D）大幅增加，其中ICT服务中的R&D支出占全球R&D总支出的份额，从10.8%增长到了14.2%，ICT生产领域的R&D份额也从23.0%增至23.7%（WTO，2020）。资本研发投入所形成的高水平数字技术和算法最终仍将依附于资本要素本身，并形成一种新的资本类别，可以称之为"拥有高水平数字技术和算法的资本"（以下简称"数字化资本"）。借此，一国的资本要素就进一步区分为具有传统生产技术的资本和具有数字技术和算法的资本，当然，还包括拥有品牌、管理经验、营销网络等无形资产的资本。其中，数字化资本与数据要素的组合在数字经济中的作用将日益扩大。另一个层面是，使用数字技术劳动者的能力差异也会影响数据货币化的收益，这是数据要素与劳动力要素组合的过程。经验证据表明，高技能劳动力为数字经济的创新做出了积极贡献，高技能劳动力取决于企业或个人前期更多的人力资本投资，最终的载体是一种新形式的劳动力要素,可以称之为"具有数字技术应用能力的高级劳动力"(以下简称"数字技能熟练劳动力")。

数据要素与"数字化资本"和"数字技能熟练劳动力"要素组合的优化,是数据创造经济价值的核心,也是一国数字经济能否快速发展的决定性因素。一国范围内的数据、资本和劳动力要素基本处于可自由流动状态,在数据进入生产、销售和提供这一产品/服务全周期时,依然是在资本的组织下进行。即资本基于一国范围的土地、劳动力以及数据等要素禀赋,选择最优的组合进入生产活动。在不存在数据跨境流动的情况下,数据要素的稀缺取决于一国数字化基础设施的水平,如网络覆盖率、宽带速度等,这决定了一国产生数据要素的能力,直接决定着数据价值创造的潜力。数据产生规模收益还取决于一国数字技术水平和劳动力的数字技术应用水平,这类要素越充裕,数据对一国的经济增长贡献就会越大。同时,数字经济作为一种新的经济形态,国家政策和监管也将在战略层面起着支持或阻碍数据流动和价值创造的作用。如,近年来越来越多的国家采取了旨在促进创新和技术升级的政策,旨在将国内生产与新兴数字技术相结合,促进传统产业现代化转型升级。

(三)数字经济的竞争力来源

在不考虑要素跨境流动的开放经济中,一国数字经济竞争力将取决于三个来源:一个是要素生成能力,主要取决于一国信息和通信基础设施水平;第二个是使用数据要素的能力,主要取决于一国数字化资本和数字技能熟练劳动力要素的丰裕程度;第三个是一国在数字经济领域的制度环境,主要依靠国家政府对数字经济所采取激励政策和监管水平。三者是相互紧密联系、相互促进的关系,本质上决定了数字经济要素组合在一国范围内的优化配置,是一国数字经济竞争力的核心来源。

第三节 数字自由跨境对世界经济运行机制的系统改变

一国经济数字化和世界经济数字化在现实中几乎是同步发生的,数据的跨境流动与一国内的数据流动并没有本质区别。数据跨境流动规模同样出现了急剧扩大,呈几何级数增长的趋势。全球互联网协议(IP)流量,从一个侧面反映出数据的跨境流动已经成为国际贸易、国际投资以及全球供应链几乎所有商业关系的基础之一。数据的跨境流动使企业能够建立和维护复杂的全球价值链,便于有效地协调研发、供应链、生产、销售和售后服务。在要素流动作为经济全球化本质特征的基础上,世界经济向数字经济全球化转型过程中,又增加了新的要素流动——数据的跨境流动。与以商品全球化为特征的经济全球化相比,资本和数据要素的流动不仅超越了商品流动的范畴,也进一步主导了全球范围内的商品流动的内容与方式。这将对全球价值链阶段世界经济的运行机制产生重要的影响,并展现出新的运行特征。

一、外循环中数据跨境与资本跨境的不同选择

全球数据价值链将逐步成为数字经济全球化收益创造的新维度,数据流动所创造的经济价值,在很大程度上取决于数字化资本对分散在全球各地的数据传输和汇总以及分析应用能力。数字经济全球化下,跨国公司作为微观行为主体,构建完善、便利、高效的全球数据价值链将成为其全球生产布局核心目标之一。与一国情况相同,原始数据的搜集、汇总、分析和利用等环节在全球范围内也存在着物理分离状态,跨国公司在多个国家、多个地点搜集原始数据,存储和传输数据,再到分析和利用,最后到创造收益的数据货币化阶段,这一过程也是在全球范围内形成数据价值链的过程,直观表现为数据的跨境流动和经济全球化收益的增长。与全球价值链的物理形态类似,全球数据价值链同样会涉及汇总处理后的数据在不同国家和地区之间的多次跨境,所创造的价值也将融入最终产品或服务交付至最终消费者。

根据商业模式的不同,同样可以将参与数字经济全球化跨国经营企业分为数字赋能型跨国公司和数字增强型跨国公司。其中,数字赋能型跨国公司,如亚马逊、Uber、Twitter 等,也被称为"数据原生企业",已通过"数据驱动型创新"形成了完全数字化的商业模式。对它们来讲,全球数据价值链已经成为其创收的关键和经营命脉。数据要素的跨境流动在跨国经营中占据了主导地位,在一定程度上可以代替资本流动。即在数据跨境流动充分的情况下,数字赋能型跨国企业可以不需要在海外设立分支机构。另一类是数字增强型跨国公司,其跨国经营的核心仍是通过资本流动,在全球范围内选择最优的要素组合开展生产经营活动。全球数据价值链的构建更多是用来改进产品质量、改善生产和业务流程运作、促进决策,并增加数字化的服务。在以制造业为代表的全球价值链中,主要表现为基于全球数据价值

链实现跨国经营的"渐进式"的数字化。

二、世界在"数据流动和数字化"层面联系的加深

尽管关于数字贸易的准确定义至今尚未形成广泛共识，但数字贸易的基本特征已经可以大致刻画：首先，数字贸易主要基于互联网等现代通信系统展开；其次，数据的跨境流动和数字化资本所拥有的高水平数字技术的应用已经成为全球贸易扩张的关键驱动因素，云计算、人工智能、区块链、物联网等都是"数据货币化"的具体实现方式；再次，从数字化企业的角度来看，贸易数字化的过程也是"数字赋能贸易"的过程，能够创造最终可货币化的数据流已经成为企业参与全球数字贸易的核心竞争力；最后，货物贸易和服务贸易的简单划分标准，已不能反映世界步入数字经济全球化转型的主要特征，全球贸易的模式及构成需要从全球数据价值链的角度重新审视和区分。

基于互联网等通信技术获取客户需求、偏好等数据，日益成为企业营销的主渠道，全球商品交易市场逐步转到数字平台创造的新市场中，一些服务的跨境交易也通过数字提供取代了现有的线下服务，如在线教育、在线医疗等技术和服务等的远程提供。数字贸易也改变了贸易的内容，使得货物贸易和服务贸易之间原本清晰的界限开始变得模糊。传统制造业的数字化转型使得制成品中开始出现数字化服务的内容，服务的比重显著增加，其核心表现为全球价值链贸易中服务比重的稳步上升，以及新的服务类型和成分的激增。在传统的服务贸易领域，数字化将许多此前不可贸易的服务部门转为具有高度贸易性的部门，并推动了服务贸易的全球化。数字原生企业的出现，带来了一种崭新的、完全数字化的全球性新服务，其渠道是数据流动和数字技术的应用所形成的全球数据价值链，供应内容也是完全的数字化产品与服务。因此，数字贸易的出现给全球贸易的交易方式、交易内容和交易对象带来了重塑，使得世界经济联系在资本要素流动的基础上，增加了"数据流动和数字化层面"的联系，数字贸易的内容和规模的持续扩大将成为数字经济全球化的重要特征。

三、全球价值链形态与布局变化的不确定

跨境数据流规模的扩大，为数字技术带来了充分的应用场景。以数字平台为代表的新型商业模式的出现，使得商品、服务的用户与供应商能够更

为直接的面对面接触,用户的各类需求可以迅速与供应实现最佳匹配。需求侧的"客户声音"日益重要,而规模经济带来的竞争优势相对减弱,也使得原本以"成本为中心"的全球价值链开始逐步向"以产品和用户为中心"转变,即跨国经营企业从此前通过资本流动寻求最低的要素成本,向更加适应用户需求的方向转变,逐步去除过去"线性"供应链中的"刚性"中间商——去中介化,从而根本改变全球供应链的形态。这一变化的典型案例是,随着基于跨境数据流的数字技术的进步和市场规模的扩大,谷歌、亚马逊以及阿里巴巴等大型互联网公司,正在以数字平台为基础,以点对点互联模式取代了原来的线性价值链。最终,与传统纵向一体化的全球供应链不同,以全球数字平台为核心新的全球供应链,将呈现为一个由不同行业用户、供应商以及合作伙伴组成的广泛的生态系统,这些基于多维价值的生态系统使得合作伙伴之间可以进行高度的横向协作,提高其与传统供应商关系的效率和韧性。

全球价值链形态的改变必然导致其布局的改变,但数字技术本身仍在发展中,而且不同数字技术的影响方向也不尽相同,因此全球价值链布局变化尚不能明确。一方面,物联网、人工智能、区块链等数字技术可以使生产、交付以及物流更为高效,因而可能会带来全球价值链的延长,并增加全球价值链中的国外货物和服务的增加值成分,从而纳入更多的经济体;另一方面,人工智能、3D打印和先进的机器人技术可能会减少劳动力的需求,减少国际采购,中间品和服务越来越多地来自发达经济体内部,可能导致生产更加区域化和全球价值链的缩短或回归,即,将生产或其他商业职能从劳动力成本较低的国家及地区回归至拥有规模市场的国家。如,3D打印如果能够得到普遍应用,全球价值链不仅可能缩短,其形态也会出现变化——通过设计、图纸和软件等形式的数据跨境交换来替代此前的货物和服务的跨境交易。

四、全球化收益的国民属性进一步复杂化

在全球价值链阶段,世界经济整体的系统性联系加强,资本要素的国际流动改变了各国的比较优势和要素禀赋结构。在跨国公司全球生产布局的推动下,寻求要素最佳组合成为世界范围内要素配置优化的主要方式。尽管传统的比较优势和要素禀赋理论仍然发挥着作用,但高度融入全球价值链后,各国的比较优势已不能再通过国际贸易的规模和结构来反映或衡量。

同时，贸易收益往往被本国要素和外国要素共同所有，全球化收益国民属性问题变得复杂化。而在全球价值链向数字经济全球化转型的过程中，数据要素的跨境流动将使得这一情况变得更加复杂。

数字经济全球化下，数据、数字化资本和数字技能熟练劳动力三种要素的最优组合将是未来经济全球化收益新的增长点。要素流动的情况下，一国数字经济的基础设施、数字资本和数字技术熟练劳动力的丰裕程度，以及数字经济成长的制度环境将不再是天然的竞争优势或者是比较优势来源。不同要素流动性的差异，决定了全球化经济中要素流动的基本方向是易流动要素向不易流动要素所在地流动，因此，对于数字赋能型的跨国公司来讲，在数据可完全跨境流动的情况下，其数字化资本将会留在母国，在母国内完成境外数据流入的货币化过程，并跨境提供数字化产品或服务；而对于数据跨境流动不足的贸易伙伴，跨国公司将选择数字化资本的跨境流动，与贸易伙伴国本土的数据结合，并在当地提供数字化产品或服务。对于数字增强型跨国公司来讲，由于其传统业务模式仍以全球价值链分工的加工和制造为主，因此资本流动仍是其主要模式，但随着其业务模式的数字化进程的加快，数据流动代替资本流动的步伐将逐步加快。这不可避免地复杂化了全球收益的国民属性。

五、世界经济发展格局不平衡的新表现

"易流动要素向不易流动要素流动"的规律决定了世界产业分工布局以及全球贸易格局。在全球价值链背景下，以外包或产业转移为主要形式的资本要素流动，必然带来贸易的反向流动，进而造成全球贸易格局的不平衡，主要表现为资本流出经济体贸易逆差的出现。同时，全球价值链利益分配的对象也成为具有竞争优势的跨国公司的国际性生产网络，而不再是以国界划分的经济体，贸易格局的不平衡导致了资本流出经济体本土劳动力和传统产业资本要素收益的减少。

数字经济全球化下，要素流动往往给要素流出方带来贸易逆差的规律仍然存在，但表现形式会有所不同。对于"数字增强型"跨国公司，由于仍处于渐进式的数字化转型过程中，数字技术的应用和数据的跨境流动会使得此前全球价值链分工的"微笑曲线"变得更加陡峭，即生产阶段的自动化加快将减少生产环节的增加值，进而减少处于生产分工阶段的经济体收益，而处于生产前或生产后阶段分工的经济体收益增加，如能够提供更广泛的设

计软件和数据驱动服务（生产前阶段），或者提供数字化增强的售后服务（生产后阶段），但总体仍将延续全球价值链下贸易格局的不平衡。对于数字化程度高的"数字赋能型"跨国公司来讲，对于数据跨境流动弱的贸易伙伴，数字化资本将流出，在贸易伙伴国本土提供数字产品和服务的同时，也会将数字化产品和服务跨境返销，这一模式产生的贸易不平衡同样将延续全球价值链阶段的贸易格局。而在数据跨境流动较为充分的情况下，数据的跨境流动往往会代替数字资本的流动，并产生反向的数字贸易流，贸易格局的不平衡将转为数据要素流出国对"数字化资本"所在国的贸易逆差。

在世界经济向数字经济全球化转型中，贸易格局的不平衡所带来的世界经济发展的不平衡将继续存在，只是有了新的表现形式。根据 UCTAD 的统计，全球市值最大的 20 家公司，基本都拥有基于平台的商业模式，其中，微软、苹果、亚马逊、谷歌、脸书、腾讯和阿里巴巴等世界七大平台占世界前 70 大平台总市值的三分之二；从数字化资本母国的分布来看，美国和中国占全球前 70 大数字平台市值的 90%，而欧洲在其中的份额仅为 4%，世界其他地区的份额更少。因此，在全球存在巨大数字鸿沟的背景下，基于在线平台商业模式的数字赋能型跨国公司，很可能是未来全球贸易格局和世界经济的不平衡的主要推动力。其背后所隐藏的"主权国家的本土政治经济利益"和"跨国公司全球化利益"的失衡将会在一段很长的历史时期内继续存在。

第四节　数字经济下开放型发展道路的目标和机制

一、数字经济下开放型发展道路的目标

根据《中华人民共和国国民经济和社会发展第十四个五年规划和 2035 年远景目标纲要》的要求，在全球经济向数字经济转型的过程中，我们应在立足国内大循环的前提下，积极发展技术和数据要素市场，通过协同国内外市场的先进做法和监管手段，形成全球资源要素强大引力场，促进内需和外需、进口和出口、引进外资和对外投资协调发展，加快培育参与国际合作和竞争新优势。以此实现中国数字经济要素的大规模累积、数字经济的全面发展与国际竞争力提升。

（一）健全要素市场运行机制，完善交易规则和服务体系

在数字经济时代，中国应更加积极地推动要素流动开放。不仅要利用

自身丰富的劳动力、土地等传统资源要素优势,更要利用当前拥有海量新兴数据要素的优势,通过健全要素市场运行机制,完善交易规则和服务体系,并深化公共资源交易平台整合共享,顺应数字经济全球化,优化国内外资源要素配置。

(二)深化要素流动型开放,稳步拓展制度型开放

为了促进数字经济的繁荣发展,中国应坚定不移扩大开放,降低要素流动壁垒,依托国内经济循环体系形成对全球要素资源的强大引力场。从传统的商品流动型开放,向以要素流动为依托的制度型开放转型的过程中,强化国内大循环的主导作用,以国际循环提升国内大循环效率和水平,实现国内国际双循环互促共进。

(三)打造数字经济新优势

数字时代,我国应继续加强网络基础设施的建设,通过建设数字经济、数字社会、数字政府,以数字化转型促进生产方式、生活方式和治理方式的变革。同时,应充分发挥海量数据和丰富应用场景的优势,促进数字技术与实体经济深度融合,赋能传统产业转型升级,催生新产业、新业态、新模式,壮大经济发展新引擎,以此激活数据要素潜能,打造我国数字经济新优势。

二、数字经济下开放型发展促进内循环的机制

毫无疑问,数字技术已从根本上改变了经济全球化的发展方式。不同于制造业开放国际价值链分工,数字经济发展水平提升路径,应该遵循自主创新式发展和全球要素集聚并举。在数字经济全球化背景下,中国已无须通过低端参与合作实现发展,很大程度上,是通过数据要素的集聚,依托数字技术、数字平台、数字应用场景的发展,实现价值链分工各个层次上的平行发展。

数字经济在现阶段的开放中应如何发展?显然不能仿照原先的制造业的发展模式,而是应该将数字技术本身视为发展的核心,而发展路径的本质则是传统经济的数字化改造。

(一)加强关键数字技术创新应用

作为数字经济发展的核心,数字技术的发展水平是一国在当下数字化竞争中立于不败之地的关键所在。我国接下来应聚焦高端芯片、操作系统、人工智能关键算法、传感器等关键领域,加快推进基础理论、基础算法、装备材料等研发突破与迭代应用。加强通用处理器、云计算系统和软件核心技

术一体化研发。通过加强关键数字技术的创新应用,提升我国数字经济竞争力。

(二)加快推动数字产业化,丰富应用场景的适用范围

对于数字技术产业,我国应进一步推动数字产业的发展,培育壮大人工智能、大数据、区块链、云计算、网络安全等新兴数字产业,提升通信设备、核心电子元器件、关键软件等产业水平。不断充实丰富现有的应用场景和产业生态,在智能交通、智慧物流、智慧能源、智慧医疗等重点领域开展试点示范,进一步扩大应用场景的适用范围。鼓励企业开放搜索、电商、社交等数据,发展第三方大数据服务产业,提升数据挖掘、数据清洗、数据分析能力,充分发挥数据要素价值。同时,引导资本投资数字产业,加大数字产业人力资本的培育,全方位提升数字经济背景下,要素融合增值的潜力。

(三)推进产业数字化转型

数字经济时代,各行各业都面临数字化转型升级,如何利用数字赋能、推动全产业链协同转型,是未来发展的重点。产业数字化是指在新一代数字科技支撑和引领下,以数据为关键要素,以价值释放为核心,以数据赋能为主线,对产业链上下游的全要素进行数字化升级、转型和再造的过程(国家信息中心信息化和产业发展部等,2020)。在推动全行业数字化转型升级的过程中,应从社会和市场两个维度着手,一方面促进生产工具与生产要素的数字化变革,另一方面,通过信息网络和服务平台进行市场资源配置和资源优化。在数据要素的基础上,充分考虑数字生产力的创造性,并建立与之匹配的数字化生产关系,真正释放数字价值。

第五节 数字经济下开放型发展道路的政策选择

一、全球数字经济治理中规则构建的重点

数字经济全球化所带来的世界经济运行机制的改变,必然需要相适应的全球数字经济治理体系。各主要经济体均将全球数字经济规则的构建,视为参与新一轮经济全球化利益分配的关键。这也解释了为什么近年来,无论是以 WTO 为代表的多边平台,还是各类区域、双边贸易协定谈判,以及 G20 和 OECD 等政府间国际组织,会纷纷进行大量有关电子商务、数字贸易规则的协定谈判,推出各类有关数字经济全球治理的行动方案。虽然

至今为止,由于数字经济仍未完全展示其最终形态,各国国内相关规则仍在摸索构建中,因而无论是在 WTO 多边框架下,还是在区域、双边贸易协定层面,并没有形成真正系统的数字贸易治理的规则体系。即便有关数据流动规则的国际协调已经出现在多边、区域和双边贸易协定的谈判中,但是依旧无法达成国际共识。数据流动规则既是保障数字经济繁荣发展的核心驱动力,也是目前各国权衡隐私保护、国家安全后,在数字贸易规则谈判中的核心分歧所在。

(一)全球数字贸易规则现状

最近几年,全球数字贸易规则构建的速度明显加快。从多边层面来看,2019 年 1 月,包括中国在内的 76 个 WTO 成员签署了《关于电子商务的联合声明》,共同发起电子商务规则诸边谈判,目前参加方已增加至 86 个成员方,占全球贸易额的 90% 以上。截至 2021 年 11 月,各方在进行了数轮谈判后,就垃圾邮件、电子签名和认证、电子合同、在线消费者保护和公开政府数据等问题达成一致,但是在市场准入和数据流动问题上,依旧存在巨大分歧,留待 MC12 后继续商议解决。

再看区域和双边层面,美日欧已率先在区域层面推进全球数字贸易规则的构建。2019 年 2 月 1 日生效实施的《欧盟与日本经济伙伴关系协定》(EU-Japan Economic Partnership Agreement),首次设立"服务贸易、企业设立和电子商务"综合章节,将跨境服务贸易、投资、电子商务等规则全部纳入,并就这些规则与数字贸易的协调做出了明确的安排。2020 年 7 月 1 日,《美墨加协定》(USMCA)生效实施,该协定首次在《自由贸易协定》(FTA)中使用"数字贸易"取代"电子商务"作为专章标题,明确了数字贸易规则在 FTA 协定中的重要性,并扩大了原先电子商务规则涵盖的议题范围。2019 年 1 月,东盟 10 国达成《东盟电子商务协定》(ASEAN Agreement on Electronic Commerce),深化成员方合作,促进东盟区域内电子商务的发展。2020 年 1 月 1 日,美国和日本签署的《美国—日本数字贸易协定》(UJDTA)正式生效实施,作为全球首份就数字贸易达成的双边贸易协定,该协定体现了目前数字贸易规则领域的最高水平。2020 年 12 月 8 日,新加坡与澳大利亚达成的《数字经济协定》(DEA)生效实施,双方签署了 6 份关于数字经济各领域的合作谅解备忘录,内容涵盖人工智能合作、数据创新、电子发票合作、个人数据保护合作、电子认证合作以及数字身份方面的合作。同年 6 月 12 日,新加坡、新西兰和智利签订《数字经济伙伴关系协定》(DEPA),该协定已于 2021 年 1 月 17 日正式生效实施。该协定试图在数字贸易问题上建立新的方法并开展国际合作,增强不同监管制度之间的互操作性,并解决数字化带来的新问题,构建全球数字治理的基本框架。此外,新加坡与韩国和英国分别于 2020 年 6 月 22 日和 6 月 29 日宣布启动《韩国—新加坡数字伙伴关系协定》(KSDPA)以及《英国—新加坡数字伙伴关系协定》(UKSDEA)谈判。

从目前涵盖数字贸易规则的条款内容来看,协定主要可以分为四类:解决 WTO 规则在数字经济发展下的适用性问题;促进以数字贸易发展为前提的电子商务便利化;基于数据流动和隐私保护的数字贸易新规则;增强不同监管体制间互操作性的全球治理框架。

1. WTO 规则在数字经济下的适用性

传统的贸易规则核心是以边境限制措施的削减为代表的贸易自由化,这在数字贸易领域同样重要。这类规则主要解决了以 WTO 为代表的多边规则在数字经济下的实用性,具有一定的"贸易属性",主要包括:关税和市场准入、数字产品的非歧视待遇、跨境服务贸易规则对数字贸易的适用,以及在线消费者保护等。

(1) 数字产品的待遇

贸易数字化使得大量商品和服务可以直接在线交付,WTO 的"免征关税"决议解决了这部分贸易的关税问题。大部分 PTAs 基本援引 WTO 部长会决议中的表述,即"仅对电子传输免征关税"。这类已经数字编码形式在线交付的数字产品,往往也可以享受协定项下的非歧视待遇。

同样地,基于技术中性原则,数字产品的定性问题已经不再成为争论的焦点。WTO 的非歧视原则,在对待数字产品时也同样适用。目前的数字贸易规则,一方面不断扩大数字产品涵盖的范围,将可通过载体以物理方式运送的以数字化编码存在的计算机程序、文本、视频、图像、音频和其他产品纳入。同时,允许协定方对具有文化属性的数字服务在服务贸易减让表中作为例外。目前对"文化"的理解尚不存在一个非常精确的定义,[①]因此,这实际上赋予了缔约方较大的自由裁量权。在数字贸易自由化中合理限制少数数字贸易大国的全球扩张,缓解了数字贸易水平较低成员的担忧,在一定

---

① 如,《保护和促进文化表现形式多样性公约》对"文化内容"的定义为"源于文化特征或表现文化特征的象征意义、艺术特色和文化价值",是一个较为广义的定义。

程度上，为缓解数字发展鸿沟带来的经济发展差异做出了努力。

对于跨境服务贸易领域，明确跨境服务贸易纪律也适用于以数字方式生产、分销、交付的服务，实现一般服务贸易纪律的数字化升级。同时，扩大服务贸易提供模式一和模式二下的开放程度，为数字贸易的开展提供了更为宽松的环境和广阔的空间。

（2）消费者保护

数字技术促成的新型商业模式已经使消费者成为贸易的重要参加方。在传统实体店选购商品的模式下，消费者权益保护往往只针对线下消费，且仅出现在国内立法框架内。为了弥补对线上消费者相关保护的空白，现有数字贸易规则中纳入了"线上消费者保护""个人信息保护"以及"非应邀商业电子信息"等条款，通过国际监管协调，以确保线上消费者与线下消费者同样免受诈骗和商业欺骗。同时，建立保护电子商务用户个人信息的法律框架，以非歧视的方式保护个人信息，并提供相应的救济手段。此外，还加强对垃圾信息的监管合作，努力减少非应邀商业电子信息。

2. 数字贸易便利化

为促进数字经济发展，确保数字贸易便利化已经成为普遍共识。为保证电子交易的有序进行，避免过度监管对数字贸易发展的阻碍，目前达成的数字贸易规则一般要求各方承诺采取或维持必要的国内规制以管理电子交易，或直接援引联合国《电子商务示范法》或《联合国关于在国际合同中使用电子通信的公约》作为缔约方间电子交易法律框架的基本原则。同时，电子商务网络的接入和使用原则得到明确，确保电子交易能够即时、有效地通过互联网的接入实现。

考虑到电子认证和电子签名技术对促进数字交易的重要作用，大部分的贸易协定也都纳入了"电子认证和电子签名"条款，旨在明确电子签名的法律效力，鼓励适用具有互操作性的电子认证手段。"无纸贸易"作为最先出现在贸易协定中的数字贸易促进条款，要求缔约方应努力将贸易管理文件以电子方式向公众提供，缔约方政府接受以电子方式递交的贸易管理文件，并认可此类电子文件与纸质版一样具有同等法律效力。考虑到各方电子政务的发展水平不同，该条款目前还处于软约束状态，但为各方指明了努力方向。

3. 数据流动及隐私保护

（1）跨境数据流动

"跨境数据流动"（cross-border data flows）是指信息在跨越国界的计算

机服务器之间的移动或传输。毫无疑问,数据的跨境流动已经成为全球互联世界的基础,对于开展国际贸易和商务活动显得至关重要。数据流动使得人们能够为了信息沟通、追踪全球供应链、分享研究成果、提供跨境服务以及支持技术创新等目的,进行信息传输。一项研究估计,2020年全球GDP将因为数字数据的流动而增加36.9万亿美元(Gary Clyde Hufbauer 等,2018)。鉴于数据要素在数字经济发展中的重要作用,确保开放的跨境数据流动也逐渐成为各国在指定贸易政策时的重要目标,同时成为各类自由贸易协定中必不可少的重要议题。而跨境数据流动在提高生产力和促进创新的同时,也引发了对信息传输过程中的信息安全和隐私保护的担忧。

目前,世界上多数国家出于隐私保护和网络安全,对数据的跨境自由流动出台了限制措施,如对计算设施或数据提出本地化要求。这些措施不仅增加了企业成本、限制了经营范围的扩大,还可能形成"数据孤岛"进而无法实现规模化市场,继而影响数字经济全球化的深入发展。

为此,现有数字贸易规则往往会在确保实现合理公共政策目标的前提下,对数据的自由流动提出了"取消数据本地化要求"的基本要求。其他规则还包括"计算设施位置条款",限制各方诸如"使用位于其领土范围内的计算设施"或"将计算设施置于其领土范围内"。由于源代码是数字技术企业的核心竞争力,为了保护创新,现有数字贸易规则还纳入了保护源代码秘密性的相关条款,禁止缔约方将转移或获得另一方软件源代码作为在其领土内提供与该软件相关服务的条件。

此外,这类具有"数字属性"的规则还扩展至"网络安全"和"交互式计算服务提供者责任"。网络安全强调各方就网络安全和网络犯罪开展合作的重要性,一方面利用现有机制减少恶意电子侵权行为,另一方面在应对网络威胁上开展合作,确保对数字贸易的信心。而交互式计算服务提供者责任则要求,在不影响知识产权保护的前提下,免除交互式计算服务的提供者或使用者对上传内容的普遍审查义务,并仅在特定情形下承担有限的责任。这一条款在贸易协定中尚不普遍,但随着在线知识产权保护和执法要求的进一步提高,内容也在不断完善之中。

(2) 个人隐私保护和国家安全

倡导"数据跨境自由流动",也引发了各方对隐私保护和国家安全的担忧。从保护个人隐私而言,通常消费者在进行在线交易时,既希望获得隐私保护,也希望交易安全得到保障。然而,使用者的预期和价值取向千差万别,因此,目前全球也没有达成一个被广泛接受的关于"数据隐私"的标准或定义。一般而言,数据隐私可以被理解为"个人阻止个人身份信息(personal identifiable information,PII)被获取的能力"(Office of Management and Budget,2017)。①②

跨境数据流动是数字贸易的一部分,也是不可或缺的一部分,它可以促进货物、服务、人员和金融的流动。一项分析估计,2019年全球由数字驱动的贸易价值在8万亿至15万亿美元之间(Christian Ketels,2019)。有效且可持续的数字贸易依赖于允许通商和通信,但也依赖于确保隐私和安全、保护知识产权以及建立信任和信心的数据流动。阻碍跨境数据流动,包括通过一些隐私法规,可能会降低效率并减少数字贸易的其他好处,导致互联网裂痕的出现,或所谓的巴尔干化。

目前在数据收集、流动产生的个人隐私保护问题上,国际层面尚未形成比较明确的贸易规则,各国保有各自的实践,且做法不尽相同。美国的贸易政策向来支持放开数据流动,并且在部门层面对特定行业数据例如医疗记录等,设置隐私保护规则。目前实践的主要目标是维持消费者隐私、国家安全与开放商务(如消除数字贸易壁垒和市场开放)之间的平衡。相较于美国,欧盟更重视对消费者个人隐私的保护,为此欧盟还制定了《通用数据保护条例》(GDPR),并借此通过该条例,实现全球数据隐私保护措施的协调一致。此外,还有部分国家,对待数据是否能跨境流动问题,则更趋向于将保证国家安全作为前提条件。安全例外被广泛应用于贸易协定的谈判中,特别是涉及数据跨境自由流动的议题中。

4. 形成增强不同监管体制间互操作性的全球治理框架

(1)交叉议题规则的"数字化"升级

数字贸易内涵的扩大使得数字贸易规则不再是一个单独的领域,而是

---

① 目前,各方对个人身份信息的定义也不尽相同。美国管理和预算办公室(OMB)认为,个人身份信息是指"无论是单独或与其他信息结合使用,能连接到或可连接到特定个人,可用于区分或追踪个人身份的信息"。欧盟对个人身份信息的定义,则试图捕捉网络世界中可获得数据的广度,即"个人数据"是指任何已识别或可识别的自然人("数据主体")相关的信息;一个可识别的自然人是一个能够被直接或间接识别的个体,特别是通过诸如姓名、身份编号、地址数据、网上标识或自然人所特有的一项或多项的身体性、生理性、遗传性、精神性、经济性、文化性或社会性身份信息而识别个体。
② 《通用数据保护条例》(GDPR),第4条。

与知识产权保护、跨境服务贸易、金融和电信等单独成章的领域出现交叉适用。因此,在数字贸易规则构建过程中出现了交叉议题规则的"数字化"升级。

数字技术扩大了传统知识产权的载体、传播方式和传播途径,甚至重塑了知识产权的定义。越来越多的贸易协定明确了现有知识产权权利同样适用数字产品,并将知识产权纳入《世界知识产权组织版权条约》和《世界知识产权组织表演和录音制品条约》,甚至包括《视听表演北京条约》的相关条款,以确保知识产权权利人在数字环境下享受同样的保护。同时,增加了对互联网域名和数字商标的保护力度,并对技术加密措施的法律保护和救济制定了明确详细的规定。

金融服务数字化最为直观地体现为电子支付的广泛应用。作为国际贸易的重要支撑,金融服务数字化所带来的相关纪律升级,主要包括就电子支付卡服务制定规则,允许在符合特定要求的前提下,跨境提供电子支付服务。越来越多的贸易协定明确,各方应允许金融信息在审慎的基础上跨境自由传输,不得设置不必要的壁垒。

电信服务作为数字贸易开展的基础支撑,纪律调整升级主要包括引入更多竞争条款,放松政府对电信服务市场的过度监管,同时明确主要供应商义务,通过互联互通义务、减少转售限制、允许关键设施接入等措施,给予中小企业充分的竞争权。同时,加强监管措施的国际协调,从关注基础电信规制,向增值电信扩展,要求在一般情况下,不得对增值电信服务提供者提出与公共电信服务提供者同样的要求,且有关的资格、许可、注册、通知程序等都应是透明和非歧视的,不得提出诸如对公众普遍提供等要求。此外,从电信服务的角度纳入促进数据跨境流动、扩大电信服务市场准入、保护消费者个人隐私、降低国际漫游资费等纪律,促进电信服务发展的同时,也为数字贸易提供了良好的环境。

(2) 全球数字贸易治理框架

通过志同道合伙伴之间率先达成贸易协定,结合国际组织协调推行的数字贸易领域最优实践,全球数字贸易治理框架初露雏形。一方面,讨论数字经济治理领域的涵盖面更加广泛,以数字经济伙伴关系协定(DEPA)为例,议题领域已经拓展到如人工智能、中小企业合作、数字包容性、数字创新与监管沙盒等内容。在数字技术还在飞速发展、数字经济未来尚不清晰的当下,与时俱进地缩小了监管治理与技术发展不相匹配的差距,更好地回应由数字技术创新所带来的经济贸易问题。另一方面,全球数字贸易治理框架,通过"模块化、搭积木"的方式,逐步凝聚各方在数字治理中的共识,为推进全球数字治理进行示范引领。"模块化"是指将数字贸易治理根据不同议题切分,使得讨论更加聚焦,治理结果更加精准有效。"搭积木"是指全球数字贸易治理将通过小范围达成开放型协定的方式,吸引其他成员加入,不断扩大规模,最终实现更大范围内的广泛认同。

(二)全球数字经济规则构建中亟须解决的问题

从要素流动的经济全球化理论来看,数字经济全球化的全球治理核心应是构建一套系统的全球规则框架,以优化资本、数据要素流动下全球资源的配置,并在全球范围内实现全球化收益分配的平衡。因此,国家政策在国际层面的调整与协调是必要的,而且应当形成全球范围内的共识。从目前全球治理的合作情况来看,需要着力解决以下三个彼此紧密联系的核心问题,其中任何一个问题解决的失败都会最终影响到数字经济全球治理体系的有效性。

1. 数据要素跨境自由流动与数字鸿沟的矛盾

在数据经济全球化下,要保证全球范围内数字贸易的增长,需要相关国际规则能够提供获取和使用数据更广泛的机会,因此,实现数据要素全球资源配置优化的前提应当是促进数据要素的跨境自由流动。但在现实中,各经济体却存在着大量对跨境数据流动的限制,如数据存储和处理的本地化要求等。而且,各国在隐私和网络安全等领域的监管要求和规则差异也会起到限制跨境数据流的实质性作用。近年来许多贸易协定中涉及的数字贸易规则,均涉及了放宽政府数据流动的限制。如,在确保实现合理公共政策目标的前提下,对数据的自由流动提出了"取消数据本地化要求"的基本要求。代表性协定主要是《全面与进步跨太平洋伙伴关系协定》(CPTPP)和《美国、墨西哥和加拿大协议》(USMCA)。

但实现数据跨境自由流动并没有在全球层面得到广泛的共识,从各类涉及数字贸易规则的谈判和成果上来看,各经济体大致分为三个阵营:一个是美国,它在数字经济中拥有充裕的数字化资本和平台优势,因而在全球范围内极力推动数据跨境的自由流动;第二个是以中国和印度为代表的发展中经济体,出于对数字经济发展保留充分政策空间的考虑,它们对数据完全自由流动基本持反对态度;第三个则是欧盟、日本等数字经济较为发达的经济体,虽然基本认可数据跨境流动的重要性,但由于与美国在数字化资本充裕度和对未来数字贸易监管政策存在很大的差异,因此它们在与美国涉及数据跨境自由流动的谈判中,往往会增加涉及隐私和消费者保护等条款作为例外安排。

这一现象的根源在于数字鸿沟的存在。尽管各国经济正在向数字经济演进,但是在不同经济体之间,数字经济发展的现状和发展速度均存在着巨大差异。这种差异主要表现为,各经济体在数字经济基础设施、数字化资本以及数字技术熟练劳动力等方面,存在着巨大的发展鸿沟。除极少数的数字经济发达的经济体外,其余经济体普遍存在的担忧是:新兴的全球数据价值链很可能会将大多数国家定位为数据流的供应方,而只有接收大部分数据的少数平台和国家才能将其转变为增值数据产品,进而实现数据流的货币化,并最终导致各经济体在全球数据价值链中利益分配的巨大鸿沟。在此情况下,如何解决"数据要素的自由流动"和"数字鸿沟的弥补"之间的矛盾,成为数字经济全球治理不可回避的问题,也是数字经济全球化规则构建中需要首先考虑和解决的根本问题。

2. 全球数据价值链下要素收益错配的纠正

与资本、土地和劳动力三大传统"要素所有者和收益者基本统一"这一现象显著不同的是,当前数据要素的所有者和数据要素的收益者之间存在着明显的错配现象。全球数据价值链主要是通过拥有高水平数字技术和算法的资本,来实现数据的货币化的增值,数据要素所带来的巨大收益往往被数字化资本公司所获取。考虑到大型数字化公司在特定领域的垄断地位,这一要素收益的错配现象在网络平台数据产品的生产和销售领域表现尤为显著。在现有的商业模式下,由于数据所有者数量庞大而分散,加上全球数据价值链中的信息不对称,数据要素的所有者无法形成与大型数字企业的议价能力,因此,其收益只是总体收益的很小一部分。全球价值链中的价值越来越多地被那些控制生产管理所需的数据和数字技术的参与者所获取。

当前欧美之间有关数字服务税的争端正源于此。2019 年 7 月,法国"数字服务税"(Digital Services Tax)正式生效,征税对象涵盖法国境内的三类收入:线上广告、基于广告用途的个人信息数据销售,以及基于数据的端到端在线平台收入。[①] 美国则随后公布了针对法国数字服务税的"301"调

---

① 法国官方公报(Le Journal Official)公布的第 2019-759 号法案。

查,提议对价值 24 亿美元的法国商品征收高达 100% 的额外关税(USTR,2019)。同时,美国还在考虑对其他欧盟国家的数字服务税展开调查。总体来看,美国认为数字化公司雇用大量的员工,在改进软件代码和研发方面的投入了巨大的资本,这些是数字市场价值创造的本源(Joe Kennedy, 2019)。而在法国等欧洲国家看来,国外数字化企业的虚拟性质,使得他们更容易将企业活动定位在低税区,通过跨境的方式采购、交付商品和服务,而无须在消费者所在国设立实体,从而规避了传统的企业税(根据欧委会 2018 年的统计,全球科技公司的平均税率仅为 9.5%,而传统公司的平均税率为 23.2%。世界银行,2018),最终导致欧洲用户所产生的数据价值被采用数字商业模式的外国企业所获取。从表象上看,欧美之间的争端是"是否能够对境内没有商业存在的企业的数字产品收入进行征税",或者说是"数字企业利润征税地与价值创造地存在不匹配现象",而绕开国际税收制度设计的纠纷后,欧美之间争论的本质则是"全球数据价值链所产生的巨大利益究竟是属于数据要素的所有者,还是拥有算法的数字化资本"这一问题。

　　要素收益的错配必然带来国家收益的不平衡,涉及的国家还包括众多发展中国家,这些国家数据要素所有者同样对全球数据价值链的价值创造带来了重大贡献。尽管目前欧美关于数字服务税的争端尚无定论,但其最终解决方案是,将在主权国家之间就数据所有者和收益者错配问题提供一个框架性的规则安排,其核心目标应当是通过全球数字规则构建对要素收益的错配加以矫正,以保证未来数字经济全球化利益分配的合理化。

　　3. 数字经济全球下鼓励创新与限制垄断之间的平衡

　　经济数字全球化下,各国采取的调整资源配置的各类政策,大多以数字领域的创新、技术发展和升级作为政策的核心,通过促进国内产业从机械和模拟生产向数字化生产流程和服务转变来推动经济增长,如"工业 4.0""数字转型计划"等。许多发展中国家也在采取积极的政策来加强数字经济基础设施的建设,促进数字技术的创新。即便是最不发达的经济体,也采取了明确的数字战略来充分利用数字技术、生产软件或参与电子商务。与以往的政府政策相比,数字时代政府政策的显著特征在于:鼓励数字化创新,支持建立新的数据供应链,提高本国在全球数据价值链中的地位。从数字经济发展水平来看,发达经济体更多通过鼓励数字技术创新来巩固自身在数字经济全球化下的领先地位,而发展中经济体鼓励创新更多是为了尽可能地利用通用数字技术,追赶数字技术先进的经济体,并尽力弥补数字鸿沟。从经济全球化要素流动理论的角度来看,各国在数字经济领域鼓励创新的政策,本质上是提高自身数据要素生成能力(电信等基础设施的建设)、增强数字技术水平(充裕数字化资本)和提升数字技术应用能力(培育数字技术熟练劳动力)的过程。这是保证大多数经济体均能参与数字经济全球化的前提保证。

需要引起重视的是,数字经济领域出现了行业集中度的显著上升,即一些数字产业呈现出"赢者通吃"的特征:率先进入某一领域的数字化资本凭借高水平的数字技术和算法,在与数据要素和数字技术熟练劳动力形成有利的要素组合后,利用网络的外部效应(即数据货币化能力随着用户的增加而显著提高),从而具备更大的扩张能力,能够快速占据主导地位,并对后来者形成强大的垄断优势。随着世界经济向数字经济全球化的转型,"赢者通吃"也已经在全球范围内出现,这在数字赋能型跨国企业所依赖的"网络平台"的商业模式上表现尤为明显。一旦数字经济全球化的各领域出现垄断格局,"胜者赢得多数利益"这一规律必然会进一步扩大原本已经存在的数字鸿沟,这不仅会完全抵消各国鼓励数字创新的政策努力,而且会造成数字水平发展不同经济体之间利益分配格局的失衡。

目前世界上许多经济体已经开始重视并着手限制数字经济全球化中的垄断问题,典型代表是欧盟。2020年12月,欧盟首次尝试在数字监管领域进行重大立法改革,公布了旨在限制科技巨头的《数字市场法》和《数字服务法》两项法律草案。其中,《数字市场法》将旨在解决行业的不公平竞争问题,要求被欧盟监管机构定义为"守门人"(gatekeeper)的互联网公司,不得在平台上偏袒自己的服务,并有义务与竞争对手和监管机构分享某些类型的数据。

因此,为保证数字经济全球化利益的合理分配,在数字经济全球治理中构建合理有效的规则框架过程中,应当处理好鼓励创新和限制垄断之间的平衡问题。当前阶段,规则的核心要素是如何协调各国的竞争政策,以限制垄断,确保全球市场的可竞争性,防止数字化资本滥用市场支配地位、反竞争行为和技术锁定等,避免出现因个别经济体获取超额垄断利益而扭曲数字经济全球化的利益分配格局。

二、数字经济下开放型发展道路的政策选择

(一) 中国数字经济发展势头强劲、优势明显

1. 数字经济发展迅猛,数字化程度有待进一步提高

各种证据表明,中国在这一轮数字经济全球化的发展中占有十分有利的地位。美国塔夫茨大学 2017 年研究打造的"数字化演化指数"(Digital Evolution Index, DEI)分析了各国数字化潜在驱动因素:供应条件、需求条件、制度环境、创新和变革,并把这些驱动因素分解为 12 个部分,用 102 个指标来衡量(Bhaskar Chakravorti, 2017)。该报告认为,一个国家的数字竞争力包含两大因素:其当前的数字化状态以及数字化速度。根据对 60 个国家 2015 年的数字化状态和 2008—2015 年间数字化速度的测算,该报告把各国划分成突出、失速、爆发、警惕四个不同的发展区域。

中国的数字化演化指数处于爆发区域与突出区域的重合区间,具有强劲的发展动能和增长势头;相较之下,美国的数字化演化指数正处于失速区域和突出区域的重合区间,尽管数字化程度很高,但是发展速度放缓。由此,在"数字经济全球化"阶段,中美依旧处于互为主要对手的竞争格局之中。

2. 数据生产总值位居全球领先水平

美国塔夫茨大学的另一项研究表明,通过对各国的"数据生产总值"(Gross Data Product)进行测算,得到了一项全球数字 GDP(Digital GDP)排名。根据排名,位列前五名的分别是美国、英国、中国、瑞士和韩国。该统计主要从数据生成量、互联网用户数量、数据的易获取性、人均数据消费量等四个方面来评估一个国家的数据经济规模,较为客观全面地呈现了数字经济全球化时代,数据要素在其中的重要作用。

未来,数据资源将成为国家经济实力和国际竞争力的核心战略资源。在当前这个数据时代,很多经济活动都有数据在背后支撑,甚至是由数据产生,所以数字 GDP 或将成为显示今后哪个国家将增长的先行指标。数据作为新经济的燃料,正在颠覆我们的世界,而且很可能从中产生新的世界秩序。

(二) 数字经济下中国开放型道路的政策选择

为了更好地应对正在到来的数字经济全球化的挑战,并利用好这一挑战带来的潜在发展机遇,中国应发挥作为当前数字经济强国的两大优势,即

一方面具有较为完备发达且覆盖面广泛的数字基础设施,另一方面依托庞大的互联网用户数量而带来的强大的数据生成能力,给数字经济下中国开放型道路的政策选择注入弥合全球数字发展鸿沟的新功能。与此同时,为对冲发达国家构建"高标准"数字贸易规则对我国的影响,应尽快启动开放数据访问的数字贸易"负面清单"监管政策的创新试点。本文主要给出以下3点建议:

1. 基于"隐私保护和国家安全"的"可信数据流动"规则

跨境数据流动是当前贸易和贸易谈判的核心,因为各类组织依赖传输信息以使用云服务,以及发送非个人公司数据作为个人数据提供给合作伙伴、子公司和客户。各国政策制定者都在考虑解决在线隐私保护的各种政策选项,但是其中一些可能会对跨境数据流动产生负面影响。例如,控制个人数据的新消费者权利可能会影响公司如何使用这类数据。为了促进国际数据流动和贸易,各国努力的目标是允许政策制定者在实现公共政策目标的前提下,消除贸易壁垒并建立可执行的国际规则和最佳实践,其中就包括促进网络安全和隐私保护。

因此,在未来对于"数据跨境流动"的政策选择时,应进一步探索跨境数据流动、在线隐私和贸易政策之间的联系,贸易影响全面的数据隐私政策,以及我国在建立最佳实践和具有约束力的贸易规则方面的作用,这些规则旨在寻求平衡公共政策优先事项。

首先应增强信任和透明度,使大规模跨境基础设施投资对私营部门具有吸引力,以促进经济增长并促进数字化转型。重点考虑我们需要什么样的连接,以及如何使基础设施投资面向未来。其次,通过构建更有效、更具成本效益的数字政府服务,授权政府拥有其数字未来。最后,通过考虑政府分配给网络安全的最低门槛来保护我们的数字社会。鉴于我们对数字技术的依赖,这将是减轻网络威胁的可行且重要的一步。在基于"隐私保护和国家安全"基础上,尝试数据流动负面清单管理模式,促进"可信数据"自由流动。

2. 加强创新和知识产权保护,提升数字化资本的收益

正如前文所分析的那样,数字技术本身水平的高低决定了数据货币化的实际收益高低,其背后的决定力量是企业资本的研发投入。因此,加大引导资本向数字技术有关的领域投资,加大创新投入力度,有助于提升数字化资本的收益。进一步加强知识产权保护,适度的保护是促进创新的保证,这

将助力中国确立在数字经济发展中的领先地位。

此外,还要适当提升数字贸易自由度,在投资和服务贸易市场准入方面,进一步消除壁垒,赋予中国数字经济发展更加开放、包容的政策环境,吸引各类资本参与中国数字经济的发展。

3. 加强高级数字技术人才的培育,提升数字技能熟练劳动力的生产率

数字经济的发展,离不开高级数字技术人才的智力投入。在中国未来的开放型发展道路面前,人才要素的培养,特别是拥有高级数字技术人才的培养,成为下一步政策选择的重点方向。通过国内数字技术人才的基础培育,以及引进国外高级数字技术人才等方式,全面提升数字技能熟练劳动力的生产率,无疑将有助于我国更好地融入数字经济全球化中。

在全球价值链收缩、经济全球化"停摆"、全球经济在全球贸易规则重构面临WTO多边贸易体制瘫痪、发达国家协调单边主义兴起的困境中,数字经济全球化开辟了经济增长新源泉。在数字技术飞速发展的当下,数据逐步成为数字经济中第四种新的生产要素,成为全球经济发展的核心燃料。同时,数据要素也与传统要素一起,组合作用后带来更大的经济价值和效用增值。毫无疑问,在数字经济全球化时代,一国数据要素的生成能力、数据要素的使用能力,以及数字经济领域的制度环境,组成该国数字经济的核心竞争力。

在要素流动作为经济全球化本质特征的基础上,数字经济全球化中,又增加了数据要素的跨境流动。与商品全球化为特征的经济全球化相比,资本和数据要素的流动不仅超越了商品流动的范畴,也进一步主导了全球范围内的商品流动的内容与方式。这将对全球价值链阶段世界经济的运行机制产生重要的影响,并展现出新的运行特征。首先,数据要素流动逐步形成了全球数据价值链,成为全球化收益增长的新动能;其次,数据要素流动增加了"数据流动和数字化层面"的联系,数字贸易的内容和规模的持续扩大将成为数字经济全球化的重要特征。但同时,数据要素流动也使得全球价值链形态与布局具有更多的不确定性,全球化收益的国民属性也随之进一步复杂,贸易格局的不平衡所带来的世界经济发展的不平衡通过新的表现形式继续存在,抑或扩大。

因此,在数字经济下,通过进一步对外开放,以外循环促进内循环,将成为我国开放型发展道路的重要战略目标。重点将聚焦在健全要素市场运行机制、完善交易规则和服务体系;深化要素流动型开放,稳步拓展制定型开

发；以及通过数据要素流动和数字赋能等方式打造数字经济新优势。而实现这一开放发展的核心关键，则是要立足于产业数字化转型升级，一方面加强关键数字技术创新应用，另一方面加快已有数字产业化发展，扩大应用场景的适用范围。

数字经济全球化所带来的世界经济运行机制的改变，必然需要与之相适应的全球数字经济治理体系。各主要经济体均将全球数字经济规则的构建，视为参与新一轮经济全球化利益分配的关键。近年来，越来越多的经济体，通过多边、区域、双边等平台，参与全球数字贸易规则的构建，加入数字经济全球治理的行动之中。但即便如此，鉴于数字经济的未来尚不确定，目前的规则和治理方案都呈现出模块化、碎片化、差异化等特点，很难形成有效的协调统一。这无疑给数字经济全球化的进一步发展造成了阻碍。

中国作为全球经济的重要参与者，应该积极参与数字经济全球治理，通过规则的构建、治理的合作，将目前的发展优势转化成开放经济下的制度优势，并在此过程中，提出更多中国倡议、中国方案，搭建国际合作平台，合力促进世界经济增长。具体的政策选择包括以下三点：①通过构建高标准自由贸易区网络，对标国际高标准自由贸易协定和区域贸易协定，进一步提高对外开放水平。在基于"隐私保护和国家安全"基础上，尝试数据流动负面清单管理模式，促进"可信数据"自由流动。②营造规范有序的政策环境，构建与数字经济发展相适应的政策法规体系，如知识产权规则、竞争规则等，保护创新、鼓励创新。③加强高级数字技术人才的培育，便利相关人才跨境流动，全面提升数字技术人才质量。

综上所述，为了更好地服务于我国的"双循环"战略，构建新发展格局，在数字经济背景下，我国应坚定不移地推进更高水平开放型经济新体制的建设，以外循环促内循环。这一战略举措将有益于我国国内经济的进一步转型升级发展，也将有益于我国国际竞争力的全面提升，更好地享受数字经济全球化带来的收益福利。

参考文献

[1] [英]L.舒马赫.小的是美好的[M].北京:商务印书馆,1985.

[2] 包群,叶宁华,王艳灵.外资竞争、产业关联与中国本土企业的市场存活[J].经济研究,2015,50(07).

[3] 鲍卫锋.京都协定框架下清洁发展机制及案例研究[J].国际经济合作,2009(02).

[4] 蔡声霞,高红梅.发展中国家国际技术转移模式的分类及评价[J].科技进步与对策,2008(09).

[5] 曹建民,贺小勇.世界贸易组织[M].北京:法律出版社,1999.

[6] 陈冰.上海科改"25条"里的突破和礼包[N].新民周刊,2019(04).

[7] 陈莉莉.北京深化全国科技创新中心建设问题研究——基于北京、上海和深圳三地对比优势分析的视角[J].创新科技,2020(07).

[8] 陈琳,林珏.外商直接投资对中国制造业企业的溢出效应:基于企业所有制结构的视角[J].管理世界,2009(09).

[9] 陈晓燕.低碳技术国际转移机制研究[J].经济研究导刊,2015(06).

[10] 陈璋,黄伟.中国式经济增长:从投资与强制性技术变迁角度的一种解释[J].经济理论与经济管理,2009(12).

[11] 董直庆,蔡啸,王林辉.技能溢价:基于技术进步方向的解释[J].中国社会科学,2014(10).

[12] 杜肖伟.我国制造业FDI技术溢出效应影响因素研究[D].石家庄:河北经济贸易大学,2015.

[13] [美]恩格尔曼,高尔曼.剑桥美国经济史:第三卷[M].蔡挺,等译.北京:中国人民大学出版社,2008.

[14] 冯婷婷,杨湘玉,沈晨.中国长三角地区FDI技术溢出的空间局限性[J].技术经济,2016(06).

[15] 傅家骥.技术创新学[M].北京:清华大学出版社,1998.

[16] 傅京燕,林志英.环境友好型技术国际转移问题的研究综述[J].环境保护与循环经济,2013(03).

[17] 傅军.加速培育更多本土跨国公司[N].人民政协报,2013-03-01.

[18] 傅元海,唐未兵,王展祥.FDI溢出机制、技术进步路径与经济增长绩效[J].经济研究,2010(06).

[19] 高健.跨国公司主流理论的发展回顾及其政策意义评述[J].知识经济,2007(08).

[20] 高子平.美国网络舆情视阈下的中美人才战研究[J].华东师范大学学报(哲学社会科学版),2020(03).

[21] [日]关下捻.跨国公司经济学——现代资本主义的世界经济模型序论[J].李公掉,译.世界经济译丛,1990(05).

[22] 郭曼.国家技术转移区域中心发展评述[J].中国科技产业,2017(12).

[23] 郭琪,贺灿飞.演化经济地理视角下的技术关联研究进展[J].地理科学进展,2018,37(02).

[24] 郭熙保.后发优势理论的中国案例[N].中国社会科学报,2016-08-24.

[25] 国际技术转移东部中心.上海科技创新券——降低创新创业成本,激发创新创业活力[EB/OL].[2022-08-19].https://www.netcchina.com/kjcxq.

[26] 国家统计局.中国统计年鉴2020[EB/OL].(2020-06-30)[2023-03-19].https://www.stats.gov.cn/sj/ndsj/2020/indexch.htm.

[27] 国家信息中心信息化和产业发展部、京东数字科技研究院.中国产业数字化报告2020[EB/OL].(2020-06-30)[2023-03-19].http://pdf.dfcfw.com/pdf/H3_AP202007021388897043_1.pdf.

[28] 国家知识产权局.海外并购,知识产权不容忽视[C/OL].(2017-07-07)[2022-05-09].http://www,sipo,gov,cn/mtsd/201707/t20170707_1312462,html.

[29] 国家知识产权局.2019年中国专利调查报告[EB/OL].(2019-06-30)[2023-03-19].https://www.cnipa.gov.cn/module/downlond/down.jsp?i_ID=40213&COIID=88.

[30] 郝敏.《巴黎协定》后气候有益技术的知识产权前景探析[J].知识产权,2017(03).

[31] 郝楠,江永红.谁影响了中国劳动力就业极化?[J].经济与管理研究,2017,38(05).

[32][秘鲁]赫尔南多·德·索托.资本的秘密[M].于海生,译.北京：华夏印书馆,2012.

[33]胡玲.中美贸易摩擦背景下TRIPS技术转让条款研究[J].河南科技学院学报,2021(07).

[34]胡曙虹,杜德斌,肖刚,王俊松,成博阳.跨国公司在华研发对本土创新机构知识溢出效应的实证研究——基于合作创新的视角[J].软科学,2015,29(10).

[35]黄鹏,陈靓.数字经济全球化下的世界经济运行机制与规则构建：基于要素流动理论的视角[J].世界经济研究,2021(03).

[36]黄先海,宋学印.准前沿经济体的技术进步路径及动力转换——从"追赶导向"到"竞争导向"[J].中国社会科学,2017(06).

[37]黄新飞,李嘉杰.双循环新发展格局下中国双向直接投资研究[J].长安大学学报(社会科学版),2021,23(01).

[38]江瑞平.日本产业空心化的实态、症结及其"中国因素"[J].日本学刊,2003(03).

[39]江小涓.新中国对外开放70年：赋能增长与改革[J].管理世界,2019(12).

[40]江小涓.中国的外资经济对增长、结构升级和竞争力的贡献[J].中国社会科学,2002(06).

[41]姜南,李济宇,顾文君.技术宽度、技术深度和知识转移[J].科学学研究,2020(09).

[42]蒋佳妮,王灿.全球气候谈判中的知识产权问题——进展、趋势及中国应对[J].国际展望,2016(02).

[43]金碚,吕铁,邓洲.中国工业结构转型升级：进展、问题与趋势[J].中国工业经济,2011(02).

[44]柯静.WTO电子商务谈判与全球数字贸易规则走向[J].国际展望,2020,12(03).

[45]李安山.非洲留学生在中国：历史、现实与思考[J].西亚非洲,2018(03).

[46]李海.新形势下国际技术转移平台工作机制和商业模式研究[J].科学咨询,2017(06).

[47]李建伟,冼国明.后向关联途径的外商直接投资溢出效应分析

[J].国际贸易问题,2010(04).

[48] 李奎,唐林.中美贸易摩擦对广东开展国际技术转移转化的影响与对策[J].科技与金融,2019(11).

[49] 李珮璘.危机后新兴大国产业结构调整的战略与政策研究[J].商业经济与管理,2012(11).

[50] 李平,娄峰,王宏伟.2016—2035年中国经济总量及其结构分析预测[J].中国工程科学,2017(01).

[51] 李水蓝.基于隐性知识视角的跨国公司国际技术转移形式分析[J].理论导刊,2015(04).

[52] 李文臣,刘超阳.FDI产业结构效应分析——基于中国的实证研究[J].改革与战略,2010,26(02).

[53] 李晓钟.FDI对我国产业结构转型升级的影响[J].社会科学家,2014(09).

[54] 李雪辉,许罗丹.FDI对外资集中地区工资水平影响的实证研究[J].南开经济研究,2002(02).

[55] 廖卫鹏.知识经济时代人才流动的特点与趋势研究[J].管理世界,2012(01):33-45.

[56] 林洁.跨国公司技术转移的内部化趋势及其原因分析[J].技术经济与管理研究,2000(02).

[57] 林毅夫,张鹏飞.后发优势、技术引进和落后国家的经济增长[J].经济学,2005(05).

[58] 林毅夫.中国经济改革经验与反思[J].财经界,2013(12).

[59] 刘城.基于全球价值链视角的本土跨国公司培育路径探析[J].广东社会科学,2013(03).

[60] 刘巳洋,路江涌,陶志刚.外商直接投资对内资制造业企业的溢出效应:基于地理距离的研究[J].经济学(季刊),2009,8(01).

[61] 刘雪,孙笑非,李金惠.国际技术转移新趋势对中国环保产业"走出去"的启示[J].中国人口,2016(05).

[62] 刘勇.面向2035年中国制造业发展的新要求和对策[J].中国经济学人,2021(01).

[63] 刘元春.深入理解新发展格局的科学内涵[N].人民日报,2020-10-16.

[64] 刘元春.正确认识和把握双循环新发展格局[N].学习时报,2020-09-09.

[65] 刘忠远,张志新.大国崛起之路:技术引进——二战后日本经济增长路径带来的启示[J].科学管理研究,2010(06).

[66] 卢东,朱立红.我国地区技术市场的发展差异分析及对策分析[J].统计与决策,2006(03).

[67] 陆继霞.广州非洲人的"汇款"特征及其功能研究[J].广西民族大学学报(哲学社会科学版),2018(05).

[68] 路江涌.外商直接投资对内资企业效率的影响和渠道[J].经济研究,2008(06).

[69] [美]罗伯特·基欧汉,约瑟夫·奈.全球化:来龙去脉[J].国外社会科学,2000(10).

[70] 罗福凯,杨本国.美欧技术资本理论研究进展1915—2015[J].中国科技论坛,2018(06).

[71] 罗薇薇,马敏象."一带一路"国际技术转移对策研究——以云南为例[J].科技创业,2019(02).

[72] 罗伟,葛顺奇.跨国公司进入与中国的自主研发:来自制造业企业的证据[J].世界经济,2015,38(12).

[73] 罗伟,刘晨,葛顺奇.外商直接投资的工资溢出和关联效应研究[J].世界经济,2018,41(05).

[74] 罗仲伟,孟艳华."十四五"时期区域产业基础高级化和产业链现代化[J].区域经济评论,2020(01).

[75] 骆新华.技术转移:理论与政策述评[J].科技进步与对策,2006(03).

[76] 马文静,胡贝贝,王胜光.基于新型研发机构的知识转移逻辑[J].科学学研究,2021(04).

[77] 马忠法,彭亚媛,谢迪扬.中国"强制技术转让"的法律辨析[J].国际经济合作,2018(12).

[78] 麦肯锡全球研究院.中国的数字化转型:互联网对生产力与增长的影响[R].2014(07).

[79] 毛其淋,方森辉.外资进入自由化如何影响中国制造业生产率[J].世界经济,2020,43(01).

[80] 牛茜茜,王江琦,肖国华.技术转移对经济增长的作用研究[J].科技管理研究,2015(06).

[81] 彭维刚.全球企业战略[M].北京:人民邮电出版社,2007.

[82] 彭向.我国高技术产业创新能力地区差异分析[J].科技进步与对策,2010(20).

[83] 彭亚媛,马忠法.管制与自由:国际技术转移法律规则的回顾与展望[J].国际经济法学刊,2021(03).

[84] 钱智,史晓琛.上海科技创新中心建设成效与对策[J].科学发展,2020(01).

[85] 乔翠霞.国际技术转移的新变化及对中国的启示[J].理论学刊,2015(06).

[86] 邱斌,杨帅,辛培江.FDI技术溢出渠道与中国制造业生产率增长研究:基于面板数据的分析[J].世界经济,2008(08).

[87] 邱立成.科技进步与不平等的南北国际分工[J].南开学报,1993(02).

[88] 人民网.国家外专局:去年在华工作的外国专家达52.9万人[EB/OL].(2012-06-07)[2022-07-20].https://news.ifeng.com/c/7fcMLu6iomF.

[89] 桑百川,杨立卓,郑伟.中国对外直接投资扩张背景下的产业空心化倾向防范——基于英、美、日三国的经验分析[J].国际贸易,2016(02).

[90] 单文宣.论《与贸易有关的投资措施协议》的意义和不足[J].法制在线,2015(16).

[91] 商务部、中国对外投资合作发展报告2016[R/OL].(2017-03-23)[2022-05-09].http://coi,mofcom,gov,cn/article/y/gnxw/201703/20170302539691, shtml.

[92] 上海推进科技创新中心办公室.重磅!〈上海科技创新中心建设报告2020〉正式发布[EB/OL].(2021-08-30)[2023-03-19].https://www.zjsfq.gov.cn/html/1/168/151/152/1751.thml.

[93] 世界贸易组织.世界贸易报告2018——世界贸易的未来:数字技术如何改变全球商务[R].上海:上海人民出版社,2018.

[94] 世界银行.2019年世界发展报告——工作性质的变革[R].2018(10).

[95] 世界知识产权组织.2020年全球创新指数[EB/OL].(2020-02-

09)[2023-03-10]. https://tind.wipo.int/record/42328.

[96] 宋雅楠.工资、技术转移与国际劳动力流动壁垒[J].商业经济与管理,2011(05).

[97] 孙斌,曾伟.基于技术商品化的"NRA"技术转移理论[J].科技进步与对策,2003(11).

[98] 孙春艳.从技术转移的周期理论角度分析跨国公司的对外经济战略[J].现代工业经济和信息化,2002(01).

[99] 孙海泳.论美国对华科技战中的联盟策略:以美欧对华科技施压为例[J].国际观察,2020(05).

[100] 孙赫.新时期对技术差距论的重新诠释及启示[J].现代商贸工业,2013(12).

[101] 孙红燕,吕民乐.国际代工中的技术转移:一个激励理论模型[J].科技进步与对策,2008(09).

[102] 汤超颖,邹会菊.基于人际交流的知识网络对研发团队创造力的影响[J].管理评论,2012,24(04).

[103] 唐艳.FDI在中国的产业结构升级效应分析与评价[J].财经论丛,2011(01).

[104] 唐宜红,俞峰,王晓燕.中国服务企业是否从服务业FDI中获取创新?——来自第二次经济普查和专利微观数据的经验证据[J].北京师范大学学报(社会科学版),2018(03).

[105] 陶立峰.扩容与限制:投资协定禁止业绩要求条款的最新发展及对策研究[J].社会科学,2016(03).

[106] 童书兴.最新国际贸易技术差距论及其对发展中国家的意义[J].世界经济,1993(01).

[107] 汪琦.对外直接投资对投资国的产业结构调整效应及其传导机制[J].世界经济与政治论坛,2004(01).

[108] 王福波.国内外人才流动理论研究综述[J].重庆三峡学院学报,2008(02).

[109] 王广涛.经济增长、技术转移与日美技术贸易摩擦[J].复旦国际关系评论,2019(01).

[110] 王雷.外部社会资本与集群企业创新绩效的关系:知识溢出与学习效应的影响[J].管理学报,2013,10(03).

[111] 王向阳,齐莹,金慧琦.组织兼容性、跨国并购知识转移与企业国际化[J].科学学研究,2020(10).

[112] 王耀中,刘舜佳.基于前后向关联分析的外商直接投资与技术外溢[J].经济评论,2005(06).

[113] 王永生.技术进步及其组织——日本的经验与中国的实践[M].北京:中国发展出版社,1999.

[114] 王志鹏,李子奈.外资对中国工业企业生产效率的影响研究[J].管理世界,2003(04).

[115] 魏浩,耿园.高端国际人才跨国流动的动因研究——兼论中国吸引高端国际人才的战略[J].世界经济与政治论坛,2019(01).

[116] 魏浩,王宸,毛日昇.国际间人才流动及其影响因素的实证分析[J].社会主义研究,2007(04).

[117] 魏晓雨.环境友好技术国际转移的国际法保障[J].长江论坛,2019(02).

[118] 吴静芳.外资对我国地区技术创新影响的差异性分析——基于1999—2008年的面板数据[J].国际贸易问题,2011(10).

[119] 吴瑞君,陈程.我国海外科技人才回流趋势及引才政策创新研究[J].北京教育学院学报,2020(04).

[120] 冼国明,严兵.FDI对中国创新能力的溢出效应[J].世界经济,2005(10).

[121] [日]小宫隆太郎、日本产业政策[M].北京:国际文化出版公司,1988.

[122] 谢泗君,闫君.中美贸易战视角下基于区域差异的科技金融战略发展对策研究[J].科技管理研究,2019(06).

[123] 新华社.中共中央国务院关于深化体制机制改革加快实施创新驱动发展战略的若干意见[N/OL].(2015-03-23)[2022-09-19].http://www.gov.cn/xinwen/2015-03/23/content_2837629.htm.

[124] 徐红菊.国际技术转让法学[M].北京:知识产权出版社,2012.

[125] 许和连,邓玉萍.外商直接投资、产业集聚与策略性减排[J].数量经济技术经济研究,2016,33(09).

[126] 许和连,魏颖绮,赖明勇.外商直接投资的后向链接溢出效应研究[J].管理世界,2007(04).

[127] 许劲,王玮,韦宏丹.内部化理论起源、特征与发展的研究述评[J].经济研究导刊,2020(17).

[128] 许倞,贾敬敦.2019年全国技术市场统计年报[M].北京:兵器工业出版社,2019.

[129] 许可,肖冰,贺宁馨.技术转移理论演进与前沿——由中美贸易战引发的思考[J].财经论丛,2019(01).

[130] [美]亚历山大·格申克龙.经济落后的历史透视[M].张凤林,译.北京:商务印书馆,2009.

[131] 阎虹戎,刘灿雷.外商引资政策、精准导向与中国制造业升级[J].国际贸易问题,2020(06).

[132] 央广网.上海成为外籍人才眼中最具吸引力城市,逾21万人在沪工作[N/OL].(2019-01-16)[2022-09-17].http://www.cnr.cn/shanghai/tt/20190116/t20190116_524484010.shtml.

[133] 杨建清,周志林.我国对外直接投资对国内产业升级影响的实证分析[J].经济地理,2013(04).

[134] 杨俊龙,张媛媛.外商直接投资与我国产业结构调整[J].宏观经济管理,2004(07).

[135] 易会文,钱学锋,刘建明.FDI与中国产业关联分析[J].中南财经政法大学学报,2011(02).

[136] 殷醒民,陈昱.FDI技术溢出效应中人力资本门槛的实证研究:来自长江三角洲16个城市的证据[J].世界经济文汇,2011(06).

[137] 于媛媛,孙文远.全球价值链分工中的中国产业升级战略[N].中国经济时报,2007-01-04.

[138] 余永定.从中国的角度看全球化:全球化与21世纪[M].北京:社会科学文献出版社,2002.

[139] [奥]约瑟夫·熊彼特.经济分析史[M].朱泱,李宏,译.北京:商务印书馆,2011.

[140] 曾国安,马宇佳.论FDI对中国本土企业创新影响的异质性[J].国际贸易问题,2020(03).

[141] [日]斋藤优.技术的生命周期[J].郝跃英,译.世界经济评论,1982(11).

[142] [日]斋藤优.技术转移理论与方法[M].谢燮正,丁朋序,等译.北

京:中国发展创造基金会,中国预测研究会,1985.

[143] 张春萍.中国对外直接投资的产业升级效应研究[J].当代经济研究,2013(03).

[144] 张二震,任志成.FDI与中国就业结构的演进[J].经济理论与经济管理,2005(05).

[145] 张海洋,刘海云.外资溢出效应与竞争效应对中国工业部门的影响[J].国际贸易问题,2004(03).

[146] 张开迪,吴群锋,高建,李纪珍.外商直接投资对大众创业的影响[J].中国工业经济,2018(12).

[147] 张敏,张一力.任务紧迫性下关系嵌入,情绪劳动及个体创新行为的关系研究[J].管理工程学报,2015,29(02).

[148] 张琴.国际产业转移对我国产业结构的影响研究——基于1983—2007年外商直接投资的实证分析[J].国际贸易问题,2012(04).

[149] 张素平.企业家社会资本影响企业创新能力的内在机制研究:基于资源获取的视角[D].杭州:浙江大学,2013.

[150] 张欣炜,林娟.中国技术市场发展的空间格局及影响因素分析[J].科学学研究,2015(10).

[151] 张亚峰,许可,王永杰,靳宗振.基于多重制度逻辑的国际技术转移新态势探析[J].科技进步与对策,2022(08).

[152] 张幼文.开放型发展新时代:双向投资布局中的战略协同[J].探索与争鸣,2017(07).

[153] 张幼文.全球化经济的要素分布与收入分配[J].世界经济与政治,2002(10).

[154] 张幼文.全球化经济学:逻辑起点、理论主题与实践意义[J].探索与争鸣,2013(11).

[155] 张幼文.世界经济学的基础理论与学科体系[J].世界经济研究,2020(07).

[156] 张幼文,薛安伟.要素流动对世界经济增长的影响机理[J].世界经济研究,2013(02).

[157] 张幼文.要素的国际流动与开放型发展战略——经济全球化的核心与走向[J].世界经济与政治论坛,2008(03).

[158] 张幼文.要素流动下世界经济的机制变化与结构转型[J].学术月

刊,2020,52(05).

[159] 张幼文.中国开放型经济发展的新阶段[J].毛泽东邓小平理论研究,2007(02).

[160] 张幼文.重新定位对外开放——中国经济与世界经济关系的变化趋势[J].探索与争鸣,2020(07).

[161] 张宇,蒋殿春.FDI、产业集聚与产业技术进步——基于中国制造行业数据的实证检验[J].财经研究,2008(01).

[162] 张玉臣.技术转移机理研究:困惑中的寻解之路[M].北京:中国经济出版社,2009.

[163] 张玉杰.国际技术转移要素及行为方式[J].财经问题研究,2000(01).

[164] 张煜.军事科技的国际转移与管制分析——来自军火贸易网络的证据[J].中国科技论坛,2021(07).

[165] 赵文斌.从引进到创新:美国如何走向自强[N].解放日报,2018-06-12.

[166] 郑明月,肖劲松.构建双循环新发展格局面临的挑战与对策[J].新经济导刊,2020(03).

[167] 中国科学技术部.福建省科技厅布局设立10家"一带一路"对外合作科技创新平台[EB/OL].中国科技部官网,(2020-09-18)[2022-08-16].https://www.most.gov.cn/dfkj/fj/zxdt/202009/t20200918_158862.html.

[168] 钟昌标.外商直接投资的横向和纵向溢出:对中国电子行业的分析[J].世界经济,2006(11).

[169] 钟山.商务部将多举措稳住外贸外资基本盘[J].经济导刊,2020(05).

[170] 仲平.全球气候变化新形势与气候友好技术新潜能[J].可持续发展经济导刊,2020(10).

[171] 周念利,陈寰琦.数字贸易规则"欧式模板"的典型特征及发展趋向[J].国际经贸探索,2018(03).

[172] 周晓波,陈璋.引进式技术进步方式下我国经济增长与不平衡结构的演变[J].改革,2019(10).

[173] 周燕,齐中英.基于不同特征FDI的溢出效应比较研究[J].中国软科学,2005(02).

[174] 周燕,王传雨.我国外商直接投资产业结构转变效应实证分析[J].中国软科学,2008(03).

[175] 周振华.我国经济发展面临产业空洞化的挑战:机理分析与应对思路[J].经济研究,1998(06).

[176] 朱雪忠,胡锴.中国技术市场的政策过程、政策工具与设计理念[J].中国软科学,2020(04).

[177] 诸竹君,黄先海,王毅.外资进入与中国式创新双低困境破解[J].经济研究,2020,55(05).

[178] Abebe, T. Migration Policy Frameworks in Africa[R], Institute for Security Studies Africa Report, 2017, 02.

[179] Abe, K. Japan Direct Investment in the USA. Direct Investment, Hollowing-Out and Deindustrialization. In Economic, Industrial, and Managerial Coordination between Japan and the USA[M]. Edited by Kiyoshi A., William G and Harold S., New York. St. Martin's Press, 1992.

[180] Acemoglu, D. Productivity Differences[J]. Quarterly Journal of Economics, 2001, 116(02).

[181] Adams Bodomo, Dewei Che and Hongjie Dong. Calculator Communication in the Markets of Guangzhou and Beyond[J]. Journal of Multilingual and Multicultural Development, 2020a.

[182] Adams Bodomo, Historical and Contemporary Perspectives on Inequalities and Well-Being of Africans in China[J]. Asian Ethnicity, 2020b, Vol.21, Issue 4.

[183] Advincula, R. Foreign Direct Investments, Competitiveness, and Industrial Upgrading. The Case of the Republic of Korea[R]. Seoul: KDL School of International Policy and Management, 2000.

[184] African Development Bank(AfDB). African Visa Openness Report 2016[R]. Abidan: African Development Bank Group, 2016.

[185] African Development Bank(AfDB). Africa Visa Openness Report 2020[R]. Abidjan: African Development Bank Group, 2020.

[186] African Development Bank(AfDB). Economic Development in Africa 2018[R]. Abidjan: African Development Bank Group, 2018.

[187] African Union(AU). Migration Policy Framework for Africa and

Plan of Action 2018—2030[R]. Addis Ababa: AU Commission, 2018.

[188] African Union(AU). Peport on Labor Migration Statistics in African Second Edition[R]. Addis Ababa: African Union Commission, 2020.

[189] Amoah, P., A, et al. African in China and Chinese in Africa: Inequalities, Social Identities, and Wellbeing[J]. Asian Ethnicity, 2020, 21(4).

[190] Anaya, L. G. Inter-industry Productivity Spillovers from Japanese and US FDI in Mexico's Manufacturing Sector[J]. Technology & Investment, 2013, 04(04).

[191] Antras, P., Voth H. J. Factor Prices, and Productivity Growth during the British Industrial Revolution[J]. Explorations in Economic History, 2003, 40.

[192] Arkolakis C., Ramondo N. A., Rodríguez-Clare et al. Innovation and Production in the Global Economy[J]. American Economic Review, 2018, 108.

[193] Baldwin, R. The Globotics Upheaval Globalization, Robotics, and the Future of Work[M]. New York: Oxford University Press, 2019.

[194] Baldwin, R. The Great Convergence. Information Technology and the New Globalization[M]. Cambridge: Harvard University Press, 2016.

[195] Barro, R. Sala-i-Martin, I. Technological Diffusion, Convergence and Growth[J]. Journal of Economic Growth, 1997, 02(01).

[196] Belderbos, R, Capannelli, G., Fukao K. Backward Vertical Linkages of Foreign Manufacturing Affiliates. Evidence from Japanese Multinationals[J]. World Development, 2001, 29(01).

[197] Bell, M. Innovation Capabilities and Directions of Development [R]. Brighton: STEPS Centre, 2009.

[198] Bhaskar Chakravorti, Ravi Shankar Chaturvedi. Digital Planet 2017-How Competitiveness and Trust in Digital Economies Vary Across the World[R]. IBGC, The Fletcher School, Tufts University, 7, 2017.

[199] Bion, C. Technology Subordination and International Technology Development [M]. London: Harper Collins Publishers. 1990.

[200] Blomstrm M., Kokko A. Foreign Investment as a Vehicle for International Technology Transfer. In Navaretti, G. B., Dasgupta, P., Mäler,

KG., Siniscalco, D. (eds) Creation and Transfer of Knowledge[M]. Berlin: Springer, 1998.

[201] Blomstrom, M. Foreign Investment and Productivity Efficiency. The Case of Mexico[J]. Journal of Industrial Economics, 1986, 35.

[202] Blomstrom, M., Persson H. Foreign Investment and Spillover Efficiency in An Underdeveloped Economy. Evidence from the Mexican Manufacturing Industry[J]. World Development, 1983, 11(06).

[203] Blomstrom M., Persson H. Foreign Investment and Spillover Efficiency in an Undeveloped Economy: Evidence from the Mexican Manufacturing Industry[J]. World Development, 1983(11).

[204] Bodomo, A., Che, Dewei. Hongjie Dong. Calculator Communication in the Markets of Guangzhou and Beyond[J]. Journal of Multilingual and Multicultural Development, 2020, 43(10).

[205] Bodomo, A. Historical and Contemporary Perspectives on Inequalities and Well-Being of Africans in China[J]. Asian Ethnicity, 2020, 21(04).

[206] Boone, J. Intensity of Competition, and the Incentive to Innovate [J]. International Journal of Industrial Organization, 2001, 19(04).

[207] Borensztein, E. Gregorio J. D. Lee J. W. How Does Foreign Direct Investment Affect Economic Growth?[J]. Journal of International Economics, 1998(45).

[208] Branstetter, L. Are Knowledge Spillovers International or Intranational in Scope? Micro-econometric Evidence from the U. S. and Japan[J]. Journal of International Economics, 2001, 53(01).

[209] Branstetter, L. Is Foreign Direct Investment a Channel of Knowledge Spillovers? Evidence from Japan's FDI in United States[R]. NBER Working Paper, 2000, No.8015.

[210] Brynjolfsson, E. and Kahin, B, eds. Understanding the Digital Economy[M]. Cambridge: Massachusetts Institute of Technology, 2002.

[211] Brynjolfsson, E. and K. McElheran. Data in Action: Data-Driven Decision Making in U.S. Manufacturing, Working Paper[M]. Center for Economic Studies, U.S. Census Bureau, 2016.

[212] Buckley, P., Casson, M. The Future Multinational Enterprises

[M]. London: Macmillan and Co., 1976.

[213] Camille, L. C., Pietropolli, A. Africa Deepens its Approach to Migration Governance, But Are Policies Translating to Action, 2020[J/OL]. (2020-04-02)[2022-05-09]. https://www.migrationpolicy.org/article/africa-deepens-approach-migration-governance.

[214] Carluccio, J., Fally, T. Foreign Entry and Spillovers with Technological Incompatibilities in the Supply Chain[J]. Journal of International Economics, 2013, 90(01).

[215] Castillo, R., Amoah, P. A. Africans in Post-COVID-19 Pandemic China: Is There a Future for China's New Minority?[J]. Asian Ethnicity, 2020, 21(04).

[216] Castilo, R. African Migration to China May Never Be the Same Again[D/OL]. (2020-04-23)[2022-05-09]. https://africanarguments.org/2020/04/23/africanmigrationchinaneversameagain/.

[217] Caves, R. E. International Corporations. The industrial Economics of Foreign Investment[J]. Economica, 1971, 38.

[218] Chakravorti, B., et al. Which Countries Are Leading the Data Economy?[J]. Harvard Business Review, January 24, 2019.

[219] Charles, O. Change Needed in China-Africa Immigration Relations [D/OL].(2019-08-13)[2022-05-09]. https://www.globaltimes.cn/content/1161357.shtml.

[220] Cheng, L. K., Kwan, Y. K. What are The Determinants of the Location of Foreign Direct Investment? The Chinese Experience[J]. Journal of International Economics, 2000, 51.

[221] Chittoor, R., Ray, S. Internationalization paths of Indian pharmaceutical firms-A strategic group analysis[J]. Journal of International Management, 2007, 13.

[222] Christian, K., Bhattacharya, A., and Satar, L. Global Trade Goes Digital[R]. BCG Henderson Institute, August 12, 2019.

[223] Christian Ketels, et al.. Global Trade Goes Digital[M]. Boston Consulting Group, August 12, 2019.

[224] Ciuriak, D., Ptashkina, M. The Digital Transformation and the

Transformation of International Trade[R]. RTA Exchange Issue Paper, January 2018.

[225] Clements, M. A. Skill Flow: A Fundamental Reconsideration of Skilled-Worker Mobility and Development[R]. Human Development Research Paper Series, 2009.

[226] Cohen W. M., and Levinthal D. A. Absorptive Capacity. A New Perspective on Learning and Innovation[J]. Administrative Science Quarterly, 1990, 35.

[227] Cornwall, J. D. Convergence and Kaldor's Law[J]. Economics Journal. 1976, 85(342).

[228] Das, K. Technology Transfer Under the Clean Development Mechanism: An Empirical Study of 1000 CDM Projects[R]. Working Paper Series, The Governance of Clean Development, WP 014, University of East Anglia. 2011, http://www.clean-development.com, http://www.uea.ac.uk/dev.

[229] Djankov, S, Hoekman B. Foreign Investment and Productivity Growth in Czech Enterprise [J]. World Bank Economic Review, 2000, 14(01).

[230] Donald, M. The Dollar Problem: A Reappraisal[J]. Princeton Essays in International Finance, 1960(34).

[231] Dries, L., Swinnen J. Foreign Direct Investment, Vertical Integration and Local Suppliers. Evidence from the Polish Dairy Sector[J]. World Development, 2004, 09(32).

[232] Driffield, N. Multinational Firms and the Theory of International Trade [J]. Economic Journal, 2004, 114(493).

[233] Du, L., Harison, A., Jeferson, G. FDI Spillovers and Industrial Policy: The Role of Tariffs and Tax Holidays[J]. World Development, 2014, 64(12).

[234] Du, L., Harrison, A., Jefferson, G. H. Testing for Horizontal and Vertical Foreign Investment Spillovers in China, 1998—2007[J]. Journal of Asian Economics, 2012, 23(03).

[235] Dunning, J. H. Trade Location of Economic Activity, and the Multinational Enterprise: A Search for an Eclectic Approach. In The Interna-

tional Allocation of Economic Activity[M], edited by Ohlin, B., Hesselborn, P. O., and Wiskman, P. J., London: Macmillan, 1977.

[236] Ellis, J., Winkler, J., Corfee-Morlot, J. Taking Stock, Looking Forward [J]. Energy Policy, 2007, 35(02).

[237] Ellul., J. The Technological Society [M]. Random Home, 1954.

[238] Fefer, R. F. Data Flows, Online Privacy, and Trade Policy [R]. Congressional Research Service, 2019.

[239] Frank, A. G., Ribeiro J. D. An Integrative Model for Knowledge Transfer between New Product Development Project Teams[J]. Knowledge Management Research & Practice, 2012, 12(02).

[240] Fujita, B. K. Global Production, and Regional Hollowing Out in Japan[R]. Pacific Rim Cities in the World Economy-Comparative Urban & Community Research, 1989, (02).

[241] Gao, H. Regulation of Digital Trade in US Free Trade Agreements: From Trade Regulation to Digital Regulation[J]. Legal Issues of Economic Integration, 2018, 45(01).

[242] Gary Clyde Hufbauer and Zhiyao (Lucy) Lu. Can Digital Flows Compensate for Lethargic Trade and Investment?[M]. Peterson Institute of Economics, November 28, 2018.

[243] Glass, A. J., Saggi, K. International Technology Transfer, and the Technology Gap[J]. Journal of Development Economics, 1998, 55(02).

[244] Globerman, S. Foreign Direct Investment and Spillover Efficiency Benefits in Canadian Manufacturing Industries[J]. Canadian Journal of Economics, 1979, 12(02).

[245] Gomulka, S. Incentive Activity, Diffusion and Stages of Economic Growth[M]. Aarhus: Aarhus University Publishing, 1971.

[246] Görg, H., Greenway, D. Is There a Potential for Increase in FDI for Central and Eastern European Countries Following EU Accession? In Herrmann, H., and Lipsey, R., eds, Foreign Direct Investment in the Real and Financial Sector of Industrial Countries[M]. Berlin: Springer, 2002.

[247] Haddad, M., Harrison, A. Are There positive Spillovers from Direct Foreign Investment? Evidence from Panel Data for Morocco[J]. Journal of

Development Economics, 1993, 42(01).

[248] Harding, T., Javorcik B. S. Foreign Direct Investment and Export Upgrading[J]. Review of Economics and Statistics, 2012, 94(04).

[249] Helpman, E., Krugman, P. Market Structure and Foreign Trade: Increasing Returns, Imperfect Competition, and the International Economy [M]. Cambridge: MIT Press, 1985.

[250] Helpman, E., Melitz, M. J., Yeaple, S. R. Export Versus FDI with Heterogeneous Firms[J]. American Economic Review, 2004, 94(01).

[251] Hine, R., Greenaway, C. D., Milner, C. Vertical and Horizontal Intra-Industry Trade: An Analysis of Country-and Industry-Specific Determinants[M]. London: Palgrave Macmillan, 1999.

[252] Holmes, T. J., McGrattan, E. R., Prescott, E. C. Technology Capital Transfers for Market Access in China[J]. Review of Economic Studies, 2013, 82(03).

[253] Hunya, G. Restructuring Through FDI in Romanian Manufacturing[J]. Economic Systems, 2002, 26.

[254] International Organization for Migration(IOM). African Migration Report: Challenging the Narrative[R]. Addis Ababa, 2020.

[255] Ito, M. Hollowing Out of the Japanese Manufacturing Industry and Regional Employment Development[R]. Japan Institute for Labor Policy and Training, 2003.

[256] Javorcik, B. S., Alessia, L. T., Daniela, M. New and Improved. Does FDI Boost Production Complexity in Host Countries?[J]. The Economic Journal, 2018, 128(614).

[257] Javorcik, B. S. Does Foreign Direct Investment Increase the Productivity of Domestic Firms? In Search of Spillovers through Backward Linkages[J]. American Economic Review, 2004, 94(03).

[258] John, H. D. Comment on Dragon multinationals: New Players in 21st Century Globalization[J]. Asia Pacific J Manage, 2006, 23.

[259] Johnson, H. The Efficiency and Welfare Implications of the Multinational Corporation [M]. Cambridge: MIT Press, 1970.

[260] Joshua P. Meltzer. A WTO Reform agenda: Data Flows and Inter-

national Regulatory Cooperation[M]. Brookings Global Economy & Development Working Paper 130, Sept., 2019.

[261] Kadochnikov, S., and Drapkini M. Market Structure, Technological Gap, and Vertical Linkage Effect from Foreign Direct Investment[J]. Cesifo Working Paper, 2008, 2227.

[262] Kafflinsky, R. Accumulation and the Transfer of Technology: Issues of Conflict and Mechanisms for the Exercise of Control[J]. World Development, 1976, 4(03).

[263] Kennedy, J. Digital Services Taxes: A Bad Idea Whose Time Should Never Come[R]. ITIF, 2019.

[264] Klein, S., and Wöcke, A. Emerging Global Contenders: The South African Experience [J]. Journal of International Management, 2007, 13.

[265] Klenow H. Misallocation and Manufacturing TFP in China and India[J]. Quarterly Journal of Economics, 2009, 04.

[266] Konings J. The Effects of Foreign Direct Investment on Domestic Firms [J]. Economics of Transition, 2001, 09(03).

[267] Krugman, P., Venables A. J. Integration, Specialization, and Adjustment[J]. Cepr Discussion Papers, 1993, 40(03-05).

[268] Kugler, M. Spillover from Foreign Direct Investment: Within or between Industries? [Z]. Mimeo, University of Southampton, 2005.

[269] Kui-Yin, C., Lin, P. Spillover Effects of FDI on Innovation in China: Evidence from the Provincial data[J]. China Economic Review, 2004, 15(01).

[270] Kumar, N. Multinational Euterprises, Regional Economic Integration and Export-Platform production in the Host Countries: An Empirical Analysis for the US and Japanese Corporations[J]. Weltwirtschaftliches Archiv, 1998(03).

[271] Lall, S. Vertical Inter-Firm Linkages in LDCs: An Empirical Study [J]. Oxford Bulletin of Economic & Statistics, 1980, 80(03).

[272] Lileeva. The Benefits to Domestically Owned Plants from Inward Direct Investment: The Role of Vertical Linkages[J]. CAN J ECON, 2010.

[273] Linda, F. . NG and Concentration, and Technology Chyau Tuan, Evolving Outward Investment, Industrial Change: Implications for Post-1997 Hong Kong[J], Journal of Asian Economics, 1997, 08(02).

[274] Lin, P., Liu Z. M., Zhang Y. F. Do Chinese Domestic Firm Benefit from Inflow? Evidence of Horizontal and Vertical Spillovers[J]. China Economic Review, 2009, 20(04).

[275] Lin, P, Saggi, K. Multinational Firms and Backward Linkages: A Critical Survey and A Simple Model[R/OL]. (2018-03-18)[2019-10-21], https://www.piie.com/publications/chapters_preview/3810/07iie3810.pdf.

[276] Lipsey, R. Home and host effect of FDI[J]. NBER Working, 2002, 9293.

[277] Liu, L., Jaing, Z. Influence of Technological Innovation Capabilities on Product Competitiveness[J]. Industrial Management & Data Systems, 2016(116).

[278] Love, J. H. Technology Sourcing Versus Technology Exploitation: An Analysis of US Foreign Direct Investment flows[J]. Applied Economics, 2003(35).

[279] Lund, S., Tyson, L. Globalization Is Not in Retreat: Digital Technology and the Future of Trade[J]. Foreign Affairs, 2018.

[280] Luo, Y. D., Tung, R. L. International Expansion of Emerging Market Enterprises: A Springboard Perspective[J]. Journal of International Business Studies, 2007, 08(03).

[281] Lu, Y., Tao, Z., and Zhu, L. Identifying FDI Spillovers[J]. Journal of International Economics, 2017, 107.

[282] Malcolm, D., Cheang, C. T. Shifting Comparative Advantage in Asia: New test of the Flying Geese Model[J]. Journal of Asian Economics, 2000(11).

[283] Mansfield, E. East-West Technological Transfer Issues and Problems, International Technology Transfer: Forms, Resource Requirements and Policies[J]. American Economic Review, 1975, 65(02).

[284] Markusen J. R. Multinational Enterprises and the Theories of Trade and Location[M]. New York: Springer, 1998.

[285] Markusen J. R., Venables, A. J., and Kehoe T. J. Dynamic Issues in Applied Commercial Policy Analysis: Multinational Production, Skilled Labor, and Real Wages[J]. NBER Working Paper, 1999, 5483.

[286] Markusen, J. R., Venables, A. J., Konan D. E. et al. A Unified Treatment of Horizontal Direct Investment, Vertical Direct Investment, and the Pattern of Trade in Goods and Services[J]. NBER Working Paper, 1996, 68(04).

[287] Markusen, J. R., Venables, A. J. Multinational Firms and The New Trade Theory[J]. Journal of International Economics, 1998, 46.

[288] Mathews, J. A. Dragon Multinationals, New Players in 21st Century Globalization[J]. Asia Pacific Journal of Management, 2006, 23(05).

[289] Mayer, R. C., Davis, J. H., Schoorman, F. D. An Integrative Model of Organizational Trust [J]. Academy of Management Review, 1995. 20(03).

[290] McAleese, D., McDonald, D. Employment Growth and Development of Linkages in Foreign-Owned and Domestic Manufacturing Enterprises [J]. Oxford Bulletin of Economics and Statistics, 1978, 40(04).

[291] McAuliffe, M., Kitimbo, A. African Migration: What the Numbers Really Tell Us[J/OL]. World Economic Forum, 7 June 2018[2022-03-19]. http://www.weforum.org/agenda/2018/06/heres-the-truth-about-african-migration/.

[292] McGrattan, E. R, Prescott, E. C. Openness, Technology Capital, and Development [J]. Journal of Economic Theory, 2009, 144(06).

[293] McKinsey. Achieving Business Impact with Data: A Comprehensive Perspective on the Insights Value Chain[R]. Digital/McKinsey, April, 2018.

[294] Melitz, M. J. The Impact of Trade on Intra-industry Reallocations and Aggregate Industry Productivity[J]. Econometrica, 2003, 71(06).

[295] Meltzer, J. P. Governing Digital Trade[J]. World Trade Review, 2019, 18(S1).

[296] Nemoto, T., González, J. L. Digital Trade Inventory: Rules, Standards, and Principles[J]. OECD Trade Policy Papers, 2021, 251.

[297] Nguyen, D., Paczos, M. Measuring the Economic Value of Data

and Cross-Border Data Flows[R]. OECD Digital Economy Papers, 2020, No. 297.

[298] Nolan, P. D., Lenski, G. Technoeconomic Heritage, Patterns of Development and Advantage of Backwardness [J]. Social Forces, 1985, 64(02).

[299] Nonaka I., Umemoto K., Senoo, D. From Information Processing to Knowledge Creation. A Paradigm Shift in Business Management [J]. Technology in Society, 1996, 18(02).

[300] OECD. How Immigrants Contribute to South Africa's Economy [R]. Paris: OECD Publishing, 2018.

[301] OECD. Measuring the Digital Economy: A New Perspective [R]. Paris: OECD Publishing, 2014.

[302] OECD. OECD Internet Economy Outlook 2012[R]. Paris: OECD Publishing, 2012.

[303] OECD. The Next Production Revolution. Implications for Governments and Business[R]. Paris: OECD Publishing, 2018.

[304] Office of Management and Budget. OMB Memorandum M-17-12, Preparing for and Responding to a Breach of Personally Identifiable Information [R]. January 2017.

[305] Olaniyi, S. Stop visa-on-arrival policy for 10 years, HURIWA tells FG, The Guardian Nigeria[D/OL]. (2020-02-20) [2022-05-09]. https://guardian.ng/news/nigeria/national/stop-visa-on-arrival-policy-for-10-years-huriwa-tells-fg/.

[306] Padmore, A., Hodzi, O., Castillo, R. Africans in China and Chinese in Africa: Inequalities, Social Identities, and Wellbeing[J]. Asian Ethnicity, 2020, 21(04).

[307] Patrick, H., Rosovcky, H. Japan's Economic Performance: An Overview, in Patrick, H. and Rosovcky, H. eds., Asia' New Giant: How the Japanese Economy Works[M], Washington: Brookings Institutions, 1976.

[308] Pittiglio, R., Sica E., Villa, S. Innovation, and Internationalization. the Case of Italy[J]. Journal of Technology Transfer, 2009, 34(06).

[309] Posner, M. V. International Trade and Technical Change[J]. Ox-

ford Economic Papers, 1961, 13(03).

[310] Raadhika, G. Compulsory Licensing under TRIPS: How far it Addresses Public Health Concerns in Developing Nations [J]. Journal of Intellectual Property Rights, 2010, 15(09).

[311] Ramamurti, R., and Singh, J. V. eds. Emerging Multinationals from Emerging Markets [M], New York: Cambridge University Press, 2009.

[312] Roberto Castillo. African migration to China may never be the same again[EB/OL]. (2020-04-23)[2022-09-19]. https://africanarguments.org/2020/04/23/african-migration-China-never-same-again/.

[313] Roberto Castillo and Padmore Adusei Amoah. Africans in Post-COVID-19 Pandemic China: Is There a Future for China's New Minority? [J]. Asian Ethnicity, 2020(04).

[314] Rugman, A. Internationalization as a General Theory of Foreign Direct Investment: A Re-appraisal of Literature [J]. Weltwirtschaftliches Archive, 1980, 121(03).

[315] Ryokichi, H. Japan's Direct Investment Overseas: Performance Issues and Prospect 1951—2000[J]. Management Japan, 1996, Spring.

[316] Smarzynska, B. K, Evenett S, Hallward-Driemeier M, et al. Determinants of Spillover from Foreign Direct Investment through Backward Linkages[Z]. Manuscript, 2002.

[317] Smeets, R. Collecting the Pieces of the FDI Knowledge Spillovers Puzzle[J]. The World Bank Research Observer, 2008, 23(02).

[318] Smeets, R., Vaal, A. D. Intellectual Property Rights and the Productivity Effects of MNE Affiliates on Host-country Firm[J]. International Business Review, 2016, 25(01).

[319] Solow. R. M. A Contribution to the Theory of Economic Growth [J]. Quarterly Journal of Economics, 1956, 70(01).

[320] Strange, R., and Zucchella, A. Industry 4.0, Global Value Chains, and International Business[J]. Multinational Business Review, 2017, 25(03).

[321] Syverson, C. Market Structure and Productivity: A Concrete Ex-

ample[J]. Journal of Political Economy, 2004, 112.

[322] Syverson, C. What Determines Productivity? [J]. Journal of Economic Literature, 2011, 49.

[323] Tapscott D, The Digital Economy: Promise and Peril in the Age of Networked Intelligence[M]. McGraw-Hill, New York, NY, 1996.

[324] Teece, D. J. Technology Transfer by Multinational Firms. The Resource Cost of Transferring Technological Know-how[J]. Economic Journal, 1977, 87(346).

[325] UNCTAD. Development Report in Africa 2018: Migration for Transformation[R]. New York and Geneva, 2018.

[326] UNCTAD. Digital Economy Report 2019—Value Creation and Capture. Implications for Developing Countries[R]. Geneva, 2019.

[327] UNCTAD, G. E. The Competitiveness Challenge: Transnational Corporations and Industrial Restructuring in Developing Countries [R]. UNCTAD, 2000.

[328] USTR. Report on France's Digital Services Tax[EB/OL]. (2019-10-02) [2022-09-29]. https://ustr.gov/sites/default/files/Report_On_France%27s_Digital_Services_Tax.pdf.

[329] Wallace, P. A. Thirty-third Annual Report[R]. NBER Research Report, 1953.

[330] WTO. Global Value Chain Development Report 2019-Technological Innovation, Supply Chain Trade, and Workers in a Globalized World [R]. Washington, D. C., 2019.

[331] WTO. World Trade Report(2020): Government Policies to Promote Innovation in The Digital Age[R]. WTO, 2020.

[332] Wu, M. Digital Trade-Related Provisions in Regional Trade Agreements. Existing Models and Lessons for the Multilateral Trade System [M]. ICTSD, 2017.

[333] Xu, X., Sheng, Y. Productivity Spillovers from Foreign Direct Investment: Firm-Level Evidence from China[J]. World Development, 2012, 40(01).

[334] Yudaeva K., Kozlov K., Melentieva N., et al. Does Foreign Own-

ership Matter? The Russian Experience[J]. Economics of Transition, 2003, 11(03).

[335] Zeng, X. Why is African Migration to China Dwindling as Trade Ties Increase? [D/OL].(2020-08-02)[2022-05-09]. https://www.navanti-group.com/news-1/2019/8/2/why-is-african-migration-to-china-dwindling-as-trade-ties-increase.

后　记

2018年底,中共中央提出了"要推动由商品和要素流动型开放向规则等制度型开放转变"。2020年,中共中央提出构建"双循环"新发展格局。"双循环"新发展格局的提出,从制度型开放的视角对中国建设更高水平开放型经济新体制提出了新要求。

上海社会科学院世界经济研究所成立于1978年,是全国世界经济领域最重要的研究机构之一。世界经济研究所以世界经济与国际关系两大学科为主轴,将世界经济研究与国际关系研究、世界经济研究与中国对外开放研究相结合,注重研究的综合性、整体性,提高研究成果的理论性、战略性与对策性。在学科建设的基础理论方面和对外开放的战略研究方面形成了一批被同行广泛认可的较有影响的成果。"双循环"新发展格局提出以后,上海社会科学院世界经济研究所专门组织研究人员,以各研究室为团队进行集体攻关,经过多次讨论,确定本套丛书每一本书的书名、主题与内容,并组织全所科研人员撰写。整套丛书定名为"制度型开放理论与实践研究"丛书,从中国吸收外资、对外投资、全球化视野下的新零售发展、区域合作、外循环促进内循环等五个方面对制度型开放以及"双循环"新发展格局的不同方面进行阐述。具体包括:《制度型开放与中国吸收外资的发展》《制度型开放与中国对外投资的发展》《全球化视野下中国新零售发展报告》《国际区域合作理论与实践前沿研究》《外循环促进内循环的理论与政策研究》。

《外循环促进内循环的理论与政策研究》立足于新发展格局构建对内外经济循环的战略定位,循沿要素流动理论的分析框架,聚焦于外循环促进内循环的理论与政策研究,提出在更高水平开放条件下中国利用资本、人才、技术、数据等要素的国际流动促进国内大循环的对策建议。本书是全所多名科研人员在长期积累的基础上共同撰写的一本专著,具体分工如下:第一章,郭娟娟;第二章,李珮璘;第三章,刘晨;第四章,王莹;第五章,陈靓。在本书的撰写过程中,研究所张幼文研究员拟定了总体框架,赵蓓文研究员给予写作指导,王莹负责统稿和最终定稿。研究生王少宏和实习生王思齐承担了部分资料搜集和格式整理工作。

本书在撰写过程中得到诸多学术界前辈、同行的支持和帮助,在此一并予以感谢!

王 莹

2022 年 3 月于上海社会科学院

图书在版编目(CIP)数据

外循环促进内循环的理论与政策研究 / 王莹等著
.—上海：上海社会科学院出版社，2023
 ISBN 978-7-5520-3907-8

Ⅰ.①外… Ⅱ.①王… Ⅲ.①循环经济—研究—中国
Ⅳ.①F124.5

中国版本图书馆 CIP 数据核字(2022)第 128445 号

外循环促进内循环的理论与政策研究

著　　者：王　莹　李珮璘　陈　靓　等
责任编辑：王　勤
封面设计：朱忠诚
出版发行：上海社会科学院出版社
　　　　　上海顺昌路 622 号　邮编 200025
　　　　　电话总机 021-63315947　销售热线 021-53063735
　　　　　http://www.sassp.cn　E-mail:sassp@sassp.cn
照　　排：南京理工出版信息技术有限公司
印　　刷：上海景条印刷有限公司
开　　本：710 毫米×1010 毫米　1/16
印　　张：12.5
字　　数：208 千
版　　次：2023 年 3 月第 1 版　2023 年 3 月第 1 次印刷

ISBN 978-7-5520-3907-8/F·702　　　　　　　　　　　　定价:78.00 元

版权所有　翻印必究